汉语典故词语的词汇化研究

亓文香 著

九州出版社
JIUZHOUPRESS

图书在版编目（CIP）数据

汉语典故词语的词汇化研究 / 亓文香著. -- 北京：
九州出版社，2020.9
ISBN 978-7-5108-9534-0

Ⅰ．①汉… Ⅱ．①亓… Ⅲ．①汉语－典故－研究
Ⅳ．①H136.3

中国版本图书馆CIP数据核字(2020)第173864号

汉语典故词语的词汇化研究

作　　者	亓文香　著	
出版发行	九州出版社	
地　　址	北京市西城区阜外大街甲 35 号（100037）	
发行电话	（010）68992190/3/5/6	
网　　址	www.jiuzhoupress.com	
电子信箱	jiuzhou@jiuzhoupress.com	
印　　刷	北京九州迅驰传媒文化有限公司	
开　　本	720 毫米 ×1020 毫米　16 开	
印　　张	19.5	
字　　数	318 千字	
版　　次	2020 年 10 月第 1 版	
印　　次	2020 年 10 月第 1 次印刷	
书　　号	ISBN 978-7-5108-9534-0	
定　　价	78.00 元	

序

　　烟台大学国际教育交流学院亓文香老师的专著《汉语典故词语的词汇化研究》即将出版，值得高兴，也值得祝贺。所以，当作者要求我在书前写几句话时，我欣然接受了。

　　用典本来是一种修辞手法，人们在说话或作诗文时引用古代故事或有来历出处的话语，是为了达到某种修辞的目的。用典就会形成典面，同一个典故被多次使用，会形成许多不同的典面 ①。有些典面经过长期的流传、使用、整合，逐渐定型为词或熟语，即典故词语，成为汉语词汇中的常规成员。这样一来，作为修辞手法的用典就与词汇产生了联系。

　　古人研究典故及其使用，多把注意力放在用典方法和用典效果上。新中国成立后，特别是改革开放以后，学术界对典故和典故词语的研究成果可以大致分为两大部分：一部分是典故辞书的编纂出版，《中国典故大词典》就是这方面的代表。另一部分是研究论著的发表和出版，其内容主要涉及以下几方面：一是典故及用典研究，包括什么是典故、典故与成语的关系，典故的修辞特征、用法类型等；二是对典故辞典的编纂包括收词、释义、考源、体例等提出见解；三则是对典故词语的研究，涉及了典故词语的形成、构词和意义特征、理解时应注意的事项等。与前两方面相比，第三方面的研究明显薄弱，成果数量少，

---

　　① 《中国典故大辞典》（赵应铎主编，汉语大词典出版社 2005）中"鲲鹏展翅"一条的变式就有 194 条，也就是说这个典故在后代诗文等中被引用形成的常见典面就有近 200 个，而且肯定还有的典面因为种种原因没有被收进这部辞书。除此条外，有几十个上百个典面的典故在该辞典中还有许多。

1

对一些问题的探讨往往浅尝辄止。而亓文香老师对汉语典故词语的研究，则在前人研究的基础上，取得了可喜的进步。

《汉语典故词语的词汇化研究》这部书稿至少有以下几个特点：

首先，研究对象的收集很全面。汉语典故词语数量庞大，以往的研究多是举例进行，难以把握典故词语的总体面貌。而本书作者对《汉语大词典》所收词条进行分析鉴别，力求搜集其中全部典故词语作为研究对象，对汉语词汇系统中的典故词语进行全面系统的考察研究。这个搜集的工作量很大，也很难做到完全没有遗漏，但这样做了之后，与泛泛地举例式的研究相比，肯定能获得对典故词语更加细致全面的认识。

其次，在从语言学、词汇学角度对典故词语进行研究的过程中，始终注意挖掘凸显典故词语的特点。典故词语是汉语词汇系统中的特殊成员，它们作为词或熟语，与非典故词语一样参与造句，在人们的思维和语言交际活动中发挥作用。然而，与其他词或熟语相比，典故词语又有着明显的不同。作者从对典源考察开始，直到对典故词语的语音形式、结构类型、语义的生成变化、语用功效以及词汇化过程等的考察，都时时注意总结这些词语与非典故词语的不同之处，挖掘与典故词语有关的独特规律。

再次，作者在掌握典故词语研究前沿动态的基础上，注意运用认知语言学、社会语言学等方面的相关理论，对典故词语进行分析研究。作者从典故词语的形成角度，提出"语篇词汇化"的概念，并运用符号学理论、焦点理论、原型范畴理论等，从动态、静态角度对汉语典故词语的形成、变化、使用等进行了比较全面的研究，从理论上把对典故词语的研究提高到一个新水平。

此外，书稿的第八章还就"一带一路"背景下的语言保护政策对汉语典故词语发展的影响提出了自己的看法，这一点是前人的研究较少涉及的。虽然此章的讨论还不太深入，但这些内容触及了在现今的社会条件下如何正确对待和使用典故词语，如何看待典故词语的未来发展等问题。由于典故词语绝大部分来自古籍，色彩典雅，多表现出较强的书面语风格，过去一般在具有较高文化素养的人群中使用，不太容易融入一般社会成员的语文生活。而且，在汉语经过千百年的发展变化之后，数量巨大的典故词语中的大部分已经被淘汰掉了。然而，也有一部分典故词语表现出了较强的生命力，它们经受住了时代的考验，进入了现代汉语词汇。像"碧血""伯乐""步伐""沧桑""掣肘""赋闲""祸水""口碑""偏袒""垄断""矛盾""乔迁""请缨""推敲""生涯""中肯""逐鹿""中饱""莫须有""破天荒""孺子牛"等复音词，还有"暗度陈仓""背水一战""鞭长莫及""别开生面""草木皆兵"等数量不小的典故成语，在现代汉语中使用频率还相当高。而且就在近几十年里，典故成语"空穴来风""愚不可及"等的意义就发生了很大变化，当前各种媒体里误用典故词语的现象也不少，这些都有待于典故词语研究者去关注。因此，作者能够注意到典故词语在当今的使用和发展，我认为是值得肯定的。

亓文香老师自 2005 年起在山东大学攻读博士学位，在那之后不久就开始注意汉语典故词语，她的博士学位论文即以《汉语典故词语研究》为题。那篇论文已经对汉语典故词语的形成过程、结构和语义特点及语用情况进行了探讨。近年来，亓老师继续潜心于这个领域，笔耕不辍，陆续发表了《汉语典故词语的典源研究》《由〈论语〉所出典故词语看孔子思想和语言风格》等论文。现在，她又在原有成果的基础上，补充进了近年来的研究心得，推出了《汉语典故词语的词汇化研究》这部力作。在这部书稿即将出版之际，我怀着高兴的心情写了上面这些话，用来对作者表示祝贺和鼓励。当然，这部书稿不可能是尽善尽美的，如果海内外方家同人能够指出其中的瑕疵，使之更臻完善，这应当也是文香老师希望看到的。

唐子恒

2020.5 写于山东大学

目 录

前言

　　中国典故文化异彩纷呈，在典故传承基础上形成的典故词语数量庞大，丰富了汉语的词汇系统。但在以往的研究中，人们更多的是关注典故，对典故词语关注较少，研究的文化视角多于语言视角，针对典故词语形成过程、结构形式、语义构成和语用特点的全面研究尚显不足。笔者导师唐子恒教授 2008 年出版的《汉语典故词语散论》是目前学术界不多见的一部以典故词语为研究对象的著作，但是本书的研究思路与唐师的研究是不同角度的，唐师主要是静态层面的解析，不涉及理论。而本书则是在静态全面分析典故词语的基础上，运用认知社会语言学的相关理论来剖析汉语典故词语的理论基础和形成机制。

　　本书以《汉语大词典》中收录的全部典故词语为研究对象，对汉语词汇系统中数量庞大的典故词语进行全面系统的本体研究和理论挖掘。

　　本书一方面在掌握最前沿的研究动态、全面了解前人研究典故词语的基础上，更全面细致地剖析了典故词语本体，另一方面运用语言学、认知语言学、社会语言学的相关理论，从典故词语的形成角度，提出"语篇词汇化"的概念，并以此为理论主线，贯穿符号学理论、焦点理论、原型范畴理论、概念框架整合理论、主观化理论等，对汉语典故词语的动态形成、静态存在等进行了比较全面的研究，力求科学翔实地解读典故词语，为典故词语的研究做出进一步的补充。

　　本书的写作思路包括三大部分：

　　首先引入研究对象——典故词语，界定清楚与典故词语密切相关的其他概念，如典故、用典、典形、典面、典源、典源文献等。介绍有关典故词语的研究现状、相关学术成果及本书的研究方法。

接着是对典故词语进行静态的共时层面的本体研究。包括形式分析、结构分析、语义分析和语用分析等，遵循了由浅入深、由表及里的逻辑次序。

其重点部分是在共时层面的静态研究之后从历时层面纵向动态挖掘典故词语的形成理论，这是本书拓展的新思路，也是本书的亮点，即典故词语的形成，涉及典故词语特殊的本体和相关理论的契合。

从典故到使用典故，到形成典故词语，是一个涉及语言、主体、社会环境等多方面的过程。我们通过典故词语与典源的共时历时比较、典故词语与普通词语的横向比较等，来全面研究典故词语的形式、结构、语义和语用，挖掘典故词语的理论基础。正文共由十部分组成：

第一部分是绪论，引入对象部分。

这一部分包括两方面，第一方面对相关术语和概念进行了界定和比较，包括典故、典故词语、用典，以及分别与之对应的典面、典形等。同时，本方面还将典故词语和成语、歇后语、惯用语等概念作了简单比较，使研究对象定位更准确、目标更清晰。本部分的第二方面回顾了针对本书的研究历史，从总体上对研究现状进行了概述，凸显了本书的研究空间和价值定位。回顾之后展开本书的创作思路，从研究角度、研究方法等方面对文章的创作进行了展望和预设。

第一章是典故词语的典源研究。包括三部分：研究典源的必要性、典源情况研究和典源文献研究。

典源虽然不是典故词语的本体，只是典故词语的相关部分，但与典故词语关系密切，可以说，研究典故词语离不开典源研究。离开典源，典故词语就成了无源之水、无根之木，相关研究也就无从下手，这是本书要进行典源研究的必要性所在。在阐释了必要性之后，我们具体细致地统计了典源情况。从一个典故词语形式对应的典源数量角度分为单典源和多典源两种，单典源的情况比较简单，而多典源的情况相对复杂，又分同义同形而多典源、异义同形而多典源、同义合形而多典源、典中有典而多典源、因文本原因而多典源等五种情况。

从一个典源对应的词语数量角度，分为一源一词和一源多词两种，一源多词又包括多词同义和多词异义。

在典源文献方面，通过对所有典故词语所出文献、时代和频度的统计，对典源文献和典故词语数量之间的规律总结为四点：典故词语数量的多少和时代早晚的关系大体上成正比；典故词语的数量和文献的种类大体是成反比；魏晋南北朝、唐朝和宋朝三个时期的文献种类虽然突然增多，但并不违背典故词语的出现规律（即时代越晚，文献越少，词语也越少）；同一个典源的典故词语常常被多个文献记载。此外，本章还对构成典源文献的主客观条件进行了简单分析。

第二章是典故词语的形式研究。

本章从音节形式入手来统计典故词语的音节分布情况。

首先按照音节数量的多少将典故词语分为双音节、三音节、四音节、五音节等多种类型，每一种类型的典故词语又有不同的结构形式划分。文章通过具体的数据统计展现了典故词语在音节形式方面的特点，比如双音节最多，符合汉语词汇双音节化的趋向，偶数音节的典故词语要多于奇数音节的形式，五音节及以上形式比重越来越少。

然后是结合典源和意义对典故词语形式方面的特殊现象进行了分类：包括同源同义异形、同源异义异形、同源异义同形、异源同义同形、异源异义同形、异源同义合形、异源同义异形等七类情况。

第三章是典故词语的结构研究。

本章深入到典故词语的内部结构并对其进行了分析和解构。

本章包括两部分，第一部分是典故词语的结构特点概说，是从宏观角度与典故词语的形式和语义等进行比较而言的特点，主要包括（一）地位的从属性、（二）结构的独特性、（三）结构类型的多样性、（四）结构与典源的不离性四个方面。

第二部分是具体的结构分析。由于典故词语形式的独特性，我们首先根据相关理论将典故词语从结构上分为词型、词组型和句子型，继而按照汉语词汇学的有关理论将词型和词组型词语进行了构成方式的分类，称之为词法方式，主要包括附加构词和复合构词两种。复合构词又分支配式、陈述式、连谓式、偏正式、联合式、中补式、宾前式、兼语式、数量式和特殊类型共十类，其中宾前式是对前人研究的一个突破，也是对汉语词语结构分类的一种补充。句子型词语的句法关系分为单句型和复句型两种基本类型。单句型又分为主谓单句型和非主谓单句型；复句型又分为因果关系、假设关系、转折关系、条件关系、联合关系、承接关系、选择关系和说明关系共八种类型。结构分析完成之后，文章将典故词语的结构规律简单总结为三点：一是结构方式的种类多少与音节形式有关，二是不同音节的词语中，结构方式偏重不同，三是从结构方式上可以探到原型。

第四章是典故词语的语义研究。

本章从三个方面着手，一也是宏观角度概说典故词语的语义特点，主要包括：（一）语义地位的主导性。（二）语义的派生性。（三）语义产生的偶然性和主观性。（四）语义的稳固性。（五）语义的隐显性。（六）语义的社会性。（七）语义的灵活性。（八）语义的语体色彩总体以典雅的书面语为主，偶有通俗的口语形式。

二是在借鉴前人研究成果的基础上对典故词语的静态语义情况进行了分析，根据典故词语的意义与从典源中得到的信息情况，分析出取人、取事、取地、取物等十种类型。

三是从动态角度对典故词语形成过程中及形成后使用时的变化进行研究。词汇化过程中的语义获取情况包括一源生一义、一源生多义和多源生一义，词汇化之后典故词语语义的演变情况包括意义扩大、意义转移和意义缩小。

第五章是典故词语的语用研究。

本章着重探讨了典故词语的语用特点和语用功效两个方面。典故词语的语用特点包括：（一）典故词语有特定的使用要求。（二）典故词语的形成与最初使用是同步进行的。（三）典故词语的使用是建立在人类认知心理的共通性基础上的。（四）典故词语的使用应该有原则。（五）典故词语的使用主观性极强。（六）典故词语在具体使用中，有不同于一般词语的语法限制。（七）典故词语被使用时有不同的熟识度。（八）典故词语使用时往往采取同义或近义的对举，以加强语义。

语用功效部分从典故词语的语法功能、语用价值和语用方式三个角度展开。总体来说，典故词语对汉语系统的作用体现在：（一）丰富了汉语词汇系统。（二）对汉语的继承和发展起到了重要作用。（三）典故词语是连接语言和意象的符号。典故词语的具体语用效果主要体现在其修辞作用方面，例如增强艺术表现力、使语言表达含蓄委婉等。

第六章是典故词语的形成研究。

这部分是文章的重点，主要探讨典故词语动态形成过程的理论依据，分三大部分：语言发展与理论探索、典故词语的形成是语篇词汇化过程、典故词语形成的其他理论动因。

从言语、故事等文本形式的典故到典故词语，这是一个形成词语的过程。这部分首先提出一个最重要的观点：典故词语的形成是词汇化过程，是语篇词汇化。文章介绍了词汇化相关理论、语篇词汇化的动机、途径、方式等等。接下来展开了其他理论角度的分析，涉及以下视角：主观化理论：典故词语使用者的主观参与过程；焦点理论：典故词语的意义提取是认知焦点；原型范畴理论：典故词语的意义内涵离不开典故原型；概念整合框架理论：典故词语体现了概念整合框架理论；元语言理论：典故词语是对典故的解读和认知。

第七章是典故词语的发展趋势及制约因素。

这部分是对典故词语未来发展趋势的展望和制约因素分析。本书将影响和制约典故词语的因素分了两种情况：一是典故词语自身的主观制约；二是客观语言环境变化的客观影响。

本章首先解读"一带一路"建设，并思考战略下的语言研究应该做好语言服务、语言保护等，而典故词语作为关注度并不够的汉语词汇系统中历史悠久的一类词汇现象，也值得人们去思考研究并加以保护。尤其是在目前"一带一路"建设的带动下，推广汉语国际教育，加强中华传统文化的传播，尤其需要挖掘那些经典的语言现象、文化现象等。

本书最后一部分是全文的结语，同时讨论了如何正确看待典故词语的问题，该部分指出，要以马克思主义的科学发展观看待典故词语这一特殊词汇群体，既要看到其历史性、深奥性，又要看到其生动性、多彩性，要继承并发扬中国丰富的典故文化，合理利用典故词语这一庞大语言群体。

本书较之前贤研究更全面地研究了典故词语的静态本体，更深入地剖析了影响典故词语形成和使用的诸多理论，是利用了新的学术观点来系统阐释典故词语这一并不新鲜的语言现象，力图做到学、规范、严谨，有继承也有突破。受时间精力所限，不足之处敬请方家指正。

绪论

第一节　术语界定

一、典故

（一）典故的定义

"典故"一词最初见于《后汉书·东平宪王苍传》："亲屈至尊，降礼下臣，每赐谦见，辄与席改容，中宫亲拜，事过典故。"其意义为典制掌故。在后来的发展中，意义逐渐有了变化，如清昭连《啸亭杂录·大戏节戏》："其时典故，如屈子竞渡、子安题图诸事，无不入谱。"其中"典故"的意思指古代的故事和话语。

关于"典故"的定义，《汉语大词典》（以下简称《汉大》）有两个意思：

【典故】1.典制和成例。故，故事，成例。
2.诗文等作品中引用的古代故事和有来历出处的词语。

现在人们所研究的"典故"，大都取其第二个意义，即诗文等作品中引用的古代故事和有来历出处的词语。如《现代汉语词典》（第五版）（以下简称《现汉》）这样解释：

【典故】诗文里引用的古书中的故事或词句。

但本书所指的"典故"不仅包括《现汉》里所定义的古代故事和有来历的词句，还包括现代文献中产生的一些典故，如阿Q的故事等，只要是《汉大》中所收的典故都包括在内，对于《汉大》漏收的典故，我们会尽力搜集并根据专家们的指正进行补充，以求全面。

汉语中的典故浩瀚如海，记录了大量的历史故事、神话传说、轶闻趣事、精言妙语和俗语俚谚，传承了千年的中华文明，展示了社会民族风尚和民族心理，表达了不同时期人们的思想意识，典故的传承和积累可以起到让历史再现的作用，从文化角度来讲，汉语典故的确是中国文化的瑰宝。

（二）典故的判定

从中国漫长的历史文化积淀中搜寻典故，并予以区分和判定，还应当从典故的定义和特点入手。对典故的特点，郭蓉（2004）在其硕士毕业论文《古代汉语用典理论研究》中总结为三点：有出处、有来历、有特定的内容和意义。

具体来说，判定典故要注意三个方面：

一是只有那些有来历有出处的故事和言辞才可能成为典故。这里的"来历"和"出处"一般来说是指有文献记载，这些文献就是典源文献。另外有些故事或言语是来自于民间传说、神话故事和人们的俚俗谚语，这些故事如果被后人引用来代指或特指某些典型的事物或事件，那么它们也可以称为典故，它们的来源就是最初记载这些民间流传典故的文献。如：

【古先生】东汉末有老子入夷狄为浮屠的传说，至《老子化胡经》《西升经》等道经，益增附会，证成其说，谓老子西游化胡成佛，并以佛为其弟子，自号为"古先生"。后世因以"古先生"借称佛及佛像。

"古先生"的故事虽然源自传说，但据考证，文献记载最早见于《西升经》，书中云："老子西升，开道竺乾，化为古先生。西行过关时，为关尹著《道德经》。"而《老子化胡经》又有人作《老子西升化胡经》即《西升经》。因此,我们将这个典故的来源归于《西升经》。

二是被后人引用过。从古至今,历史事件和言辞话语不计其数,但不是所有的事件和言语都可以成为典故,有很多已被历史掩埋,后人所知寥寥。而典故之所以流传下来,就是因为它的经典性使后人不断使用,或比喻或借代,能够用来表达特定的思想意图。

三是只有可以用来表达特定含义的才可能成为典故。许多学者称之为"有派生义",如袁世全先生(1998)在讨论典故辞典的编纂时就提出了"两无"即"无证非典,无证不立"和"两有"即"有来历出处,有派生义"的立目原则。所谓的"有派生义"就是指在典源自身语言环境的基础上推衍出了某些特定的意义,而特定意义的存在正是典故被后人反复引用的前提,因为这些事件或言辞具有一定的典型性,在自身意义的基础上产生了引申义、比喻义或借代义,后人在使用时就是抓住其深层所指,而非简单地重复或叙述这个典故。如:

【民以食为天】民众以食粮为根本。《汉书·郦食其传》:"王者以民为天,而民以食为天。"《宋书·文帝纪》:"国以民为本,民以食为天。"续范亭《五百字诗》序:"大家听了一笑,后来谈到粮食对战争的重要,'大兵之后必有凶年'、'民以食为天'等等古训,都是非常正确。"

"民以食为天"这个词语在凝固成词之后,被人使用时已不是简单地重复说明这句话,而是在说明粮食的重要性,所以它已经有了典型的引申义,所以《汉书》中的"王者以民为天,而民以食为天"这句话就成了一则由话语充当的典故。

反过来,如果只是一般的引用,意义上没有特指,则不会形成典故。如:

【上堂】厅堂,殿堂。《后汉书·赵岐传》:"嵩先入白母曰:'出行,乃得死友。'迎入上堂,飧之,极欢。"《水浒传》第九十回:"那长老慌忙降阶而接,邀至上堂，各施礼罢。"

词语"上堂"的最初出现虽然也是有具体的文献，也被后人使用，但并不是作为典故使用，因为《后汉书》中的记载并没有派生出特定的意义，《水浒传》里使用的"上堂"只是使用了其本义即"厅堂"，和《后汉书》里最初出现时的意义没有变化，所以《后汉书》所记载的相关内容不是典故，相应的"上堂"也未成为典故词语。

以上三个条件是典故之所以成为典故的必要条件，缺一不可，只有同时具备了这三个条件的故事或言语，才能成为典故。

（三）典故的分类

所谓典故的分类，主要是根据典故性质对典故进行的分类。而前人在分类时，都是从典故的定义出发，以典故从何而来为依据分为事典和语典。

简单来说，事典就是引用前人的故事而成的典故，如：

【文通残锦】比喻剩下不多的才华。典出《南史·江淹传》。南朝梁江淹，字文通，年轻时就很有才华。传说他晚年梦见晋张协对他说："前以一匹锦相寄，今可见还。"江淹把几尺残锦奉还，张大怒说："那得割截都尽。"江淹的文才从此大不如前。

《南史》所记载的江淹的故事因为具有典型性、经常被后人用来形容才华殆尽，所以很自然地成为事典。

语典就是引用前人的言语而成的典故。如：

【腹载五车】语出《庄子·天下》："惠施多方，其书五车。"后因以"腹载五车"喻读书甚多，学识极富。

《庄子》中的"惠施多方，其书五车"就是语典。

从古至今，对典故的分类大抵就是以这个依据和方法为主流，但也存在一些其他的分类情况。比如有的学者将典故分为事典和语典，熟典和僻典，明典和暗典，正典、反典和误典等各种类型。

我们认为，严格来说，典故的分类应该是对典故本身所作的分类，比如把典故分为事典和语典。至于将典故分为熟典和僻典，明典和暗典，正典、反典和误典等分类都不太符合要求，因为它们不是对典故的分类，而大多是对典故使用方式的分类。

诚然，典故的性质都可以被事件和话语两个基本范畴涵盖，但本书通过考察发现，仅用典故最初是事件还是话语将典故分为事典和语典过于笼统，不能涵盖所有的典故。

在以往的研究中，对典故性质重新分类的观点已有专家提出。如王光汉先生（1997）曾把典故分为三类："笔者以为典故大致可分为三类：一类是事典，一类是语典，还有一类是部分有确切源头可考的典制词语。"[1] 许心传先生（2006）在《中国典故类别》中提到过"人名典"和"书名典"两种："古今诗文中还常引用古人名、篇名和称呼等指代历史故事，或暗取诗文的语义。胡震亨先生《唐音癸签·用事》说：'国号，国姓''事无不可使，只巧匠耳。'因此诗文中引用的古人名、篇名、称呼等借此说彼，也应看作典故，为和上述典类名称相应，于此姑且称为'人名典'和'书名典'"[2]。顾名思义，"书名典"就是诗文中引用的书名、篇名等。

可以看出，几位先生都意识到了把典故分为事典和语典是不全面的。典故中的确有很多是属于王光汉先生所提出的第三部分即有源头可考的典制，也有很多是许心传先生提出的人名典和书名典，如：

【登槐】周代朝廷种三槐九棘，以为朝臣列班的位次。三公坐三槐下，后因以"登槐"指登上三公宰辅之位。

---

[1] 王光汉：《论典故词的词义特征》，《古汉语研究》，1997 年第 4 期。
[2] 许心传：《中国典故类别》，《高职论丛》，2006 年第 4 期。

词语"登槐"的本义就是古代朝廷位次的一种制度，既不是事件也不是言语。但笔者认为王先生和许先生的分类仍然是不全面的，还不能包括所有典故。因为除了以人名（又包括人的字和号）、书名为典以外，还有很多是以地名、官职名、园名、人物所用物件、历史朝代等为典故的。如：

【石家园】晋石崇家有金谷园，以富丽著称。后世因以"石家园"指称富贵人家的园林。

这就是以园名为典。

所以，本书在借鉴前人成果的基础上有所突破，将典故分为事典、语典和名典三类。事典就是由具体的历史事件、神话传说或轶闻趣事形成的典故。如：

【积雪囊萤】晋孙康性敏好学，家贫无油，于冬月尝映雪读书。见《尚友录》卷四。又晋车胤博学多通，家贫不常得油，于夏月以练囊盛数十萤火照书。见《晋书·车胤传》。后以"积雪囊萤"为勤苦读书、求学上进的典实。

语典就是由名人名言、人物话语或古籍语言等形成的典故。这些语言往往没有特定的事件背景，只是因为其内容深刻具有经典性所以才成为典故，如：

【而立】《论语·为政》："子曰：'吾十有五而志于学，三十而立。'"后因称三十岁为"而立"。

【才高八斗】宋无名氏《释常谈·八斗之才》："文章多谓之八斗之才，谢灵运尝曰：'天下才有一石，曹子建独占八斗，我得一斗，天下共分一斗。'"后因以"才高八斗"形容富于文才。

据笔者统计，以《诗经》《论语》《礼记》等传世经典之作中的言论为典的情况特别多。

关于事典和语典的确定，二者存在一些交叉之处。比如有些典故词语虽然直接出自人物的话语，但整体上却是在一个有故事情节的背景中，这样的仍归为事典，因为事典、语典是对典故性质的界定，不是对典故词语的界定，只要典故的出处有一定的故事情节，是来说明事件的，都归为事典，这样的情况非常多。如：

【雪絮】语出南朝宋刘义庆《世说新语·言语》："谢太傅寒雪日内集，与儿女讲论文义。俄而雪骤，公欣然曰：'白雪纷纷何所似？'兄子胡儿曰：'撒盐空中差可拟。'兄女曰：'未若柳絮因风起。'公大笑乐。"后因以"雪絮"称柳絮。

【无全牛】谓眼里没有完整的牛。《庄子·养生主》："庖丁为文惠君解牛，手之所触，肩之所倚，足之所履，膝之所踦，砉然响然，奏刀騞然，莫不中音。合于《桑林》之舞，乃中《经首》之会。文惠君曰：'嘻，善哉！技盖至此乎？'庖丁释刀对曰：'臣之所好者，道也，进乎技矣。始臣之解牛之时，所见无非牛者。三年之后，未尝见全牛也。'"后以"无全牛"比喻技艺精纯的境界，或谓专注于某一事物达到极点。

名典就是由历史中的人名、字号、地名、官职名、作品名、制度名、事物名、称谓名等一切名物范畴形成的典故。如：

【留侯】秦末，张良运筹帷幄，佐刘邦平定天下，以功封留侯。诗文中常用为称颂功臣之典。

二、典故词语

（一）典故词语的定义

汉语的典故不仅可以传承文化，是宝贵的文化财富，从语言学角度来说，还可以丰富语言的使用，人们在交际过程中，运用典故可以委婉曲折地表达自己的思想意图，可以言有尽而义无穷。同时在使用典故的过程中，会根据典故的各种形式形成复杂多样的词语符号，这些词语符号逐渐固定下来并进入人们的交际空间，成为一类意义固定的特殊词汇群体，这就是典故词语。典故词语的形成是典故对汉语发展所起到的最直接的作用。

所谓典故词语，就是形成于典故并逐渐固定下来进入人们语言交际范畴的一类特殊词语。说其特殊，简单来说主要是因为典故词语来源于典故。

典故词语和典故是两个不同的概念。但在以往的许多研究中，很多学者都混淆了二者。比如戴长江先生在《典故与典故语辞的释义》中就把语典当做了从古书文句中截取或抽取出来的词语。其实语典，是经典的诗词文句等充当的典故。而典故词语是代表典故的语言形式。

最先提出"典故词语"这个概念的是管锡华先生（1995），他在《论典故词语及其使用特点和释义方法》一文中首次把"典故词语"和"典故"分开来提，"典故词语是前代故事和诗文词句通过用典而形成的词和短语。这类词语没有人下过明确的定义。"① 文中还根据典故词语的来源分为事典词语（如"聚萤""囊萤"）和语典词语（如"而立"）。管先生的研究为以后有关典故词语的研究界定厘清了方向。

（二）典故词语的判定

典故词语就是从典故中形成的词语。其名称不一，很多人称之为"典故"，如王力先生（1980）、季羡林先生（2000）、王吉辉先生（1997）等；有人称之为"典故语辞"，如戴长江先生（1996）等；有人称之为"典故词"，如王光汉先生（1997）、曹炜先生（2005）等；也有人称之为"典故词语"，如管锡华先生（1995）等。

虽然叫法不一，但是所指基本是相同的，即由古代传说、历史故事或名言警句形成的词语。词汇学中对"词"的界定是，词是音义结合的最小的可以独立运用的语言单位。本书从《汉语大词典》中搜集整理了七千多条词语，如"盗金、龙虎营、李下无蹊、含蓼问疾、束缊请火"等等，这些词语有固定的语音

---

① 管锡华：《论典故词语及其使用特点和释义方法》，《安徽大学学报》1995年第1期。

形式，有独特的意义，同时以最小的语言单位形式出现在语言运用过程中。如：

【含蓼问疾】相传越王勾践谋复吴仇，身自磨砺，夜以继日，目倦欲睡，则含辛辣之蓼；问病济贫，抚慰百姓。事见《国语·越语》、汉赵晔《吴越春秋·勾践归国外传》。后用为君主艰苦自砺，抚慰百姓的典实。《三国志·蜀志·先主传》"吾何忍弃去"裴松之注引晋习凿齿曰："〔先主〕追景升之顾，则情感三军；恋赴义之士，则甘与同败。观其所以结物情者，岂徒投醪抚寒，含蓼问疾而已哉！"

我们结合汉语词汇学的相关理论，综合七千多条典故词语的特点，取各家之长，将其统称为"典故词语"。

本书要研究的典故词语是一类很特殊的词汇群体，它们来源于典故，是从典故中通过截取、提取、整合等各种手法形成的一类特殊词汇。对典故词语的判定要从"典故"和"词语"两个方面入手，即一方面要判定语言符号是来自于典故，这是前提，这一点可以依据判定典故的方法进行，即这些符号形式必须有来历出处、有派生义；另一方面要界定是词语而不是词组或句子，这是从词语的结构形式上着手进行的。

判定词语是否来自典故，这是对典故词语最本质的判断，在这一点上，王光汉先生（2000）从语义和结构两个方面来判定典故词语：一是词语的意义不是字面意义的组合或引申，而是有源出语言环境义；二是词语的构词比较特殊，并非是按汉语普通词语的构词规律构制的。

我们认为，典故词语必须确定是来自于典故的符号形式，即这些语言符号都有比较明确的来源，或来自一句话，或来自一个故事，而且词语的意义固定、具有典型性，且被后人广泛使用。总之，这些词语是典故的表达符号。如：

【夺席】《后汉书·儒林传上·戴凭》："正旦朝贺，百僚毕会，帝令群臣能说经者更相难诘，义有不通，辄夺其席，以益通者。凭遂重坐五十余席。故京师为之语曰：'解经不穷戴侍中。'"后因谓成就超过他人为"夺席"。

"夺席"一词乍看让人以为是"争夺座席"，但是究其来源方知，其代表了一个典故，特指"成就超过他人"。因此，"夺席"就是一个来自事典的典故词语。

在确定了是来自于典故的语言形式之后，就要从形式和结构上再界定其本质上是词语，而不是词组或句子。

来自典故的语言符号形式多样，结构复杂，单纯从形式上看，有三种：

（1）词的形式。既包括来自典故的本来就是词的语言符号，如"无妄""杜康"等，又包括从典故中组合而成的词，如"鱼书"等。如：

【杜康】1.传说为最早造酒的人。《书·酒诰》"惟天降命，肇我民惟元祀"孔颖达疏引汉应劭《世本》："杜康造酒。"明许时泉《写风情》："你道是杜康传下瓮头春，我道是嫦娥挤出胭脂泪。"清陈维崧《满江红·闻阮亭罢官之信并寄西樵》词："使渐离和曲，杜康佐酿。"2.借指酒。三国魏曹操《短歌行》："何以解忧？惟有杜康。"唐皎然《诗式·语似用事义非用事》："如魏武呼'杜康'为酒。"元伊世珍《嫏嬛记》卷中："杜康造酒，因称酒爲杜康。"清方文《梅季升招饮天逸阁因吊亡友朗三孟璿景山》诗："追念平生肠欲结，杜康何以解吾忧。"

【无妄】1.指《易》卦"无妄"。唐元稹《痁卧闻幕中诸公征乐会饮》诗："布卦求无妄，祈天愿孔偕。"2.谓邪道不行；不敢诈伪。《管子·宙合》："奚谓当？本乎无妄之治，运乎无方之事，应变不失之谓当。"《礼记·中庸》"诚者天之道也"宋朱熹集注："诚者，真实无妄之谓，天理之本然也。"3.指灾祸变乱。《文选·袁宏〈三国名臣序赞〉》："绸缪哲后，无妄惟时。"刘良注："无妄惟时，当穷灾之时也。"《晋书·慕容垂载记》："大王以命世之姿，遭无妄之运，迍遭栖伏，艰亦至矣。"参阅《易·杂卦》及韩康伯注。4.意外；不期然而然。《战国策·楚策四》："世有无妄之福，又有无妄之祸。"汉王充《论衡·明雩》："夫灾变大抵有二：有政治之灾，有无妄之变。"宋叶适《滕季度墓志铭》："而君以慣暇逢仓猝，整习遇草野，厌冠而返，可谓无妄之辱矣！"

（2）内在结构形式和意义都比较复杂的组合结构，如"惭邓禹""阳城笑"等。如"惭邓禹"指的是比较邓禹而自己自愧弗如，借指感叹功名迟暮；"阳城笑"则是借迷惑了阳城的美女之笑来代指美女的笑容。

【惭邓禹】南朝齐王融急于功名，自认为很有声望，想在三十岁内就做到公卿，结果只做了中书郎，因此曾抚案而叹："为尔寂寂，邓禹笑人。"见《南齐书·王融传》《南史·王融传》。按，东汉邓禹二十四岁就封侯，故云。后以"惭邓禹"指因功名迟暮而感叹。宋陆游《病后衰甚非篮舆不能出门感叹有赋》："寂寂岂惟惭邓禹，厌厌更觉类曹蜍。"

【阳城笑】指美女迷人的笑。典出战国楚宋玉《登徒子好色赋》："嫣然一笑，惑阳城，迷下蔡。"唐李商隐《镜槛》诗："隐忍阳城笑，喧传郢市歌。"

（3）形式固定、意义固定的句子形式，包括单句和复句两种，如"临时抱佛脚""千里送鹅毛""城门失火，殃及池鱼""蜀中无大将，廖化作先锋"等。

【千里送鹅毛】据《路史》记载，云南俗传，古代土官缅氏派遣缅伯高送天鹅给唐朝，过沔阳湖，鹅飞去，坠一翎。缅伯高只好将一翎贡上，并说："礼轻人意重，千里送鹅毛。"后用以比喻礼物微薄而情意深重。

对于一些形似词组的组合结构，在判定到底是词还是词组时，我们要依据词和词组的判定标准，对其进行具体分析而定。历来人们区分词和词组时有语法角度、语音角度、语义角度和综合角度等各种评判标准。我们认为，评判典故词语是词语而非词组或句子，语义角度是最重要的，因为典故词语的意义并不是各个组成部分的简单相加，而是由典故整体所赋予的整合意义，其凝固性和不可拆分性强于其他任何一种词语形式，这也是典故词语不同于其他词语的最重要的一点。比如，如果"夺席"字面上是"争夺座席"之义，那么很明显是词组，但作为典故词其真正意义是表示地位的超出，具有不同于表面形式意

17

义的内在特指和凝聚意义，因此是词。

对于类似于句子形式的"山雨欲来风满楼""山阴道上，应接不暇"等语言符号，我们认为它们也不是语法学上严格的"句子"。语法学中的"句子"指的是"前后都有停顿，带有一定的语调，表示相对完整的意义，人们用来进行交际的基本语言单位"①。但这些形式则不能单独担当句子的功能，而是在言语交际中作为一个意义整体充当句子的一部分，功能相当于词。因此，我们也将这些形式归为词语，属于句子型典故词语。

所以，尽管来自典故的符号形式多样且复杂，但我们都统称为"典故词语"，属于词汇的范畴。

本书中的典故词语，是指《汉大》中所收录的由典故而来的词语。之所以选《汉大》而不选其他的典故辞典作为基本的语料来源，一方面是因为《汉大》有其不可比拟的权威性和内容的全面性。另一方面，我们认为《汉大》是从理据出发的。我们认为被《汉大》所收录的形式属于"词汇"范畴是得到了大家认同的，符合词汇学的理论。比如符合葛本仪先生在《现代汉语词汇学》中的界定："词汇应当是一种语言中所有的词和所有的相当于词的作用的固定结构的总汇。"② 而且就实际操作来看，《汉大》也是贯彻了词汇学的理论。它在收录典故词语时是有针对性的，只收录了它认为是词语的形式，并不是把历史上所有的用典过程中的结构形式都认为是典故词语而进行收录。这也是《汉大》和其他的一些典故辞典所不同的地方。举例来说，《史记·周本纪》中养由基善射的典故在被后人使用的过程中至少出现了"百步穿杨""百步射叶""百步杨""百发百中""百发穿杨""百中""穿杨""穿杨百步""穿杨百中""穿杨贯虱""穿杨箭""穿杨叶""穿杨镞""穿叶""箭穿杨叶""惊杨叶""破叶箭""射穿杨叶""射柳""射叶""杨穿三叶""杨叶百穿""杨叶穿的""杨叶弓""杨叶箭""由基手""由基一箭中"等 27 个形式。不区分形式而只以出自典故与否为依据的《中国典故大辞典》在收录时，是以"百步穿杨"为主条，把其余的

---

① 邵敬敏:《现代汉语通论》，上海教育出版社，2001 年，第 209 页。
② 葛本仪:《现代汉语词汇学》，山东人民出版社，2004 年，第 4 页。

26 个词语作为副条都收入在内。而《汉大》却只收入了"百步穿杨""百发百中""百中""穿杨""穿杨贯虱""惊杨叶""破叶箭""射柳""射叶""杨穿三叶""杨叶弓"共 11 个词，也就是说，是否为真正的词语，也是《汉大》一条很重要的收录标准，在《汉大》看来，真正固定成了典故词语的只有 11 个词语。

由此可以看出，《汉大》的收词是有理有据的。本书就以《汉大》里所收的典故词语为基本研究对象。

在确定以《汉大》为语料来源之后，就要从成千上万个词语中选取典故词语。从众多词汇中抽取典故词语，这就要对典故词语进行严格的判定，做到不漏收、不多收、准确无误。其实，典故词语的判定和前文提到的典故的判定是相通的，因为典故词语是由典故而来的。张履祥先生在《典故·典故系列和典故辞典的编纂》一文中给典故词语作了一个全面的定义："典故是诗文中引用历史故事和成言成辞、佛事俗谚等经过概括、改造、创制而成的浓缩凝聚性的含典词语；它具有历史故事性、成言经典性、凝聚语言性、文人创造性和书面流传性。"[①] 作者对典故词语的界定和特点的分析是很有指导意义的。

综合各家观点，我们认为，凡是有来历、有出处，被后人引用并固定化，具有典型意义的词语都是典故词语，这三个条件是相辅相成的。有来历出处指这个词语能找到最初出现的典故，不管词典上是否记录其来历，只要我们能找到其最初出处，那就属于有来历。典型意义指这个词语能固定下来代表、比喻或象征一类意象，而词语能被后人使用，就是因为它本身有典型性，能用来指代或比喻同样的情况，如词语"揠苗助长"出自《孟子·公孙丑上》："宋人有闵苗之不长者，芒芒然归，谓其人曰：'今日病矣，予助苗长矣。'其子趋而往视之，苗则槁矣。"

取于典故的"揠苗助长"比喻强求速成，有害无益，逐渐固定且被广泛沿用，如陶行知《敲碎儿童的地狱，创造儿童的乐园》："忽视则任其像茅草样自生自灭，期望太切不免揠苗助长，反而促其夭折。"所以"揠苗助长"就是典型

---

① 张履祥：《典故·典故系列和典故辞典的编纂》，《辞书研究》，1996 年第 4 期。

的典故词语。①

以上三个条件缺一个也不能称之为典故词语。如词语"穷苗苦根"见《中国歌谣资料·一颗更比一颗甜》："穷苗苦根带土铲，黄连换来甘蔗秆。"此词只用了比喻意义，喻指穷苦的人，但没有最初来历，也没有典型意义，未被广泛引用，所以不是典故词语。

罗积勇先生（2005）在其著作《用典研究》中分析非用典情况时曾提道："沿用自古以来的平常词语者不算用典。"② 作者举例提出有些词虽曾为典故词语，但在发展中逐渐变成一般词汇，后人用时不会想到其典故意义或其来源，如"目送"：

【目送】以目光相送。语本《左传·桓公元年》："目逆而送之。"

本书认为，"目送"一词虽然有来历，但其来源并不是典故，也没有派生义，从古至今人们只是使用其原义，并不具有典型意义，所以不是典故词语。

王光汉先生（2000）《关于典故溯源的再思考》中对典故词语作了一个十分恰当的界定："这类词语有两类，一类即不是其字面义的组合或引申，而是有源出语言环境义的词语。也即说源出语言环境赋予其具有某些特定含义，这些含义是离开源出语言环境所无法理解的。第二类是构词比较特殊，并非是按汉语普通的构词规律所可构制的。"③

需要注意的是，本书的研究对象是典故词语，对那些因古今汉字的异体、繁简、通假等造成的同典同词异形词语，我们都按照现代汉语通行的简体字来处理，归为同一个词。如"鱼雁"同"魚鴈"，"杯弓蛇影"同"盃弓蛇影"，这是因为汉字异体、繁简和通假等形式上的古今差异，不会影响词语意思和语法

---

① 中国民间文艺研究会资料室，北京大学中文系瞿秋白文学会编：《中国歌谣资料》，作家出版社，1959 年

② 罗积勇：《用典研究》，武汉大学出版社，2005 年，第 10 页。

③ 王光汉：《论典故词的词义特征》，《古汉语研究》，1997 年第 4 期。

结构。

（三）典故词语的性质和特点

典故词语和普通词语一样，有自己的语音形式、书写形式和语义所指，所以从语言和符号的关系角度来说，典故词语也是一种符号，"词有语音形式，又有书写形式，语音形式和书写形式对其所代表的对象来说是符号"①。但是不同于一般词语表示概念或意象，如"桌子"这个词表达特定事物时是约定俗成的，人们造词之初也可以使用其他的词。典故词语代表的是与之息息相关的典故，其特指性和与典故的对应性是受制于典故意义的制约的，人们可以对典故词语的字面形式进行更换，但是不管如何换，都不能脱离其要代指的典故。

所以，典故词语的性质可以总结为：典故词语从本质上来说是用来代指典故的符号系统。

典故词语是汉语词汇系统中的成员，它具有词汇的共性，比如形式固定、意义稳定、可以作为语言单位充当句子成分、具有民族性等。另外，典故词语是以作为典故的故事或言语句子为形式来源，经过反复使用而成的、客观存在于语言中的一类词汇群体，还有其他词汇所没有的特殊之处。从共性和宏观上来说，典故词语的特点主要有以下几点：

1. 有源性。典故词语的有源性指的是典故词语有来历、有出处，从意义角度来说，其能指和所指之间的联系具有与一般词语不同的特性，而且这种联系有据可查，有案可依。比如"泰山"一词，在用来指山名时，并非典故词语，而用来代指岳父时，则有典可依，即出自唐代段成式《酉阳杂俎·语资》中郑镒借岳父之力官位腾跃之事。

【泰山】岳父的别称。唐段成式《酉阳杂俎·语资》："明皇封禅泰山，张说为封禅使。说女婿郑镒，本九品官，旧例封禅后，自三公以下皆迁转一级，惟郑镒因说骤迁五品，兼赐绯服。因大脯次，玄宗见镒官位腾跃，怪而问之，镒无词以对。黄幡绰曰：'此乃泰山之力也。'"

---

① 符淮青：《现代汉语词汇》，北京大学出版社，1985 年，第 17 页。

2. 历时性。典故词语有比较独特的时代特点和语用背景，其大多产生于古代、用于古代且多是书面语，虽然在现代人们交际生活中的使用频率很小，普通人对典故词语的了解也是非常有限，但典故词语作为一类特殊的词汇群体又客观地存在于语言现实之中，或许正是因为这一点，古代汉语词汇学没有对其进行专门研究，在现代汉语词汇学中也是鲜受关注。

3. 动态性。语言系统是以静态和动态两种形式存在的，静态的语言存在形式和动态的言语运用，共同促进了语言自身的发展，词汇系统亦是如此。词汇的产生、发展和运用都不断地丰富语言系统，典故词语的产生就是词汇系统动态性的典型体现。典故词语是人们在用典过程中产生的，人们根据不同的选择需求对典故进行加工，从而形成了代表典故的典故词语。可以说，它们是历经千人万人之手，历经千锤百炼，才逐渐凝固而成的。由最初的典故形成最后的成品——典故词语，这符合人们使用语言的经济性和快捷性要求，更体现了语言不断被使用、不断发展进步的历史过程，而且典故词语形成之后，又不断地促进对典故的运用，丰富人们的言语使用。

4. 典型性。典型性主要是从典故词语的意义方面来说的。典故词语由典故而来，是人们在引用典故来表情达意时产生的，产生之后又被人们用来代替最初的典故来表达某种思想或对客观世界的认识。因此，典故词语不同于诸如"桌子""天""地""巧克力"等这样表示具体概念的词，它表达的是已经被人们抽象化了的一类有特殊背景和含义的某种共识。具体来说，由事典、语典而来的典故词语多是表示抽象的思想或言行举止，如"一笑百媚"用来形容美人的笑态；"三纸无驴"形容文辞烦冗，连篇累牍而不得要领。即使是那些由事物名称充当的典故词语也不是用来指代某一件具体的事物或人，而是表达一类典型的人或物。诸如"留侯"用来称颂功臣；"白云"不是指具体的云，而是用来代指思亲或归隐。

正是由于这一点，在对同一个词语形式进行意义判定时，要分清这个词是作为典故词语还是一般词语，因为作为典故词语的意义和一般词语的意义是不同的，有的甚至大相径庭。如典故词语"白兔"，出自《古诗源·窦玄妻〈古怨歌〉》:"茕茕白兔,东走西顾。衣不如新,人不如故。"它成了用来代指弃妇的典故词语。这类词语很多,如典故词语"燕赵人"不是指燕国和赵国的人,而是用来指美女或舞女歌姬。

当然,从微观和纯粹词汇学的角度来讲,典故词语在形成途径、结构成分、词语形式和词语意义等方面都不同于汉语中的一般词语。这也是下文要进行论述的重点部分,下文将对典故词语的这些不同进行分章详细论述,着重对典故词语的各方面特点和规律进行探讨。

(四)典故词语的分类

对典故词语的分类可以综合典故词语的典源、典形和典义等从不同角度进行。

1. 根据典故词语来源的不同,可以分为来自事典的词语,来自语典的词语和来自名典的词语三种类型。

事典就是发生过的有典型意义的事情,这些事情被后人提及,再表达其意义时,人们不可能将事情原原本本再在文本中叙述一遍,而是往往从事件中提取一些有代表的信息含义,形成一些凝练的词语形式,这些形式经过一人或多人使用,就固定成了典故词语。比如中华文化中的"孝"文化里,二十四孝的故事就凝练成了一些典故词语。来自事典的词语如"孟嘉落帽""卧冰求鲤":

【孟嘉落帽】《晋书·孟嘉传》:"九月九日,温(桓温)燕龙山,僚佐毕集。时佐吏并著戎服。有风至,吹嘉帽坠落,嘉不之觉。温使左右勿言,欲观其举止。嘉良久如厕,温令取还之,命孙盛作文嘲嘉,著嘉坐处。嘉还见,即答之,其文甚美,四坐嗟叹。"后以"孟嘉落帽"形容才子名士的风雅洒脱、才思敏捷。

来自语典的词语如"李下无蹊""兵不厌诈"。这些词语在解释时往往有"语出""谚""曰""语本"等提示字眼。

【李下无蹊】古谚有"桃李不言,下自成蹊"语,谓桃李成熟,人不期而至,树下自然踏成蹊径。唐时借李(李树)、李(李姓)同字,反用此古谚以称

颂 李至远、李义为人正直，秉公选举，无人敢走私门。

来自名典的词语如"鞮译象寄""伯姬"：

【鞮译象寄】《礼记·王制》："五方之民，言语不通，嗜欲不同。达其志，通其欲，东方曰寄，南方曰象，西方曰狄鞮，北方曰译。"后因以"鞮译象寄"借指四方少数民族。

2. 根据典故词语与典源的对应关系，可把典故词语分为单典源词语和多典源词语两类。

单典源典故词语指典故词语由一个典故而来，其意义所指也是一个典故。如"三斗醋""蝉嘒""毕罗""握粟出卜""暗室不欺"等。据统计，《汉大》中的典故词语多数是单典源的，大约有 6383 条：

【三斗醋】指令人难食之物。三斗，极言其多。《北史·崔弘度传》："时有屈突盖为武候车骑，亦严刻。长安为之语曰：'宁饮三斗醋，不见崔弘度。'"

【闇室不欺】据汉刘向《列女传·卫灵夫人》载，卫大夫蘧伯玉仁智敬上，夜间乘车过卫灵公阙，按照礼制下公门，式路马，不以闇昧废礼。后因以"闇室不欺"谓在无人看见的地方，也不作昧心事。《汉魏南北朝墓志集释·隋王荣暨妻刘氏墓志》："闇室不欺，託生安养。"

单典源典故词语是典故词语的主要形式，比重很大。

多典源典故词语指典故词语有两个或两个以上的典故而来，其所指就是对应的多个典故。多典典故词语又根据词形分为两种：（1）多典同形词语（2）多典合形词语。

（1）多典同形词语指同一个典故词语形式包含了多个典故，这种情况实质上是两个或多个典故共用了一个词语形式，实质是多个典故词语。

多典同形词语分为两种情况：

一种是几个意义相同或相近的典故因巧合而同形，如"衔图"：

【衔图】《春秋合诚图》："黄帝游玄扈雒水上，与大司马容光等临观，凤凰衔图置帝前，帝再拜受图。"又《尚书中候握河纪》："尧即政七十年仲月甲日至於稷，沈璧于河，青云起，回风摇落，龙衔马图，赤文绿色，自河而出，临坛而止，吐甲迴遭。甲似龟，广九尺，有文，言虞、夏、商、周、秦、汉之事，帝乃写其文藏之东序。"后以"衔图"为仁君在位之典。

"衔图"这个词语形式是由两个所指相近的典故而来。

第二种是几个意义不同也无关系的典故只是因为巧合而共用了一个词语形式。如"盗金"：

【盗金】1.《淮南子·氾论训》："齐人有盗金者，当市繁之时至掇而走，勒问其故曰：'而盗金于市中何也？'对曰：'吾不见人，徒见金耳。'"后用为自欺欺人的典实。《晋书·宣帝纪》："锐意盗金，谓市中为莫观。"2.《汉书·直不疑传》："为郎，事文帝。其同舍有告归，误持其同舍郎金去。已而同舍郎觉，亡意不疑，不疑谢有之，买金偿。后告归者至而归金，亡金郎大惭。"后用为无端见疑的典实。

（2）多典合形词语指一个典故词语的形式是从多个典故中分别提取因素合成的。多典合形的词语实质是一个典故词语。如：

【积雪封霜】《南史·齐江夏王锋传》："常忽忽不乐，著《修柏赋》以见志，曰：'……卫风不能摧其枝，积雪不能改其性。'"晋陆机《拟兰若生朝阳》诗："嘉树生朝阳，凝霜封其条。"后以"积雪封霜"形容操守高洁坚贞。

词语"积雪封霜"分别取自两个典故,"积雪"来自第一个语典"卫风不能摧其枝,积雪不能改其性","封霜"来自第二个语典"嘉树生朝阳,凝霜封其条",两个词语由于所指义相近而合成词语"积雪封霜"。

由多个典故合成同一个典故词语的用典方式我们称之为"合典",从数量上来说以两个典故合用的情况居多。

对于典故词语的类型及其词形与语义的关系,将在后面几章详细论述。

(五)典故词语与成语、歇后语、谚语、惯用语等词语的关系

成语、歇后语、谚语、惯用语和典故词语作为词汇系统中语义和结构形式都相对固定的特殊词语,它们之间有一定的内在联系。从数量上看,汉语中的典故词语要比成语等熟语少很多,据统计《汉大》的典故词语有 7000 多条,而成语,《汉语成语大词典》有 17000 多条,《谚海》收谚语 150000 多条,《歇后语大全》收歇后语 60000 余条。在以往的研究中,人们对成语、谚语、歇后语等研究比较多,对典故词语鲜有涉及。对它们之间的关系,许多人关注并研究了成语和典故的不同和互相交叉情况,如潘允中先生(1980)比较全面地研究了成语和典故(本书按:即典故词语)的异同。

我们把典故词语和成语等其他词语的关系简单地概括为异多于同、异中有同。

1. 所谓的异多于同,主要指在形成途径、结构形式和语体色彩等方面典故词语与这些词语存在很大的不同。

从形成途径上看,典故词语是一类有具体出处的词汇,每一个典故词语都可以追溯到其典源。而歇后语、谚语、惯用语等从整体上来说大多不具备有源性,尽管个别形式可能能找到其源头,但大多数是无源的。成语中一部分是典故词语,如"杯弓蛇影""程门立雪",这是二者交叉部分,但是许多成语不是来自典故词语,没有典源,"成语就是人们口里多少年来习用的定型的词组或短句。有的来自书本,有的来自口语"[1]。谚语是一种人们口头流传的通俗简练、生动活泼的语言,来自人们的社会生活,是人们自发的对生活的总结和提炼,表达着人们丰富的生活经验或感受。歇后语又被称为"引述语",在古代叫作"俚谚""俗语"或

---

[1] 周祖谟:《谈成语》,《语文学习》,1955 年第 1 期。

"诮语"等，也来自于人们的生活实践，是一种口耳相传的民间词汇。惯用语则是人们对某些社会现象进行的形象性总结，只不过总结而成的形式往往为三字格，且很多是具有贬义色彩，如"翘辫子""拖后腿""走后门"等。

从结构形式上来看，典故词语形式多样、结构复杂。从音节上来说，典故词语的音节形式多少不一、各式各样。有双音节的如"墨突"，三音节的如"答妇翁"，四音节的如"九牛一毛"，五音节的如"河阳一县花"，六音节的如"敢怒而不敢言"等。这一点将在本书后面部分详细论述。

而成语多为四音节的形式，谚语是一类特殊的句子形式，音节数量不定，如"眼见千遍，不如手过一遍""强龙压不住地头蛇"等等。而惯用语，温端政先生（2005）把其结构形式分为两类：一类是表示完整意思的句子，如"公说公有理，婆说婆有理"；另一类是不表示完整意思的词组，多为三音节的如"走后门""拍马屁"。歇后语的结构则明显地分为前后两部分，音节多少不定，如"一个人拜把子——你算老几"。[1]

从语体色彩和人们所熟知的程度看，典故词语从产生到使用，其书面语色彩要浓于成语等其他熟语。人们使用典故词语更多是从一种修辞的角度，借用古代故事或言语来表达自己的思想感情，正因如此，对典故词语的受众的要求就比较高，必须了解典故词语的来源和所指才能领会使用者的意图。而成语，有些书面色彩浓厚，如"醍醐灌顶""高屋建瓴"，有些则口语性很强，如"乱七八糟""七上八下"等，所以成语对人们认知水平的要求要视具体的成语而定。歇后语则是一种典型的俗语，"它以独特的结构、生动活泼的表现形式和妙趣横生的表达效果而为群众所喜闻乐见"[2]。歇后语也不要求人们对文献典籍多么精通，人们接受起来比较容易。来源于生活和生产经验的谚语，其语体色彩更显口语化，易于人们接受。惯用语则有特殊的使用场合，常用来讽刺、讳指、戏谑或委婉表达意图。

2. 所谓的异中有同，主要是指它们的关系除了结构形式等方面存在一些不

---

① 温端政：《汉语语汇学》，商务印书馆，2005年，第86页。

② 温端政：《汉语语汇学》，商务印书馆，2005年，第348页。

同之外，还有更深层的取材和语义所指的互通关系。

取材方面，成语和典故词语的互通性最强。关于成语的来源，周祖谟先生（1955）认为成语一部分来自口语；另一部分来自书本，书本上的古代寓言或历史故事，或者古典作品中的成句，都可以形成成语。而来自书本上的这一部分成语就很容易和典故词语发生重合，周祖谟先生就把从寓言和故事里来的成语看作一种"典故"。武占坤先生（1962）把成语从来源上分为典故性成语和非典故性成语。这一分类已经得到广泛认同。也就是说，从成语角度来说，有一部分成语既是成语又是典故词语，如"兵不厌诈""袖手旁观"，有的则只是一般的成语而不是典故词语，如"背井离乡""铜墙铁壁"等。从典故词语的角度来说，很多典故词语是以成语的形式存在的，如上面所举的"兵不厌诈""袖手旁观"等，但也有很多典故词语不是成语的形式，如"龙媒""半豹""知其一不知其二"等。正是由于二者在取材上的交叉性，所以决定了成语和典故词语的关系是最复杂的。

典故词语和谚语、惯用语、歇后语在取材上也存在互通性。

从历时的角度看，典故词语会从古代的谚语、歇后语和惯用语中取材。"而历来相传的一些俗谚也可以用作典故的。"① 如谚语是人们对生产生活经验的总结，往往包含生活深层的规律，由此可能会被古人引用而成典故词语，比如典故词语"随声吠影"取自古谚"一犬吠形，百犬吠声"；"鱼豕"和"鲁鱼亥豕"取自古谚"书三写，鱼成鲁，虚成虎"；"李下蹊"是反用古谚"桃李不言，下自成蹊"而成的。典故词语也会取自古代的惯用语，如典故词语"宁馨儿"原本就是晋宋时期的一种惯用语，指"这样的孩子"。

【宁馨儿】晋宋时俗语，犹言这样的孩子。《晋书·王衍传》："衍，字夷甫，神情明秀，风姿详雅。总角尝造山涛，涛嗟叹良久，既去，目而送之曰：'何物老妪，生宁馨儿！'"《南史·宋纪中·前废帝》："太后疾笃，遣呼帝，帝曰：'病人间多鬼，可畏，那可往！'太后怒，语侍者曰：'将刀来破我腹，那得生宁馨儿。'"后用为对孩子的美称，犹言好孩子。

有些典故词语从语义上来理解本身就是歇后语，只不过是在形式上有别于现代的歇后语形式，如"韩信将兵，多多益善""东吴招亲，弄假成真"等。

从共时角度看，现在有些词语可能同时兼有多种角色，如"树倒猢狲散"既是典故词语，又是人们熟知的惯用语，"下马威"本是出自《汉书·叙传上》："定襄闻伯素贵，年少，自请治剧，畏其下车作威，吏民竦息"，其典故意义是指官吏初到任时对下属显示的威风，后来逐渐发展成为常见的惯用语，指一开头就向对方显示威力。"一文钱难倒英雄汉"既是谚语，又是典故词语。

【一文钱难倒英雄汉】俗谚。谓即使是英雄好汉无钱也没办法。《儿女英雄传》第十九回："天下事只怕没得银钱，便是俗语说得好：'一文钱难倒英雄汉。'"姜树茂《渔港之春》第四章："我刚才围着镇转了三个圈，没借到半个铜板。一文钱难倒英雄汉，何况这么大的数，难哪！"

语义所指的互通性，指典故词语和成语、歇后语、惯用语等虽然在外在形式上有诸多不同，但它们在深层的语义所指上有相近性或重合性。这样，人们在表达同一个意思时可以根据不同的语言环境和表达动机灵活地使用典故词语或成语、谚语、惯用语等等。如形容人粗心健忘时，可以用成语"丢三落四"，可以用歇后语"属老鼠的——撂爪就忘"，还可以用典故词语"徙宅忘妻"：

【徙宅忘妻】搬家忘记携带妻子。形容粗心、健忘。语本汉刘向《说苑·敬慎》："鲁哀公问孔子曰：'予闻忘之甚者，徙而忘其妻，有诸？'孔子对曰：'此非忘之甚者也，忘之甚者忘其身。'"

总之，典故词语与谚语、成语、歇后语、惯用语等熟语之间存在非常复杂的关系，或取自同源，或亦此亦彼，或互相转化等等，尤其是与成语之间，存在更大的交叉和关联。

三、典形、典面、典源、典源文献

在以往的研究中，针对典故，曾出现过的相关术语主要有三个，即典面、典源和典义。各界定如下：

"典面即指典故的相对稳定和精炼的语言表达形式。"① 这是罗积勇先生对典面的界定。《后汉书·朱浮传》中记载："伯通自伐，以为功高天下。往时辽东有豕，生子白头，异而献之。行至河东，见群豕皆白，怀惭而还。若以子之功论于朝廷，则为辽东豕也。"对于这个典故，罗先生认为典面大致有"辽东白豕""辽豕白头""辽豕白""辽豕"等。

朱学忠先生（1999）这样界定典源："所谓典源，即指典故的最早出处。如某一典故既见之于汉，又见之于周秦，这就应舍汉而取周秦的材料作源头。"②

典义是指典故的意义，一个典故可以出一个典故词语，此时典故意义等同于典故词语意义；但一个典故也可以出现意义不同的典故词语，此时典故的意义不等同于典故词语的意义。所以，不能简单地说典义就是典故词语的意义，本书在研究典故词语的意义时并没有单列术语。

此外，本书又增添了"典形"和"典源文献"两个概念，而且对已有的"典面"和"典源"的所指和对应性有了重新定位，这是因为我们观察事物和思考角度有所不同，而且本书要研究典故词语，就要区分典故和典故词语，要区分它们各自对应的术语。

典面，指典故的形式。如《后汉书·逸民传·梁鸿》里的"每归，妻为具食，不敢于鸿前仰视，举案齐眉。"就是典故的形式，简称典面。这与罗积勇先

① 罗积勇：《典故的典面研究》，《湖北师范学院学报》，2005 年第 4 期。
② 朱学忠：《典故研究之我见》，《淮北煤师院学报》，1999 年第 3 期。

生的定义是不同的。

典形，指典故词语的形式。如"举案齐眉"这个符号形式就是典故词语的形式，简称典形。但典形与典故词语不是一对一的关系，大多数情况下一个典形代指一个典故词语，二者一对一，如"举案齐眉""东施效颦"等。

但是也有少数情况是一个典形代指几个意义不同的典故词语，如前文提到的多典同形词语"衔图"出自两个典故，其中之一的意义与"衔环"相同。这类词语在《汉语大词典》中的解释过程中，往往出现"见某某""与某某同"等提示。

【衔图】1.《春秋合诚图》："黄帝游玄扈 雒水上，与大司马容光等临观，凤凰衔图置帝前，帝再拜受图。"又《尚书中候握河纪》："尧即政七十年仲月甲日至于稷，沉璧于河，青云起，回风摇落，龙衔马图，赤文绿色，自河而出，临坛而止，吐甲迴遭。甲似龟，广九尺，有文，言虞、夏、商、周、秦、汉之事，帝乃写其文藏之东序。"后以"衔图"为仁君在位之典。2.衔环图报。元燕公楠《摸鱼儿·答程雪楼见寿》词："谩伏枥心长，衔图志短，岁晏欲谁与？"详"衔环"。

【衔环】相传东汉杨宝九岁时，至华阴山北，见一黄雀为鸱枭所搏，坠于树下，宝取雀以归，置巾箱中，食以黄花，百馀日毛羽成，乃飞去。其夜有黄衣童子自称西王母使者，以白环四枚与宝曰："令君子孙洁白，位登三事（三公），当如此环矣。"事见南朝梁吴均《续齐谐记》。后为报恩之典。

"盗金"则是一个典形出自两个不同典故，包含了"自欺欺人"和"无端见疑"两个不同的意义。

【盗金】1.《淮南子·氾论训》："齐人有盗金者，当市繁之时至掇而走，勒问其故曰：'而盗金于市中何也？'对曰：'吾不见人，徒见金耳。'"后用为自欺欺人的典实。《晋书·宣帝纪》："锐意盗金，谓市中为莫觌。"2.《汉书·直不疑传》："为郎，事文帝。其同舍有告归，误持其同舍郎金去。已而同舍郎觉，亡意不疑，不疑 谢有之，买金偿。后告归者至而归金，亡金郎大惭。"后用为无端见疑的典实。南朝梁江淹《诣建平王上书》："下官闻积毁销金，积谗磨骨，远则直生取疑于盗金，近则伯鱼被名于不义。"

典源，罗积勇先生定义典源为典故的原始出处及意思，本书与之不同。本书的典源是从词语的源头上来说的，指和典故词语有关的最早的典故。如词语"举案齐眉"的典源是《后汉书·逸民传·梁鸿》里的典故："每归，妻为具食，不敢于鸿前仰视，举案齐眉"。需要注意的是，典源是指典故词语从何而来，是最早的那个典故，而不是这个典故词语的典形最初形成的地方。如：

【西颦东效】西施捧心、东施效颦。比喻以丑陋学美好而愈显其丑。清无名氏《少年登场》："西颦东效，没来由把国民价值扫地尽了。"参见"东施效颦"。
【东施效颦】《庄子·天运》："故西施病心而颦其里，其里之丑人见而美之，归亦捧心而颦其里。其里之富人见之，坚闭门而不出；贫人见之，絜妻子而去之走。"

虽然词语"西颦东效"的形式是最初出现在清无名氏《少年登场》中，但这却不是其典源，追溯与这个词有关的典故，应当和"东施效颦"来源于同一个典故，即《庄子·天运》中的典故。所以词语"西颦东效"的典源是《庄子·天运》中的典故，而不是清无名氏《少年登场》里对这个词的使用。

又如典故词语"萱花椿树"虽然其词语形式是形成于汤显祖的《牡丹亭·训女》："祝萱花椿树，虽则是子生迟暮，守得见这蟠桃熟。"但其中的"萱"和"椿"则分别出典于《诗经》和《庄子》，所以典故词语"萱花椿树"的典源是《诗经》和《庄子》中的两个典故，而不是汤显祖《牡丹亭·训女》中的语句。

典源文献是指最初出现典源的文献，即记载典源的最早的文献，如词语"举案齐眉"的典源文献就是《后汉书》。一般说来一个典故只能有一个源头，也就只有一个典源文献。如果一个典故被几种文献重复收录了，那要取时间最早的文献为典源文献。如：

【一借】后汉寇恂为河内太守，征入朝为金吾。时光武至颍川，百姓遮道曰："愿从陛下复借寇君一年。"事见《东观汉记》《后汉书》本传。后因以"一借"为百姓留恋好官之典实。

虽然《东观汉记》《后汉书》都有记载，但《后汉书》的成书年代要晚于《东观汉记》，且其很多内容都是以《东观汉记》为依据的，所以这个典故的典源文献是《东观汉记》。

典故和典面、典源文献之间的关系是一一对应的，即一个典故只有一个典面和典源文献，即使有时同一个典故会在不同的文献里有不同的记载，但我们指的是典故最早出现的形式和文献，所以仍是一一对应的。

但典故词语和典形、典源之间则不是简单的一一对应关系，而是较为复杂。典故词语和典形的关系前文已分析过，是一对一和一对多的关系。典故词语和典源的关系也包括一对一和一对多两种：

一对一，既指一个典故词语只有一个典源，大部分典故词语如此，如"仰人眉睫"等；也指一个典源出一个典故词语，如"一手遮天"：

【一手遮天】唐曹邺《读李斯传》诗："难将一人手，掩得天下目。"后以"一手遮天"形容仗势弄权，瞒上欺下。

一对多，既指一个典故词语有多个典源，多是合典而成，如"补天浴日"：

【补天浴日】古代神话传说，女娲炼石补天和羲和浴日甘渊的并称。见《列子·汤问》《山海经·大荒南经》。后用以比喻力挽世运功勋卓著或挽回危局。

也指一个典源出多个典故词语，这在典故的形成历史上是很常见的。比如以秦穆公之女弄玉和萧史的佳话为典源，就形成了"秦女""秦客""秦家楼""秦箫"等多个典故词语。

【秦箫】传说萧史善吹箫作凤鸣，秦穆公以女弄玉妻之。后两人俱仙去。见汉刘向《列仙传》。宋王禹偁《慰公主薨表》："云愁鲁馆，风咽秦箫，骖鸾辔以飚驰，惨龙头而雪泣。"

【秦客】3.指秦弄玉之夫萧史。唐李商隐《和孙朴韦蟾孔雀咏》："西施因网得，秦客被花迷。"

关于二者的详细关系，可参见第二章典源研究。

界定和区分这些术语及其所指是本书研究工作的前提，能够保证下面的论证条理清晰，有条不紊。

四、用典

之所以把用典单独列出来，是因为用典是一个动态运用的言语活动过程，而典故、典故词语都是一些静态的语言材料，它们是属于不同范畴领域的概念，确有必要区分对待。

关于用典，称法不一，如刘勰在《文心雕龙》里称为"事类"："事类者，盖文章之外，据事以类义，援古以证今者也。"[①]并专篇详述其用法、用例及得失，这是对用典进行的最早、最重要的系统论述。《文心雕龙》中还出现了"用事"一词，所指与"事类"相同。

现代的一些修辞著作还称之为"引用"，赵克勤先生（1983）在《古汉语修辞简论》中初次使用"用典"作为修辞格名，罗积勇先生（2005）在其专著《用典研究》中也沿用了这个名称，并对用典作了前所未有的系统研究。用典既体现了人们的使用对象是典故，又体现了"用"这一动作行为，笔者认为这是

---

① 刘勰：《文心雕龙》，中华书局，1986年，第339页。

迄今最恰当的称法，本书中也沿用此名。

历来对用典的称法虽名不同，但内涵却相同，都是引用对前人的故事或话语。但在具体判断过程中要注意，并不是所有的对前人的故事或话语的引用都是用典，我们要根据作者使用典故的目的和动机来把握和区分一些不是用典的情况。这一点罗先生在《用典研究》里详细地进行了分类，指出四大种情况不是用典：

第一，为解释某个古代故事、言辞而不得不提到这个故事、言辞的，不能算用典。

第二，对古代的某个人、某件事加以评论的，一般不能算用典。

第三，对某个地方（包括名胜古迹）曾发生的故事、曾流行的传说加以记录、追忆的文章，以及某些没有明确的言外之意的怀古诗文，均不能算用典。

第四，沿用自古以来的平常词语者不能算用典。

关于用典的方式、功能等不在本书研究范围之内，详细可参看罗积勇先生（2005）的《用典研究》，此处不再赘述。

五、典故、典故词语和用典三者的不同及关系

总起来说，典故、典故词语和用典的不同主要有两方面：

一是三者存在状态不同。典故和典故词语是静态的语言材料，用典则是动态地对语言材料的使用。运用索绪尔的理论来说就是，典故和典故词语是静态的语言，而用典就是动态的言语。用典既包括对典故的使用，还包括典故词语形成后对典故词语的使用。另外，典故词语的形成又是用典的结果。三者关系如下：

典故——通过使用典故（即用典）——→形成典故词语

典故——使用典故（即用典）——→未形成典故词语

典故词语————使用典故词语也是用典

二是三者所属范畴也不同。典故是客观存在的一些语言形式，属于文本范畴；典故词语则是代表典故的符号，属于语言范畴；用典则是对二者的应用，属于语用范畴，是一种修辞手法。

（一）典故和典故词语

二者的不同在于典故是原材料，是典故词语所要表达的全部内容，是所指，而典故词语则是一种符号系统，是用来表达典故的能指。

关于二者的关系，许多人在研究时只是从词典释义或者是从词汇学上泛泛而谈，只看到了典故词语来源于典故这一层表面关系，未能深入研究典故词语来挖掘二者本质上的关系。

典故词语的确是来自于典故，但二者的对应关系很复杂，并不是一一对应的，这一点在前文讲到典源和典故词语的对应关系时已经提到。具体来说，一个典故词语可以由一个典故而来，我们称之为单典源词语；一个典故词语可能来自多个典故，为多典源词语，如词语"画荻丸熊"是从欧阳修之母以荻画地教子和柳仲郢之母以熊胆和丸助子读书这两个意义相近的典故而来，用来形容母教有方，这是同词异典同义。

【画荻丸熊】宋欧阳修幼时，母郑氏以荻画地教子读书。唐柳仲郢幼嗜学，母韩氏用熊胆和制丸子，使郢夜咀咽以提神醒脑。后以"画荻丸熊"称赞母教有方。清章学诚《文史通义·古文十弊》："抑思善相夫者，何必尽识鹿车鸿案？善教子者，岂皆熟记画荻丸熊？"亦作"画荻和丸"。

一个典故词语形式还可用来指意义不同的几个典故，如词语"盗金"分别指齐人盗金自欺欺人和汉人无端被疑偷金这两个意义不同的典故，是同形异典异义。

同时，一个典故可以形成一个典故词语，也可以形成多个典故词语，比如老莱子着彩衣以讨父母高兴、孝顺父母的典故就形成了"老莱衣""老莱子""班衣戏彩"等诸多典故词语，这是异形同典同义。

【老莱衣】《艺文类聚》卷二十引《列女传》："老莱子孝养二亲，行年七十，婴儿自娱，著五色采衣。尝取浆上堂，跌仆，因卧地爲小儿啼，或弄乌鸟于亲侧。"后因用"老莱衣"为孝养父母之词。

【班衣戏綵】相传老莱子七十岁时穿彩衣作儿戏以娱亲。后以"班衣戏綵"为老养父母的孝亲典故。清新广东武生《黄萧养回头》："虽无儿，效老莱，班衣戏綵。"

典故词语和典故之间之所以有这种复杂的对应关系，关键在于用典，用典者、用典方式和用典角度的不同都会影响典故词语的形成。比如有人同时用几个或义同或义反的典故来表达一个意思，这样就会出现一个典故词语对应多个典故的现象，如前文提到的"画获丸熊"。不同的人在使用同一个典故时，可能会因角度和方式不同而形成意义相同或不同的多个典故词语。如词语"莺友"和"鸣于乔木""迁谷""莺乔"同出于《诗·小雅·伐木》："伐木丁丁，鸟鸣嘤嘤，出自幽谷，迁于乔木。嘤其鸣矣，求其友声，相彼鸟矣，犹求友声。"但是形式和意义却不相同，"莺友"比喻好友，而"鸣于乔木"比喻仕进达于高位，"莺乔"比喻及第或升官，"迁谷"指地位上升。

另外，不同的人使用不同的典故也可能会产生形式相同、但意义不同的典故词语，如"析薪"，在《诗·齐风·南山》"析薪如之何？匪斧不克；取妻如之何？匪媒不得"中表达做媒之义，而在《左传·昭公七年》"古人有言曰：其父析薪，其子弗克负荷。施（丰施）将惧不能任其先人之禄"中则表达继承父业之义。

（二）典故和用典

典故和用典的关系，简单来说就是二者互为条件、互为前提。

从典故的形成角度来讲，用典是典故之所以成为典故的一个必要条件，也就是说没有"用"，就没有"典"。因为如果古代故事或言辞没有人引用，不在使用中代表一类意义，有一定的所指，则这些故事和语言就不能被后人称之为典故。

从典故形成之后的角度来讲，后人在用典时又以典故的存在为基础，因为如果没有被前人引用而成的"典"就没有所谓的"用"了。

（三）典故词语和用典

针对典故词语和用典的研究是分属不同层面的，研究典故词语是本体研究，对用典的研究则是应用研究，二者属于语言研究的两个层面，研究宗旨和方法并不相同，但二者可以并行不悖。

典故词语和用典的关系也包括两方面：

一是用典形成典故词语，典故词语形成之后又促进用典行为。用典现象古来已久，用典除了罗积勇先生（2004）提到的修辞学上的提升性效果、曲折性效果、反差性效果外，还有一个重要的历史功用——大量典故词语的形成。典故词语是古人在用典过程中通过漫长的历史积累和文化积淀，从大量历史故事、轶闻趣事、人物语言中撷取了一部分被大多数人认可、常用的固定词语、句子等要素，在人们的语言运用过程中结晶而成的一系列含有来源和深厚文化底蕴的词语。所以在典故词语未形成之前，用典是促成典故词语形成的动因。典故词语形成之后一方面丰富了汉语词汇，另一方面又反过来促进了用典文化的发展，使后来的用典简明意赅、不再像明引、暗用那样烦琐，使用典这种修辞手法从文人墨客那里推广开来，成为比较常见的语言运用方法。

二是典故词语是在用典过程中产生出来的，但不是所有用典都能产生典故词语。如罗积勇《用典研究》一书中有一例："涧暗泉偏冷，岩深桂绝香。住中不能去，非独淮南王。"（虞信《山中》）虽然这首诗引用了淮南王的典故，但是并没有形成相应的典故词语。

第二节　研究对象、研究现状及方法

一、研究对象

典故词语，顾名思义是从典故而来的词语。汉语熟语系统中包括成语、谚语、歇后语、惯用语等，但极少有人将典故词语纳入熟语系统。本书首先结合现代汉语词汇中对熟语的界定理论、前贤各位专家们的研究成果，综合界定了汉语中历史传承下来的由典故而形成的典故词语，并作为依据对《汉语大词典》中收录的所有词语进行逐一地甄别、鉴定，通过定量统计的方法将《汉语大词典》中收入的所有典故词语摘抄出来，并以此为基本研究对象。一方面是进行客观性的统计归纳，包括数据统计、典源统计、典形归纳等；另一方面是运用语言学的理论对典故语词的形式、结构、语义和语用进行深入研究。通过这两方面的结合来总结和归纳汉语典故语词的形成和发展机制，真正从语言学的角度对典故语词进行系统研究，力图展现典故词语这一特殊词汇群的语言特点。

二、研究现状

典故是中国文化的结晶，对中国传统文化的发展和传承有一定的贡献，因此，人们历来重视对典故进行研究，而且颇有成就。在以往的研究中，学者们多从文化角度和修辞角度对典故进行界定分类，从典故的文化内涵、典故溯源、如何用典等修辞角度对典故进行挖掘。总结起来主要有三种基本方向：

1. 从修辞学和文学批评的角度研究典故。古代的如刘勰的《文心雕龙》、钟嵘的《诗品》等都专门论述了作为修辞手段的用典。后来有李鑫华（2001）的《典故的话语表演内涵叙述推理与修辞想象主题》，杨玉东、刘彬、朱雪里（2002）的《典故的美学诠释》，郭蓉（2006）的《论用典修辞的意义生成及典故义的阐释》和雷淑娟（2002）的《用典的意义文本间的遭遇》等也都是这方面的成果。

2. 从文化角度研究典故。人们更多地将典故这一历史文化的积累放在文化传承过程中，从民族心理、认知结构、共时比较等角度来研究，如王玉鼎（1995）的《典故词语与历史文化》，张晓宏（2003）的《论典故熟语中的民族文化色彩》，戴莉莉（2003）的《英汉典故的共性与差异》，白民军（2004）的《典故的隐喻文化透视》，唐雪凝、丁建川（2005）的《典故词语的文化内涵》，郭善芳（2005）的《典故的认知模式》和赵建、陈岩（2005）的《德汉典故的共性与差异》等。

3. 从实践运用角度研究典故。人们多重视在创作实践中用典，较少重视理论的研究，一方面的表现是出现了大量的针对专书典故的研究，如刘永良（2000）的《〈三国演义〉的典故运用》，王复光（2002）的《〈红楼梦〉名物典故探微》，熊刚（2005）的《从辛弃疾词看诗词中典故的应用》，张浏森、李晓鹏（2006）的《〈史记〉用典的文化与艺术价值》等。另一方面的表现则是出现了大量的典故辞典以及对典故辞典编纂进行研究的成果，前者如《中国典故大辞典》《典故辞典》《典故大词典》等，后者如张履祥（1996）（1999）的《典故·典故系列和典故辞典的编纂》和《关于典故辞典的十大关系》，胡裕红（1997）的《〈古书典故辞典〉释文校正二则》，袁世全（1998）的《大中型典故辞典的编纂——〈中华典故大辞典〉的理论与实践》和徐之明（2005）的《〈唐代诗词语词典故词典〉释义商榷》等。

可以看出，对典故的研究虽然出现了如此之多的成果，但大多是以论文的形式出现的，真正从理论角度、以专著形式出现的却很少。朱学忠先生（1999）在《典故研究之我见》中说道："从历史发展的轨迹来看，人们重视在创作实践中用典，但不重视理论的研究，抑或是少数人注意了，但深入系统不够。"[①] 的确如此，虽然少数人注意到了理论研究的重要性，但是却缺乏系统性的研究，如葛兆光（1989）的《论典故—中国古典诗歌中的一种特殊意向的分析》，刘丽平（2003）硕士论文《李商隐七律用典研究——兼与杜甫七律用典的对比研究》，郭蓉（2004）硕士论文《古代汉语用典理论研究》，黄爱华、张恒军（2006）的

---

① 朱学忠《典故研究之我见》，《淮北煤师院学报》，1999 年第 3 期。

《〈文心雕龙·事类〉的用典探论》等等，都试图把典故的研究提升到理论的高度，但仍局限于共时角度的"点"研究，缺乏宏观的把握。直至 2005 年，武汉大学罗积勇先生出版专著《用典研究》，才出现了一部专门以用典为研究对象、系统地诠释用典现象的著作。该书着眼于不同文体中的典故，兼顾典故与社会、历史、文化、语言等因素的关系，就不同的关系平面对典故的各种类别进行科学的归纳，同时对用典的修辞功用进行了较为透彻的具体分析，有很高的学术价值。

与典故研究的繁荣形成鲜明对比的是，对典故词语的研究却较为冷清。典故词语作为典故在历史传承中形成的语言载体，是很特殊的一类词汇群体，促进了汉语词汇的发展，在语言运用中有很重要的作用，而且从古至今，典故词语的发展已经形成了一个独具特色的系统。据统计，《汉大》共收入了典故词语约 7614 条，其形式多样，结构复杂，不同于非典故词语，对典故词语进行单独研究很有必要。虽然典故词语有诸多独特之处，但在汉语词汇学范围内却很受冷落。特别是现代汉语词汇学从 20 世纪 50 年代受苏联词汇学理论影响发展成一门独立学科以来，较多关注词的定义、词的确定、构词法、构形法、基本词汇、一般词汇、多义词和同义词等方面的研究，研究思路很多没有摆脱苏联词汇学理论的影响，侧重研究一些共性和主流的东西，对那些具有汉语特色的词汇现象缺乏重视。比如大多数学者将现代汉语的词汇分为词的总汇和固定结构的总汇两大类，前者包括基本词汇和一般词汇，后者则包括成语、谚语、歇后语、习语等，唯独没有典故词语。就连主张语汇学研究的温端政先生在其《汉语语汇学》中把语汇分为成语、谚语、歇后语和惯用语四类，也没有提到典故词语。正如曹炜先生在《现代汉语词汇研究》前言中所说："有些现象，如口语词、书面语词、典故词、委婉语、禁忌语、谦词、詈词等，我们或者还从未正面讨论过，或者偶有涉及但也是边缘的而非本体的研讨。"[①] 正是注意到了汉语词汇学研究的局限，汉语特色词汇的广泛性和重要性，曹炜先生在《现代汉语词汇研究》中在对词汇进行二次分类时，根据词语的结构特点又分出了典故词、

---

① 曹炜：《现代汉语词汇研究·前言》，北京大学出版社，2004 年，第 1 页。

聚合词、成对词、缩略词、惯用语和成语等，对典故词独设一类，设立专节进行讨论。

唐子恒先生于 2008 年出版了《汉语典故词语散论》，是国内第一部系统的以典故词语为研究对象的著作。该著作的研究特点如下：

1. 概述典故词语的研究方法入手，主要对典故词语的本体进行描述，侧重历史来源、形式特点等。

2. 文中典故词语的研究涉及音节、结构和语义方面，但均是系统总结形式。

3. 主要是从文化和典故词语自身角度分析。

本书认为，唐先生的著作与本书的研究视角、思路和方法有很大区别，在以下几个方面尚有待挖掘之处：

1. 作者未进行定量统计。在对汉语本体进行研究的过程中，详尽可靠的数据统计非常有必要，可以更直观地展现研究对象的纵向和横向特点。

2. 作者对典故词语的典源部分研究尚有空间。本书将从典故词语的语义与典源的关系角度来挖掘典故词语形成过程中，典源的重大价值和功能。

3. 作者对典故词语的形成部分着墨较少，只在第二章"典故词语的构词研究"中列出了典故语句变为典故词语有直接截取、选字重组和加字重组三种方式。实际典故词语的成词方式不应仅从字面形式来推究，应该结合词义的形成，如此，则就包含多种形式。

4. 作者多是研究汉语典故词语本身，从语言理论角度进行的深度挖掘尚需继续深入。典故词语的形成是一个集合了认知心理、语用学、社会学等各方面综合因素的过程，从不同的理论角度来探究汉语典故词语，可以更深入和细致地帮助人们了解典故词语从古至今的存在价值、存在缘由和发展方向。

总体来说，虽然逐渐有人关注典故词语，但相关研究尚处在零散的起步阶段，人们对这一特殊语言材料群体的重视还不够，论文形式多于著作形式。总结起来主要有四个特点：

1. 对典故词语重描写，轻解释。这主要是从认知语言学角度来说的，以往人们常侧重于对典故词语的客观描述，而缺乏对词语形成机制、人类认知心理等解释机制的研究。表现在大量典故词语工具书的编纂上，如《历代典故辞典》《中国古代诗词典故辞典》等，近年又出了《中国典故大辞典》，其形式大多都是列出典故词语词条，然后是出处、意义及用例。这对典故词语研究的发展当然有很大的推动作用，功不可没，但也有欠缺，不能让人们更多地了解典故词汇的内在特点。

2. 多从典故词语与成语、谚语等熟语的对比角度进行研究，并没有挖掘到典故词语本身具有的更深层的东西，而且在术语的运用上界定不够明确，比如吴铁魁（2001）的《成语与熟语、与典故的关系》，杨薇（2003）的《论成语与典故的异同》等，其题目都定位为"典故"，但其研究对象和文章内容涉及的实际都是典故词语，术语的不确定容易导致理解偏误，不利于学科系统的发展。

3. 从语言学角度研究典故词语的成果则表现得比较分散而不系统，个例的说明比较多，还缺乏系统的论证和规律的挖掘。如管锡华（1995）的《论典故词语及其使用特点和释义方法》，王光汉（1997）的《论典故词的词义特征》，李景新、王吉鹏（1999）的《典故词对典故因素的摄取——典故词的形成之研究》，王丹（2004）的硕士论文《典故词语的词汇化研究》和丁建川（2004）的硕士论文《汉语典故词语研究》等，都站在词汇学的角度研究了汉语典故词语，也都摸索到了典故词语的一些特点和规律，但都还未来得及做全面、历时和共时的系统性研究。苏州大学的曹炜先生在其《现代汉语词汇研究》中曾专设一节"典故词"，对现代汉语典故词从构成特色、词义特征、同源异形异义典故词和与成语、缩略语的比较四个方面进行了迄今为止最为全面的词汇学研究。但是我们也应看到，曹先生在讨论典故词语这一词汇群体时仅用了几千字的篇幅，尚未将典故词语的发展历程全面勾勒出来。不能不承认，关于典故词语，在词汇学乃至语言学领域尚有一大片空白亟待填补。

4. 前人研究几乎都是典故词语的本体研究，运用先进的语言学理论来探讨汉语中丰富的典故词语这一特殊形式，目前尚未见到相关触及。但是，从研究的科学性角度来讲，任何一种立足于本体的研究，都只是研究的浅层。就语言研究来说，语言的生成、传播和使用，绝对不仅仅是语言自身机制的自我实现，而是涉及人脑中语言的生成机制、语言的交际功能、社会环境的影响等多方面。所以，从理论角度来探讨典故词语的形成和传播，探讨人们使用典故词语的心理机制，对全面掌握典故词语，有更深层的启示和帮助。

三、研究方法

本书写作时将在总结前人的研究经验、借鉴前人研究成果的基础上，力图从研究方法和研究视角上都有所突破。

首先，要突破以往人们主要从文化角度进行研究的视角。本书力图以语言学理论来处理典故词语，真正地做到用认知语言学、词汇学、文化语言学和比较语言学的方法研究典故词语，把词语的形成与人们对客观世界的认知、典故的运用和典故词语的形成、典故词语系统的形成和汉语词汇的发展、典故词语系统和成语等其他熟语的异同等等，紧密结合起来。

其次，本书所要进行的研究宏观上以目前学术界认同并广泛用来研究汉语词汇历时演变的词汇化理论、认知语言学中的焦点理论、原型范畴理论、主观性理论；符号学理论、元语言理论等为主要指导思想。词汇化问题备受关注，典故词语的形成也是词汇化的过程，但却鲜有论述。以词汇化的视角来透视典故词语，通过词汇化来把典故词语的形式、结构、语义和语用等全面结合起来，采用共时历时比较、对象的普通与特殊比较，把典故词语这一前人较少涉及的领域最有效地开发起来。

再次，本书在针对语料进行研究并总结规律时要充分运用归纳的方法，而不是演绎的方法。要在对所有典故词语进行个例分析的基础上，总结其规律，不能根据已有的认知规律去找个例。

最后，本书写作的原则是不脱离语言实际，但又不拘泥于前人的研究成果，既有所继承，又要大胆地创新。比如，在对典故性质的界定上，多以"事典"和"语典"来界定，但本书根据实际分析又采用了"名典"的说法，这是对前人研究的补充。而且我们既然已经确定了以《汉大》为基本语料来源，选取了各种形式在内的典故词语，在分析时就不能拘泥于简单的分析成词的理论，而是要兼顾词组和固定句子形式，所以要在词汇学理论的基础上还求助于句法理论。同时，典故词语结构的特殊性决定了我们在分析时必定会突破现有的分析方法，得出的结论也必定有超出已有的词法、句法、词义、语义理论之处。

总之，本书所运用的方法要达到宏观与微观、定量与定性、历时与共时、静态与动态的有机结合。

本章小结

本章主要是做了一些基础的准备工作，这是保证研究能够顺利进行的前提。首先是对研究对象——典故词语以及与之相关的概念进行了界定，在界定过程中，既有对前人的继承，又有不同视角的创新。典故词语的形成涉及典故的使用这一动态过程，因此有诸多不稳定因素，比如词语的形式方面。在界定典故词语及其相关概念时既要与语言学中词汇的界定理论保持一致，又要兼顾典故词语的独特个性，这是一个需要不断完善和思考的方面。

其次是置身其外，以"典故词语"为原点，从一个比较客观和更高的角度理清了典故词语和其"远亲近邻"的关系，使前进的目标更为清晰和准确，文章的每一部分都是为下文的研究做了比较充分的铺垫和准备。

最后，本章回顾和总结了前人对相关论题的研究情况，在众"说"纷纭中找到了自己的着手点和立足之地。文章既要做到有突破和创新，又不能离开理论指导，必须找到一个恰如其分的结合点，才能在接下来的研究中既有据可依，万变不离其宗，又要有突破和创新。最根本的目的就是希望认准目标踏踏实实地展开工作，就如考古，不但要找到挖掘的对象，进行妥善地、科学地挖掘，还要判断其年代、身份、来由，最终还原一个有理有据的历史面貌。

第一章　典故词语的典源研究

第一节　典源研究的必要性

王宁先生（1996）认为，研究典故应从典源、典面和典义入手。① 张履祥先生在《典故·典故系列和典故辞典的编纂》一文中认为：典故在其自身形成、发展和演化的过程中也不例外地自成体系，存在着不同类型的序列，称之为"典故系列"，而且"典故系列"包括历时性纵向典故系列和类聚性横向典故系列。前者就是我们所说的典源情况，后者就是典形情况。张履祥先生的观点对我们启发很大，汉语的典故词语是一个很系统的整体，其各个部分不是孤立的，而是互相支撑互相糅合的。戴长江先生（1996）在《典故与典故语辞的释义》中指出：探寻典源、考核意图、辨析方式和分析结构是识典、解典的四个有效途径。虽然所用术语不同，但实际都是肯定了典源、典面（典形）和典义是典故的三个基本要素，是全面理解典故的基本突破口。但从以往的研究来看，人们更多的是侧重对典义和典面的研究，对典源，没有足够的重视。武汉大学的罗积勇先生对典故尤其是用典研究颇深，他曾在金华修辞学研讨会上介绍了其在典义方面的研究，而且对典面的研究也发表了相关论文，但是对典源方面也没有相应的研究。总体来说，对三者的研究呈现出一种不平衡的现象：人们研究典故更侧重于典故的本体即典面和典义，而对承载本体的典源却重视不足。

---

① 对应本书界定的术语，作者的典源、典面和典义实指典源、典形和典故词语的意义。

前人对典故词语的词语形式（即典形）和词语的意义进行的研究相对要多一些，而对典故词语的典源和典源文献的研究却相对较少，因此本章所要进行的典源研究是在几乎没有参考的情况下，在对所有典故词语进行意义分析并追根溯源的基础上展开的。

虽然本书是以典故词语为主要研究对象，但是典源作为衍生出典故词语的一个载体，承载了典故词语太多的内在意义，所以典源问题是研究典故词语必须要首先解决的问题，这是由典故词语的特性、词形成的规律和典源自身的重要性共同决定的。

第一，典故词语的有源性、历时性、动态性和典型性共同决定研究典故词语须首先从典源着手。

首先，典源的存在，是典故词语区别于其他词语的一个很重要的特点。典故词语作为一类文化色彩浓厚的历史词语，如果不从其源头上着手，我们很难用现代汉语字、词的意义和结构方式去解读这些经过反复锤炼而成的词语。"对于少数义界未清、义域复杂、难以说清其所定指，甚或只是为勾画意境以发人联想的典故词来说，溯源本身甚或可以视作是一种特殊的、辅助性的释义方式。"① 现代汉语词汇的造词法多种多样，葛本仪先生（2001）在《现代汉语词汇学》中归纳为音义任意结合法、摹声法、音变法、比拟法、双音法、引申法、说明法、简缩法等八种造词法。就单音节词来说，多是音义任意结合法或摹声法形成的，而多音节词语的形成，则有复杂的多种方法，甚至几种方法综合运用而成。如"万年青"这个词语的形成既有说明法，又有借代法。就典故词语来说，以上方法都不能涵盖其中。我们在本书中可归为一种特殊的词汇化形式。

其次，典故词语不同于一般词语，它的历时性特点特别明显。典故词语的产生不是凭空造出来的，而是人们对作为典源的典故加工、提炼、重新构造产生的，典故词语作为人们使用典故的一个结果，典源就是其原材料，也就是说，典源是产生典故词语的最基本的材料。任何典故词语都是有源的，那么我们在研究典故词语时就不能抛开其源、孤立地就词论词，而是应当从其源头上找突

---

① 王光汉（署名白丁）:《关于典故词溯源问题的若干思考》,《辞书研究》, 1996 年第 4 期。

破点，来挖掘典故词语不同于其他词语的结构方式、意义组成和语用条件等。比如典故词语"桓伊三弄"，有人认为指代《梅花三弄》曲，而有人则认为指代梅花。单从这个词语本身，我们不能判定其准确所指，查阅典源：

【桓伊三弄】《晋书·桓伊传》："〔伊〕善音乐，尽一时之妙……徽之（王徽之）便令人谓伊曰：'闻君善吹笛，试为我一奏。'伊是时已贵显，素闻徽之名，便下车，踞胡床，为作三调，弄毕，便上车去。"据《神奇秘谱》载，琴曲《梅花三弄》即据此改编而成。后因以"桓伊三弄"指《梅花三弄》曲。宋苏轼《昭君怨·送别》词："谁作《桓伊三弄》，惊破绿窗幽梦。"亦借为梅花之典。

通过典源可以知道，典故词语"桓伊三弄"在最初的典源中，是被用来指代《梅花三弄》曲的，但是在后来人们的使用过程中，意义逐渐扩大，可代指梅花。

再次，典故词语的动态性特点也决定，如果仅从静态的词语形式上是不能抓住典故词语的全部的，必须结合动态的运用，从典源的存在到典源的被使用，再到词汇化成为典故词语，这是一个环环相扣的动态过程，只有从头做起，先抓典源，然后在动态的语言环境中解构人们的思维和认知规律，最后剖析典故词语，这样才不至于在这个动态流程中脱节，才不至于使我们的研究成为无源之水、无本之木。比如典故词语"斗酒只鸡"，是否可以理解为一斗酒、一只鸡呢？或者还有别的意思？可查其典源：

【斗酒只鸡】1.一斗酒一只鸡。泛指简便的酒食。2.谓以鸡和酒祭奠。常用为悼亡友之辞。三国魏曹操《祀故太尉桥玄文》："又承纵容约誓之言：'殂逝之后，路有经由，不以斗酒只鸡过相沃酹，车过三步，腹痛勿怪。'虽临时戏笑之言，非至亲之笃好，胡肯为此辞乎？"

通过释义可知，词语"斗酒只鸡"的第一个意思，指一斗酒、一只鸡，并没有明确来源，因此不应是典故词语的意思。只有第二个释义"悼亡友之辞"有来源，是特指义，所以，词语"斗酒只鸡"只有在用作"悼亡友之辞"时才是用作典故词语。由此可见，在分析典故词语的意思时，必须要从其源入手。

最后，典故词语是从具体的典源中形成的，其内在意义不是字面意义的简单组合，而是具有高度的规约性和典型性，其外在结构有很多是不能根据现代汉语的构词法、构形法来解释的，而必须要深入来源抓其本质。典故词语的形成从条件上来说跨越和涵盖了普通词语的形成，是一种"不入虎穴，不得虎子"的隐晦成词法。葛本仪先生（2001）在讲到词的形成条件时指出：词的形成必须有两个条件，一是人们的认识和思维条件，二是作为组词基础的语言要素。就典故词语来说，人们的认知是基于通晓典故的基础之上的，来源于生活，又高于生活。而作为组词基础的语言要素，本身的意义与典故词语的意义没有直接的联系，而只是作为典故的典型代表符号参与成词，是由典故使用者约定俗成的，而这种约定，既有有限的范围限定，即知晓典故者，又有灵活性和自由性，即不同的典故使用者提取代表符号时可能有不同的取舍，这就造成了同源同义但形式不同的典故词语存在。比如典故词语"隅墟"，如果单从字面来看就会被理解为"墙角的废墟"，属偏正结构。但查其典源：

【隅墟】《荀子·解蔽》："夫道者，体常而尽变，一隅不足以举之。曲知之人，观于道之一隅，而未之能识也。"《庄子·秋水》："井鼃不可以语海者，拘于虚也。"后因以"隅墟"指片面的见解、一得之见。

通过典源，我们才知"隅墟"这个词是由两个语典结合而来的，其意义是指片面的见解、一得之见，属于并列结构。

第二，词的形成规律决定研究典故词语的形成必须先从典源着手。

葛本仪先生（2001）在谈到词的形成时指出："任何一个词都是从它的基础形式中提炼凝结而成，任何一个词都有自己赖以产生的基础形式。"[①] 关于词的

———
① 葛本仪：《现代汉语词汇学》，山东人民出版社，2001年，第4页。

基础形式，葛先生认为："词的基础形式就是词形成时所依据的一种语言形式。"①词的形成，从历时角度来说，包括词最初形成之时，即语言产生之初，还包括词在语言要素产生之后的形成。葛先生指出，在最初的词产生之时，它们的形成依据是具体存在的客观事物和思维，人们通过认识和思维活动，将声音形式和意义任意结合起来从而成词。在语言要素产生之后，词的基础形式是以词或词组的形式出现的。

本书认为，葛先生所说的以词和词组为基础形式的词，是现代汉语共时层面上的词，包括基本词汇和一般词汇。但对典故词语来说，作为一种有来历、历时色彩浓厚的词语，它们的基础形式不是简单的词或词组，而是作为典源的典故，也就是说，典源是典故词语的基础形式，因为它们是在用典过程中产生的，先有典，后有词。所以要研究典故的词形、结构和词义，必须从其基础形式中找到依据和说明。

同时，典源自身的形式也是很复杂的，有的是以词语的形式出现的，有的是以词组，有的是以一句话，有的则是以一个故事文本的形式出现的。不同的典源形式形成典故词语时所采取的方法也会不同，形成的典故词语的结构和意义也会因此而异。如词语"萤窗雪案"，如果不知其典源，还以为这个词是由四个并列名词性成分组成的，其所指也定与这四件事物有关。其实这个典故词语是由两个表达勤奋治学的故事而来的，语法结构并不是四个成分并列，而是由两个成分并列而成，且典源里面并没有出现"窗""案"二字。

【萤窗雪案】《晋书·车胤传》："胤恭勤不倦，博学多通。家贫不常得油，夏月则练囊盛数十萤火以照书，以夜继日焉。"《初学记》卷二引《宋齐语》："孙康家贫，常映雪读书。"后遂以"萤窗雪案"为勤学苦读之典。

又如典故词语"无师自通"，出自语典，典源中原只有"自解"，但后人在运用中改"解"为"通"，因此而成典故词语"无师自通"。

① 葛本仪：《现代汉语词汇学》，山东人民出版社，2001年，第4页。

【无师自通】没有老师的传授指导而自能通晓。语本唐贾岛《送贺兰上人》诗:"无师禅自解,有格句堪夸。"郭沫若《我的童年》第一篇三:"他的无师自通的中医,一方面得着别人的信仰,一方面他也好像很有坚决的自信。"

第三,典源自身的重要性也决定了对典故词语进行溯源十分必要。

典源作为典故词语的一个要素,其自身也是有很多作用的,它会影响典故的性质、典故词语的意义等。有些典故词语有多个典源,每个典源情况不同,这就容易造成一个典故词语所包含的典故有不同的性质。多典源的情况容易影响典故的性质,若作为典源的典故性质都相同,则这个词语所代表的典故性质就容易定位;若同一词语的典源性质不同,则在对这个词语的典故性质定位时就要视情况而定。如:

【画荻丸熊】宋欧阳修幼时,母郑氏以荻画地教子读书。唐柳仲郢幼嗜学,母韩氏用熊胆和制丸子,使郢夜咀咽以提神醒脑。后以"画荻丸熊"称赞母教有方。

词语"画荻丸熊"所包含的两个典故都是事典,"画荻丸熊"为事典词语。

【白云】1.白色的云。《诗·小雅·白华》:"英英白云,露彼菅茅。"2.黄帝时掌刑狱之官。后用作刑官的别称。《汉书·百官公卿表上》"黄帝云师云名"颜师古注引汉应劭曰:"黄帝受命有云瑞,故以云纪事也。由是而言,故春官为青云,夏官为缙云,秋官为白云,冬官为黑云,中官为黄云。"3.指《白云谣》。唐李白《大猎赋》:"哂穆王之荒诞,歌《白云》之西母。"4.喻思亲。《旧唐书·狄仁杰传》:"其亲在河阳别业,仁杰赴并州,登太行山,南望见白云孤飞,谓左右曰:'吾亲所居,在此云下。'瞻望伫立久之,云移乃行。"5.喻归隐。晋左思《招隐诗》之一:"白云停阴冈,丹葩曜阳林。"6.特指陈抟。宋王辟之《渑水燕谈录·高逸》:"陈抟,周世宗常召见,赐号白云先生。"7.指白云亭。

作为典故词语意义的第 4 个和第 5 个意义虽然同存于一个词语形式中但没有联系，所以多典源是必然的，而且直接导致了在其性质定位上有不同的结果，表示第 4 个意义的典故为事典，第 5 个意义的典故则为语典。

又如，一个词语的前后两部分分别是来自于两个典故，两者有同指关系，是后来者将二者合用的，如：

【瞻云陟屺】《诗·魏风·陟岵》："陟彼屺兮，瞻望母兮。"《新唐书·狄仁杰传》："荐授并州法曹参军，亲在河阳，仁杰登太行山，反顾，见白云孤飞谓左右曰：'吾亲舍其下。'瞻怅久之，云移乃得去。"后因以"瞻云陟屺"比喻思亲。

【衣香鬓影】语本北周庾信《春赋》："池中水影悬胜镜，屋里衣香不如花。"及唐李贺《咏怀》之一："弹琴看文君，春风吹鬓影。""衣香"、"鬓影"都借指妇女。后连用以形容妇女仪态闲雅、服饰艳丽。

"瞻云陟屺"这个词语来自两个语义相近的典故，都是古人思念亲人的行为，二者合二为一，表达思亲。"衣香鬓影"也是由两个典故合成，这两个典故各自借女人的衣服、鬓影来代指美丽的女人。如果不追根溯源，就不知词语的意义关系和结构关系。总之，研究典源一是可以帮助我们从微观、共时的角度来把握典故词语的结构、词义和语用特点，二是可以帮助我们了解相应的典源文献，从而可以了解哪个时代、什么样的文献出典多，什么样的典故成词多等等，从而可以从宏观、历时的角度了解典故词语的历史发展轨迹。

但需要注意的是，本书虽然要对典源进行研究，而典源又是典故词语最初所来的典故，但我们的研究着眼点并不是典故本身，而是要把典故词语和典源结合起来，在结合典故词语意义的前提下，对典故词语所对应的典源情况进行研究，此外还包括对产生了典故词语的典源文献的情况进行分析总结。

第二节 典源情况综述

一、溯源难点和方法

典源研究必要且重要，但对所有典故词语进行追根溯源，却是一件不容易的事，这或许也是历来研究中对典源的研究相对缺乏的一个重要因素。

王光汉先生对典故颇有研究，他曾对典故溯源、典故词的词义特征和典故辞典编纂等发表过一些很有见地的看法。对典故溯源问题，王先生连发两文《关于典故词溯源问题的若干思考》和《关于典故溯源的再思考》来讨论这个问题，他认为，典故词溯源有三种情况值得注意：未溯、缺溯及错溯。未溯就是没有将源头溯到底；缺溯是对合典的词语溯源不完整；错溯包括溯错了源头和溯错了对象，典故词语和非典故词语不分。王先生之所以反复讨论这个问题，就是因为典故词语的溯源工作实非易事，本书在对《汉大》所有词语进行溯源之时，对其难度颇有体验。总结溯源工作，笔者认为，对典故词语进行溯源要注意以下几个问题：

1.首先要明了溯源对象。这是溯源工作开展起来的大前提，如果不明对象盲目行事，只会事倍功半。说到溯源，人们可以对典故进行溯源，也可以对典故词语溯源，但二者是不同的。比如，一个典故只有一个源头，但一个典故词语可以有两个甚至多个源头。这是因为典故词语是由人们用典形成的，人们可以由一个典故而成词语，也可以同时由几个典故结合成一词语。所以典故溯源不等于典故词语溯源。当然，在进行典故词语溯源的同时肯定也对相应的典故进行了溯源。本书所要进行的是对典故词语进行溯源。

2.其次要对溯源对象有清楚的界定。这是在分清了典故溯源和典故词语溯源不同之后的第二个工作前提。本书要进行的是典故词语溯源，也就是说要确定哪些是典故词语、哪些不是，以免走不必要的弯路。对典故词语的界定，要从典故词语的定义、特点等多角度入手，详细标准可参见本书第一章有关内容。

3.在准确、详细地明确了对象之后，要明了工作针对点。我们要溯的源是追溯典故词语所包含的典故的源头，它和典故词语这个词语的形式最终形成并使用的地方是不等同的。当然，许多典故词语在其典源里的最初形式和其最终形式是重合的。如词语"绘事后素"直接取其典源"子曰：'绘事后素'"而成。但大多数是不同的，也就是说，典故词语的最终形式并不是一开始就形成的，而是经历了后人的反复引用之后被固定下来的。如：

【仰人眉睫】《北史·崔亮传》："自可观书于市，安能看人眉睫乎！"后以"仰人眉睫"谓看别人脸上的表情行事。《恨海》第十回："他倒说：'我不惯仰人眉睫。'我听了这句话，倒不便再劝他了。"

"仰人眉睫"这个词语在其最初出现的典故里并没有最终形成"仰人眉睫"的词语形式，这个形式是在后来的运用中形成的。所以形成词语形式的真正的典源，并不是《恨海》第十回的这句话："他倒说：'我不惯仰人眉睫。'我听了这句话，倒不便再劝他了"，而是《北史·崔亮传》中的"自可观书于市，安能看人眉睫乎！"因而，这个词语的典源文献是《北史·崔亮传》而非《恨海》。

所以说，我们要追溯的源头更多的是典故词语意义的最初来源，而非形式的最初出现，所以最终形成典故词语形式的文献不一定就是这个词语的典源文献。

4.谨防溯不到底。溯源问题固然难，特别是在许多古书早已遗失的情况下，很难找到典故词语的准确源头。但是，不能因为难就应付了事。本书在对典源进行整理时采取的是对较法，即首先对比《汉语大词典》和《中国典故大辞典》来确认典源，当然这也难免存在不足。对于一些辞典上标注的可以见多个文献的，我们要具体问题具体分析。对本是同一个典故却标注了多个不同文献的，要进行文献的年代考证，力求准确，取其早者为源。这种情况有很多，如词语"捧头鼠窜"被《史记》和《汉书》同时收入，根据成书年代，《史记》早于《汉书》，所以取《史记》为源；"封胡羯末""绿珠坠楼""三日仆射""檀郎"等都被《世说新语》和《晋书》同时收入，则取《世说新语》为源；词语"熊飞"均见于《史记》和《宋书》，则取《史记》；词语"螳螂捕蝉，黄雀在后"
见于《庄子》和刘向的《说苑》，我们取《庄子》为源。如：

【抱头鼠窜】形容狼狈逃跑。语本《史记·淮阴侯列传》："〔蒯通曰〕：'常
山王背项王，奉项婴头而窜，逃归于汉王。'"《汉书·蒯通传》："常山王奉头鼠
窜。"颜师古注："言其迫窘逃王，如鼠之藏窜。"取《史记》为源。

【封胡羯末】《晋书·列女传·王凝之妻谢氏》："〔谢道韫〕初适凝之，还，
甚不乐。安曰：'王郎，逸少子，不恶，汝何恨也？'答曰：'一门叔父有阿大
（谢尚）、中郎（谢据）；羣從兄弟復有封胡羯末，不意天壤之中乃有王郎！'封
謂謝韶，胡謂謝朗，羯謂謝玄，末謂謝川，皆小字也。"南朝宋刘义庆《世说
新语·贤媛》羯作"遏"。刘孝标注："封胡爲謝韶小字，遏末爲謝淵小字。"与
《晋书》说法小异。后用为称美兄弟子侄之辞。宋苏轼《密酒歌又一首答二犹子
与王郎见和》："封胡羯末已可憐，不知更有王郎子。"取《世说新语》为源。

【熊飞】《宋书·符瑞志上》："〔文王〕將畋，史編卜之曰：'將大獲，非熊
非羆，天遺汝師以佐昌。'"《史记·齐太公世家》作"非虎非羆，所獲霸王之
輔"。文王卜此吉兆，后遇吕尚于渭之阳。后人讹"非"为"飛"，因以"熊飛"
谓隐士出山佐世之典。唐王勃《上刘右相书》："竊冠齋壇，東向舉熊飛之策。"
取《史记》为源。

【束脯】春秋时晋大夫赵盾猎于首山，见桑荫下有饿人，赐之肉脯，受而弗
食。问其故，曰"臣有老母，将以遗之"，赵盾复与之肉脯二束。后翳桑之饿人
为晋灵公甲士，灵公将杀赵盾，甲士倒戈，护之逃走。事见《左传·宣公二年》、
《吕氏春秋·报更》。后以"束脯"为施恩获报的典实。取《左传》为源。

【螳螂捕蟬，黄雀在後】语本《庄子·山木》："莊周遊乎雕陵之樊，覩一異
鵲……蹇裳躩步，執彈而留之。覩一蟬，方得美蔭而忘其身，螳蜋執翳而搏之，
見得而忘其形；異鵲從而利之，見利而忘其真。"汉刘向《说苑·正谏》："園中
有樹，其上有蟬，蟬高居悲鳴飲露，不知螳蜋在其後也；螳蜋委身曲附欲取蟬，
而不知黄雀在其傍也。"螳螂一心捉蝉，不知黄雀在后正打算吃它。比喻目光短

浅，只见眼前利益而不顾后患。取《庄子》为源。

对一部分词语查遍辞书仍找不到源头的，本书根据《四库全书》电子版搜索该词或与该词相关的条目，尽可能地找到其源头。如"掷瓦"，词典上只说了意思是"生女"，并未说明其是典故词语。根据"瓦"，我们查到了和其同义的词"弄瓦"，"弄瓦"来自《诗经》，由此我们推断"掷瓦"的典源也当来自《诗经》。

【掷瓦】谓生女。

【弄瓦】《诗·小雅·斯干》："乃生女子，载寝之地，载衣之裼，载弄之瓦。"瓦，纺砖，古代妇女纺织所用。后因称生女曰弄瓦。参见"弄璋"。

5.要注意典故词语意义对溯源的影响。在对典故词语进行溯源时，要时刻不忘把好词义关。因为典故词语是在反复引用典故的基础上形成的，其意义难免会或多或少地受影响。因此，只有在典故词语的意义不脱离来源典故的实际意义，包括义同、义近、义反或意义引申、比喻等情况下所找到的典源才算是真正的源头，如果典故词语的意义发生了变化，与原典故的意义毫无关系，那么典源问题就要视情况而发生变化。

典源问题玄机如此之多，对于大多数普通读者来说，他们对于典故之源和典故词语之源的认识往往依赖辞书。却不知，辞书也时有疏漏。如《汉大》对典源情况有时就会记录不全。比如有的典故语词固然是来源于历史传说等等没有确切可考的典源文献，但也应当有相关文献记载，但《汉大》却没有收入，如《汉大》收入了词语"燕然"来源于《后汉书》，但与其同义同典的词语"窦车骑"却没有标出其典源文献；"窦滔妇"和"窦家妻"来于同典，《汉大》却只标注了前者的来源而后者却没有。

【窦滔妇】晋窦滔妻苏蕙，字若兰。滔于符坚时为秦州刺史，被徙流沙，蕙因织锦为回文旋图诗以赠。其诗顺逆回环皆成文，结构巧妙而词情凄婉。事见

《晋书·列女传》。后以"窦滔妇"指文思巧妙的才女。

【窦家妻】指晋窦滔之妻苏蕙。

同源但出不同的典故，却在收录时不能全面标注出处，这是一个有失妥当的做法，因为对典故辞书编纂来说，源头问题尤其重要，要求编纂者实事求是，还要时刻谨记编纂辞书的目的是给人们提供工具，不能小觑。同样，对有心研究典故词语的人来说，研究典源也是一项细致、纷繁的工作，须认真、耐心地去做。

二、典源情况分析

这一部分是通过对 7000 多条典故词语的典源统计，分门别类地对典源的情况进行分析综述。所谓的典源情况，主要是从典故词语和典源的关系这个角度而言的，包括典故词语和典源的对应情况、对应条件等等。

第一，在对所有典故词语进行溯源时，我们发现，大多数词语的源头是比较容易找出的，但也有一些特殊情况。下面主要列举我们遇到的特殊类型：

1. 对于引用其他文献的典故为典的，要以被引用的典故为典源，被引用的文献为典源文献。这种情况特别多。尤其是一些类书如《太平御览》《太平广记》《说郛》《艺文类聚》《初学记》等就大量引用了早期文献中的典故，我们在统计时要把典源回归到被引文献的典故。如：

【乘车戴笠】《初学记》卷十八引晋周处《风土记》："越俗性率朴，初与人交有礼，封土坛，祭以犬鸡，祝曰：'卿虽乘车我戴笠，后日相逢下车揖。我步行，卿乘马，后日相逢卿当下。'"乘车，喻富贵；戴笠，喻贫贱。后用以指友谊深厚，不因贫富贵贱而有所改变。

虽然词典中收入的"乘车戴笠"是在《初学记》中，但我们认为其典源应当是出自《风土记》的典故，《风土记》为其典源文献。

2. 有些典故词语是在一个文献被用来注释另一个文献中的词语时出现的，但其典源的归类情况却不同。总的来说要依据形和义的最初出现，因此有些把注引者归为典源，而不是被注引者。如：

【斗胆】1. 大胆，多形容胆气豪壮。语出《三国志·蜀志·姜维传》"杀会及维"裴松之注引晋郭颁《魏晋世语》："维死时见剖，胆如斗大。"

"斗胆"一词虽然和原文献《三国志·蜀志·姜维传》中的"杀会及维"有关系，但其形和义却都没在《三国志》中出现，而是出现在注引文献晋郭颁的《魏晋世语》中，所以我们把晋郭颁《魏晋世语》中的"维死时见剖，胆如斗大"归为"斗胆"的典源，《魏晋世语》为其典源文献。

但有些典故词语的形和义均未出现在被注引作品中出现，我们将其归为注引之处。如：

【有则改之，无则加勉】有过失或缺点则改正，无则用以自勉。本用于自省其身。后多用于指他人对自己的批评指责时所持态度。《论语·学而》："曾子曰：'吾日三省吾身。'"宋朱熹集注："曾子以此三者，日省其身，有则改之，无则加勉。"

我们认为虽然出现词语的朱熹集注是为《论语》作注的，但《论语》出现的只不过是曾子的事迹，并没有出现"有则改之，无则加勉"的意象，所以归其典源为朱熹的注言，而非《论语》中的话语，相应地，其典源文献为朱熹的集注，而非《论语》。

3. 有些情况是一个典源出多个典故词语，但是这些典故词语的意思是在原典故的基础上形成的，是对原典故意义的变通和使用。如典故词语"鱼沉雁杳""鱼沉雁渺"都是由"鱼雁"得来的，尽管它们的意思比"鱼雁"的意思要多，但是我们仍把二者的典源归为"鱼雁"一词的典源。

【鱼雁】《乐府诗集·相和歌辞十三·饮马长城窟行之一》："呼儿烹鲤鱼，中有尺素书。"《汉书·苏武传》："教使者谓单于，言天子射上林中，得雁，足有系帛书。"后因以"鱼雁"代称书信。

【鱼沉雁杳】比喻书信不通，音信断绝。唐戴叔伦《相思曲》："鱼沉雁杳天涯路，始信人间别离苦。"

【鱼沉雁渺】《花月痕》第四二回："谡如嵩目时艰，空自拊髀，兼之宝山僻在海隅，文报不通，迢递并云，鱼沉雁渺，十分懊恼。"

【鸿鳞】《汉书·苏武传》载有雁足传书之事，汉蔡邕《饮马长城窟行》有"客从远方来，遗我双鲤鱼，呼儿烹鲤鱼，中有尺素书"之句。后人糅合两事用"鸿鳞"指代书信。

4. 对于那些由作品名充当的典故词语，其典源文献和典源是相同的。如词语"肘后方"由《肘后备急方》的简称而来，所以其典源和典源文献都是《肘后备急方》这本书。

【肘后方】晋葛洪曾撰医书《肘后备急方》，简称《肘后方》，意谓卷帙不多，可以悬于肘后。后因借以泛指随身携带的丹方。

5. 部分典故词语典源不明。

从典故词语典源的明晰程度上来讲，大多数典故词语的典源是明了的，但也有部分典故词语的典源不十分明确，这主要是指典源的书面形式和典源文献不明确，人们只知其义，不明其源。总结来说，不明情况有如下几种：

以典章制度或习俗为典的。如"登槐"本为周代朝廷种三槐九棘，以为朝臣列班的位次。三公坐三槐下，后因以"登槐"指登上三公宰辅之位。"七叶貂"喻世代显贵，来自汉时中常侍冠上插貂尾为饰的习俗及金日磾一家自武帝至平帝七朝世代为内庭宠臣的故事。"望杏"指劝耕的时节，本指杏花落时农人始耕的节气。

【望杏】指劝耕的时节。语本《氾胜之书·耕田》："望杏花落，复耕。"南朝陈徐陵《司空徐州刺史侯安都德政碑》："望杏敦耕，瞻蒲劝穑。"

以历史人物为典的。很多典故词语来自一些历史人物的名号，如"阿咸"本为三国魏阮籍侄阮咸，有才名，后因称侄为"阿咸"。还有一些来自人物的合称，比如由于两个人物有某方面的共同特点而被人们合称形成典故从而代表或象征一类思想、品格。有的是同时代的，如合称孔子的两个弟子冉由和子路的"冉季"，因二者都擅长政事而被人们认为是为政者的楷模；冉耕和颜回的合称"冉颜"，代指有德行之人。有的是不同时代人物的合称，如"伊周"是商代伊尹和西周周公旦，两人都曾摄政，后常并称，亦指执掌朝政的大臣；"伊霍"是商代伊尹和汉霍光的合称，泛指能左右朝政的重臣；佉卢仓颉的并称"佉仓"，因二人均为古代传说中创造文字的人，故用以借指古文字。

【伊周】商伊尹和西周周公旦。两人都曾摄政，后常并称。亦指执掌朝政的大臣。《汉书·张陈王周传赞》："周勃为布衣时，鄙樸庸人，至登辅佐，匡国家难，诛诸吕，立孝文，为汉伊周。"颜师古注："处伊尹、周公之任。"

以历史事件为典的。如"秦晋"原本指秦国和晋国，因两国有过联姻，后世合用国名"秦晋"为典，用来指联姻。"梁苑隋堤"本为汉梁孝王所建的东苑与隋炀帝开运河所筑的大堤，后为吟咏历史胜迹之典。因管仲和鲍叔牙的至交而合成"管鲍交"代指朋友间的深厚友谊。因魏晋之际嵇康、向秀、王戎等常在山阳聚会而成"山阳会"借指故友聚会。因晋石崇家有富丽金谷园，后世以"石家园"指称富贵人家的园林。因书画家米芾常乘舟载书画游览江湖，后常以"米家船"借指米芾的书画。

【梁苑隋堤】汉梁孝王所建的东苑与隋炀帝开运河所筑的大堤。后以"梁苑隋堤"为吟咏历史胜迹之典。唐韩琮《杨柳枝》诗:"梁苑隋堤事已空,万条犹舞旧春风。那堪更想千年后,谁见杨花入汉宫。"参见"梁苑"。

以神话或民间传说为典的。如"嫦娥""夕兔""玉兔""玉蟾蜍"皆因古代神话谓月中有兔,故用为月亮的代称。"鹊河"因民间传说天上织女七夕渡银河与牛郎相会,喜鹊填河成桥,故称银河。"奠鼎"因传说夏禹铸九鼎象征九州,历商至周都作为传国重器置于国都,后因以称定都或建立王朝为"奠鼎"。

此外,还有来自流传广泛的佛教用语的"一瓣香"和来自西方神话的"木马计"等。

【一瓣香】犹一炷香。佛教禅宗长老开堂讲道,烧至第三炷香时,长老即云这一瓣香敬献传授道法的某某法师。后以"一瓣香"指师承或仰慕某人。宋陈师道《观兖文忠公家六一堂图书》诗:"向来一瓣香,敬为曾南丰。"按,曾巩(南丰),为陈师道的老师。

这些典故词语的典源之所以不甚明了,是因为所取题材多为人们熟悉的或口耳相传的故事或民谣等,世代相传,互相习用,由此成典成词。对这一类无明确出处的,我们将其典源统归为最初出现这个词语的文献,这需要从大量史书典籍中搜索,以求最初出处。

第二,前文说过,典故词语的典源情况不同于典故的源头情况,一个典故只有一个源头,而典故词语的典源情况就比较复杂。

由于一个典故词语形式(即一个典形)不一定就是一个典故词语,有可能是多个词语,这在前文已经说过。因此,我们讨论典故词语与典源的关系时,先以一个典形为常量来讨论典源这个变量的情况,可以发现有一形对一源和一形对多源两种情况。一形对一源就是一个典形有一个典源,一形对多源就是一个典形有两个或两个以上的多个典源。简单来说,一个典故词语形式的典源情况共有两种：单典源和多典源。

1. 单典源

单典源是指一个典故词语形式只来自一个典故，即典源只有一个。这种情况下的这一个形式就代表了一个词语，这样的典故词语叫单典源典故词语。在本书统计的 7000 多条典故词语里，单典源的典故词语有 6000 多条，占 90% 左右。

从意义上来说，单典源的典故词语多数情况下就有一个意思，如：

【凌云笔】唐杜甫《戏为六绝句》之一："庾信文章老更成，凌云健笔意纵横。"本为赞扬庾信笔势超俗，才思纵横出奇，后遂以"凌云笔"泛指为文作诗的高超才华。

【齐鸡开府】《北齐书·幼主纪》："犬於马上设褥以抱之，斗鸡亦号开府，犬马鸡鹰多食县干。"后因以"齐鸡开府"比喻滥给官爵。明王志坚《表异录·职官》："齐鸡开府，卫鹤乘轩，言滥爵也。

但随着人们的运用，同一个典故词语也会通过引申、比喻或转借等手法而产生多义或者改变了原义，但其意义始终都和原义有关，仍是由原典故而来的，这样的典故词语也是单典源词语。如：

【长枕大被】语出《北堂书钞》卷一三四引汉蔡邕《协初赋》："长枕横施，大被竟床。"谓共倚长枕，同拥大被，形容夫妇相爱。后用以喻兄弟友爱。《资治通鉴·唐玄宗开元二年》："上素友爱，近世帝王莫能及；初即位，为长枕大被，与弟兄同寝。"

【夜雨对床】喻关系亲密。本用于朋友会晤，后转用于弟兄及亲属聚首。唐郑谷《思图昉上人》诗："每思闻净话，夜雨对绳床。"宋苏辙《再祭亡兄端明文》："昔始宦游，诵韦氏诗'夜雨对床'，后勿有违。"

上面两个词语虽然意义发生了转移，但因为其根本意义都没变，都指人的关系好，只不过是两个词语的指代范围扩展了而已，所以"长枕大被"和"夜雨对床"都仍为单典源词语。

从典源文献的情况来看，单典源的典故词语大多数也只有一个典源文献，也就是说，同一个典源被一个文献记载，又被后来者使用，这是最常见的，即使有很多情况是一个典源同时被两个或两个以上的文献收入，有的记载内容完全相同，有的记载方式不同，但典故大意都是相同的。这一类前文已经说过，取成书时代早者为源。这种情况仍是单典源单文献。

单典源单文献最为常见，但也偶有单典源多文献的情况。如同一个典故里记载了发生在两个或几个人身上的故事，这一个故事有可能在与这几个人相关的传记中同时都有记载，当这个典故形成典故词语时，相应的典故词语就应算有多个典源文献。如：

【下榻】1.后汉陈蕃为乐安太守。郡人周璆，高洁之士。前后郡守招命莫肯至，唯蕃能致之。特为置一榻，去则悬之。后蕃为豫章太守，在郡不接宾客，唯徐穉来特设一榻，去则悬之。见《后汉书·陈蕃传》及《徐穉传》。后遂谓礼遇宾客为"下榻"。

典故词语"下榻"来源于陈蕃设榻为徐穉的典故，同一个典故在《后汉书》两个人的传中都有记载，所以形成的典故词语"下榻"就相应地有两个典源文献即《后汉书·陈蕃传》和《后汉书·徐穉传》。单典源多文献的情况比较少见。

2.多典源

多典源是指一个典故词语形式内部包含着两个或两个以上的典源，以两个典源的情况为主。这种情况下的这个词语形式可能是代表一个典故词语，也可能是代表两个或多个典故词语。

在7000多条词语里面，多典源的情况只有900多条，占10%左右。虽然数量少，但是典故词语的多典源情况比较复杂，不如单典源情况单一。多典源情况的存在也是典故词语之源和典故之源之间最大的不同点，典故只有一个源头，而典故词语可以有多个典源。从典源和典源文献的对应情况来看，多典源的情况又分为多典源多文献和多典源单文献两种。

那么，为什么一个典故词语形式会有多个典源呢？根本原因是典故词语是由人们用典而来的，人们用典的自由和灵活性决定了可以有单用一个典故而成词的情况，也可以有用几个典故而成词等复杂的情况，还可以有不同典故使用了相同词语形式的情况。结合典故词语的形和义，我们把多典源的情况总结为以下几种：

（1）同义同形而多典源

同义同形多典源，指的是同一个典故词语的形式，因包含了两个或两个以上的意义相同或相近的典故而多典源，如"衔图""焚裘""爇薪""箪醪投川""弯弓饮羽"等。同义同形多典源的情况多以一个词语形式包含两个同义典故为主，严格来说，这个词语形式代表的是意义相近的不同典故词语。如：

【爇薪】《后汉书·文苑传下·侯瑾》载：侯瑾。少孤贫，依宗人居。性笃学，恒慵作为资，暮还辄然柴以读书。《晋书·范汪传》："汪少孤贫，六岁过江，依外家新野庾氏……及长，好学。外氏家贫，无以资给，汪乃庐于园中，布衣蔬食，然薪写书。"后用作家贫而好学的典故。

【揽辔澄清】《后汉书·党锢传·范滂》："时冀州饥荒，盗贼群起，乃以滂为清诏使，案察之。滂登车揽辔，慨然有澄清天下之志。"南朝宋刘义庆《世说新语·德行》载为陈蕃事。后以"揽辔澄清"谓在乱世有革新政治，安定天下的抱负。

【翻羹】《后汉书·刘宽传》："宽简略嗜酒……夫人欲试宽令恚，伺当朝会，装严已讫，使侍婢奉肉羹，翻污朝衣。婢遽收之，宽神色不异，乃徐言曰：'羹烂汝手？'其性度如此。"《南史·萧励传》："励性率俭，而器度宽裕，左右尝将羹至胸前翻之，颜色不异，徐呼更衣。"后以"翻羹"为待人宽厚的典实。

三个典故同义同形的如：

【梦笔】《晋书·王珣传》："珣梦人以大笔如椽与之，既觉，语人云：'此当有大手笔事。'俄而帝崩，哀册谥议，皆珣所草。"《南史·文学传·纪少瑜》："少瑜尝梦陆倕以一束青镂管笔授之，云：'我以此笔犹可用，卿自择其善者。'其文因此遒进。"又《江淹传》："淹少以文章显，晚节才思微退……又尝宿于冶亭，梦一丈夫自称郭璞，谓淹曰：'吾有笔在卿处多年，可以见还。'淹乃探怀中得五色笔，一以授之。而后为诗绝无美句，时人谓之才尽。"梦笔事类颇多，大抵用以指才思敏捷，文章华美。

词语"梦笔"虽然出现在三个典故中，但是都用来指文采、才华，所以其意义大体上是相近的，所以为同义同形多典源的词语。由于意义相同或相近，所以我们将其归为一个典形代表了一个词语。

同义同形的这些典故词语，从其源头上来说，并不一定是多典源，很有可能本来是单典源，在后人的传承使用过程中典源内容有所变动，比如故事的主人公、时代等可能会发生转移，但典源所表达的主旨没有改变，由此被收录到不同的典源文献中，被当作了多典源。在此，我们暂时将这类情况归为多典源，期待与方家共同探讨。

（2）异义同形而多典源

异义同形而多典源，指的是同一个典故词语形式，因包含了两个或两个以上的意义不同的典故而多典源。这样的典故词语有很多，如"卧雪""登龙门""将军树""盗金""浴日""李阳"等，这类词语是意义不同的不同典故词语。如：

【遗弓】1.《史记·封禅书》："黄帝首山铜，铸鼎于荆山下。鼎既成，有龙垂胡须下迎黄帝。黄帝上骑，群臣后宫从上者七十余人，龙乃上去。余小臣不得上，乃悉持龙须，龙须拔，堕，堕黄帝之弓。百姓仰望黄帝既上天，乃抱其弓与胡须号，故后世因名其处曰鼎湖，其弓曰乌号。"后以"遗弓"指黄帝骑龙升天时坠落的弓。2.据《史记·封禅书》载，传说黄帝骑龙升天时，"堕黄帝之弓"。后以"遗弓"为帝王死亡的委婉语。3.《吕氏春秋·贵公》:"荆人有遗弓者，而不肯索，曰:'荆人遗之，荆人得之，又何索焉？'"后以"遗弓"指丢失而为他人得到对他人也有益处的事物。

    词典中虽然列出了"遗弓"的三个意思，但是前两个是出自同一个典故，二者同源。第三个意思却来自不同的典故，所指也不同于前两者，所以，典故词语"遗弓"有两个典源和典源文献。又如:

    【题柱】1.见"题桥柱"。2.相传东汉灵帝时，长陵田凤为尚书郎，仪貌端正。入奏事，"灵帝目送之，因题殿柱曰:'堂堂乎张，京兆田郎。'"见汉赵岐《三辅决录》卷二。后遂以"题柱"为称美郎官得到皇帝赏识之典。

    【题桥柱】汉司马相如初离蜀赴长安，曾于成都城北升仙桥题句于桥柱，自述致身通显之志，曰:"不乘赤车驷马，不过汝下也！"事见晋常璩《华阳国志·蜀志》。《太平御览》卷七三、《艺文类聚》卷六三引此，桥名作"升迁"。后以"题桥柱"比喻对功名有所抱负。亦省作"题桥"、"题柱"。

    典故词语"题柱"有两个意思，一个是作为"题桥柱"的省略形式，比喻对功名有抱负，源于司马相如的典故，另一个是作为美郎官得到皇帝赏识之典，源于田凤受帝美誉的典故，两个典故共用了同一个词语形式，所以这个词语形式有两个典源。

    异义同形多典源的词语，以两个典源的情况居多，但也有三个的，如:

    【白云】1.白色的云。《诗·小雅·白华》:"英英白云，露彼菅茅。"2.黄帝时掌刑狱之官。后用作刑官的别称。《汉书·百官公卿表上》"黄帝云师云名"颜师古注引汉应劭曰:"黄帝受命有云瑞，故以云纪事也。由是而言，故春官为青云，夏官为缙云，秋官为白云，冬官为黑云，中官为黄云。"3.指《白云谣》。唐李白《大猎赋》:"哂穆王之荒诞，歌《白云》之西母。"4.喻思亲。《旧唐书·狄仁杰传》："其亲在河阳别业，仁杰赴并州，登太行山，南望见白云孤飞，谓左右曰：'吾亲所居，在此云下。'瞻望伫立久之，云移乃行。"5.喻归隐。晋左思《招隐诗》之一："白云停阴冈，丹葩曜阳林。"6.特指陈抟。宋王辟之《渑水燕谈录·高逸》："陈抟，周世宗常召见，赐号白云先生"。7.指白云亭。

在"白云"的七个义项里，只有第2、4、5个意义为典故意义，故有三个典源和典源文献。

以上三个典故词语都是跨越了不同时代，取自不同典故而多典源的情况，由于时间跨度和年代不同，人们对不同事物的命名和称法发生巧合，同一个典故词语形式代指了多个典故，具有了不同的含义。

还有些典故词语，即使是出现在同一时代、同一个文献中，其所指也有可能不同。如：

【采蘩】1.《诗·召南》篇名。《诗·召南·采蘩序》："《采蘩》，夫人不失职也。夫人可以奉祭祀，则不失职矣。"后因以"采蘩"指女子恪守妇道，克尽妇职。2.《诗·豳风·七月》："春日迟迟，采蘩祁祁，女心伤悲，殆及公子同归。"后因以"采蘩"作思念君子的典故。

典故词语"采蘩"虽然同在一部《诗经》中，但是处在不同的诗篇中，其所指和代表的典故意义就不同。因此，我们认为这个词语形式有两个典源，典源文献也有两个《诗·召南·采蘩序》和《诗·豳风·七月》。

从语言学角度来说，这种意义不同而词语形式相同的情况应看作两个或多个不同的词。由于典故词语形成的主观性，人们可以根据自己的表达需求选取典源中的字面形式，因此出现同形的情况也是在所难免的，不足为奇。

（3）同义合形而多典源

同义合形多典源，指同一个典故词语的形式是由分别代指多个典故的词语成分组合而成的，两个典故因意义和所指相同或相近，后人因合用而形成了同

67

一个典故词语，这个典故词语因此而多典源，一个同义合形的词语形式代表了一个词语。虽然都是包括多个典故，但同义合形的典故词语而不同于同义同形典故词语和异义同形典故词语，因为不管是同义同形还是异义同形的典故词语，它们在词形上本来就是凝固的，不存在组合的问题，而且从词形上根本看不出包含多个典故，而同义合形的词语从其形式上就能看出是由多个典故组合而成。这类多典源的典故词语在多典源的情况中也有很多，如"映雪囊萤""衣香鬓影""苦口恶石""龙虎营""画荻丸熊""樗铅""隅墟"等。

典故词语是来源于两个典故，典形是分别截取两个相关事件或人物的关键词组成的，如：

【燔鱼斮蛇】周武王伐纣至孟津，白鱼入舟，武王欲煮鱼以祭，被群臣劝止。见《尚书大传·大誓》。又汉高祖聚众起义时，曾夜行泽中，见有大蛇挡道，高祖毅然挥剑斩之。见《史记·高祖本纪》。后因以"燔鱼斮蛇"指代周武王、汉高祖起事。

【苦口恶石】《左传·襄公二十三年》："季孙之爱我，疾疢也；孟孙之恶我，药石也。美疢不如恶石：夫石尤生我，疢之美，其毒滋多。"《韩非子·外储说左上》："夫良药苦于口，而智者劝而饮之，知其入而已己疾也；忠言拂于耳，而明主听之，知其可以致功也。"后因以"苦口恶石"比喻逆耳而中肯有益的规劝。

可以看出，"苦口"源于《韩非子》，"恶石"源于《左传》，所以二者合成的典故词语"苦口恶石"的典源就是有两个，相应地，典源文献也是两个。

【樗铅】《庄子·逍遥游》："吾有大树，人谓之樗。其大本臃肿而不中绳墨……匠者不顾。"《淮南子·齐俗训》："铅不可以为刀。"后因以"樗铅"比喻材劣不堪用。常为自谦之辞。

"樗铅"一词虽然只有两个音节，但却各自代表了不同的典故，其比喻义相近，合而成词表示自谦，也是多典源的同义合形词语。

从典故词语形成的时间跨度看，很多同义或近义合形的典故词语，其所包含的多个典故往往有不同的时代背景，时间跨度比较大，是后人在对意义相似的典故进行整合使用时产生的，历时性强。但在共时情况下形成同义合形典故词语的情况也存在。如：

【革面洗心】《易·革》："君子豹变，小人革面。"又《系辞上》："圣人以此洗心。"后以"革面洗心"比喻彻底悔改。

这是时代跨度非常小的一种合形情况，"革面"和"洗心"同出一部书的不同部分，分别由两句话的最后两个词而成词语"革面洗心"。

以上几个同义合形的词语，其典源情况比较容易判定，但也有些合形的词语，其来源或都不清楚，或其中某一个不清楚，这一类我们仍把它们收入到多典源的合形词语中，只不过给我们的典源文献统计带来许多不便。如：

【蟾宫折桂】《晋书·郤诜传》："武帝于东堂会送，问诜曰：'卿自以为何如？'诜对曰：'臣举贤良对策，为天下第一，犹桂林之一枝。昆山之片玉。'"相传蟾宫中有桂树，唐以来牵合两事，遂以"蟾宫折桂"谓科举应试及第。

词语"蟾宫折桂"由两个典故而来，其中一个是《晋书》郤诜的典故，另一个则是传说，二者合形成一词语，仍为多典源的情况。

（4）典中有典而多典源

典中有典而多典源，指的是一个典故词语形式整体表示一个典故，而局部组成部分又包含另一个典故，但这两个典故既不是同义典故，也不是异义典故，而是前后相承、互相糅合的两个典故。如：

【半豹】典出《晋书·殷仲文传》："仲文善属文，为世所重，谢灵运尝云：

'若殷仲文读书半袁豹，则文才不减班固。'言其文多而见书少也。"一说这是傅亮的话。见南朝宋刘义庆《世说新语·文学》。袁豹字士蔚，好学博闻，多览典籍。后以"半豹"谓读书不多。

词语"半豹"里包含两个典故，一个是"半豹"整个词语所指的《晋书》中谢灵运评价仲文的诗词语典，另一个是"豹"所指的《世说新语·文学》中袁豹好学多读的事典，整体和局部是典中有典的情况，所以词语"半豹"就有两个典源和典源文献。又如：

【楚囚相对】南朝宋刘义庆《世说新语·言语》："过江诸人，每至美日，辄相邀新亭，藉卉饮宴。周侯（周顗）中坐而叹曰：'风景不殊，正自有山河之异！'皆相视流泪。唯王丞相（王导）愀然变色曰：'当共戮力王室，克复神州，何至作楚囚相对！'"后用以形容人们遭遇国难或其他变故，相对无策，徒然悲伤。

【楚囚】《左传·成公九年》："晋侯观于军府，见钟仪。问之曰：'南冠而挚者，谁也？'有司对曰：'郑人所献楚囚也。'"本指被俘的楚国人。后借指处境窘迫无计可施者。

典故词语"楚囚相对"本身代表一个典故，这个典故里边又使用了更早的"楚囚"所指的典故，也是典中有典而导致的多典源情况。

（5）因文本原因而多典源

前四种多典源的情况都是资料准确、没有异议因而分析时比较容易判定的情况。然而在众多典故词语中，有很多并不是因为词语本身的复杂性和特殊性导致多典源的，而是由于文本原因难以裁定的，我们把这些归为因文本原因而多典源的情况。这种情况通常被认定为同一个词语形式代表了不同的典故词语。包括以下两种情况：

一是因说法不一而多典源。如"红叶题诗""辟寒金""乘槎"等。最为典型的是"红叶题诗"，因说法多而不一，所以典源颇多。

【红叶题诗】1.唐代红叶题诗、结成良缘的故事较多，情节略同而人事各异：宣宗时，舍人卢渥偶临御沟，得一红叶，上题绝句云："流水何太急，深宫尽日闲，殷勤谢红叶，好去到人间。"归藏于箱。后来宫中放出宫女择配，不意归卢者竟是题叶之人。见唐范摅《云溪友议》卷十。2.唐代红叶题诗、结成良缘的故事较多，情节略同而人事各异：僖宗时，宫女韩氏以红叶题诗，自御沟流出，为于祐所得。祐亦题一叶，投沟上流，亦为韩氏所得。不久，宫中放宫女三千人，祐适娶韩氏。成礼日，各取红叶相示，方知红叶是良媒。见宋刘斧《青琐高议·流红记》。3.唐代红叶题诗、结成良缘的故事较多，情节略同而人事各异：玄宗时顾况于苑中流水上得一大梧叶，上题诗云："一入深宫里，年年不见春，聊题一片叶，寄与有情人。"况亦于叶上题诗和之。见唐孟棨《本事诗》。4.唐代红叶题诗、结成良缘的故事较多，情节略同而人事各异：德宗时贾全虚于御沟见一花流至，旁连数叶，上题诗句。全虚悲想其人，为之流泪。事闻于德宗，知为王才人养女凤儿所题，因以凤儿赐全虚。见宋王铚《补侍儿小名录》。元人杂剧如白朴《韩翠苹御水流红叶》、李文蔚《金水题红怨》皆演此故事。后以"红叶题诗"为托物传情之典。

虽然典故词语"红叶题诗"的各项意义都是托物传情，但其来源典故有不同的记载和说法，所以仍归为多典源的情况。

二是因记载差异而多典源。如"拾尘"。

【拾尘】传说孔子困于陈蔡之间，七日不得食。后得米，由颜回、仲由二人在一间破屋里烧饭。颜回见一块烟灰落到饭里，感到被弄污的饭弃之可惜，就取来吃了。子贡远处望见，以为他偷食，告诉了孔子。孔子说颜回不会做这种事。后来问明情况，孔子说：我也会这样做的。见《孔子家语·颜回》。《吕氏春秋·任教》亦载此事，稍异：谓孔子亲见而怀疑，后查明情况，叹道："所信者目也，而目犹不可信；所恃者心也，而心犹不足恃。弟子记之，知人固不易矣。"后以"拾尘"喻因误会而致疑。

典故词语"拾尘"虽然都见于《孔子家语》和《吕氏春秋》，二者所记载的角度和侧重不同，但典故原型是相同的，为保存各种说法，我们把两个典故都作为典源来收入，相应的典故词语"拾尘"就有了两个典源和典源文献。

因文本传承原因导致的这种多典源现象，本书将其暂列至此，至于其历史真实面貌如何，尚有待考证商榷。

第三，上文以典形为常量讨论的典源的情况，现在我们以典源为常量，来分析一个典源所形成的典故词语的数量情况。这里的典故词语都是以《汉大》所收为标准来进行统计的，一个典源即使出现了多个词语形式，也要根据是否成了典故词语并被《汉大》收录了为准。以一个典源为基准，我们会发现有一源出一词和一源出多词两种情况。一源出一词就是一个典源出一个典故词语，一源出多词就是一个典源出两个或两个以上的多个典故词语。后者又分为多词同义和多词异义两种。这是分析角度不同于上面第二部分所得出的结论。

1. 一源出一词

一个典源最终只形成了一个典故词语的情况并不少见。有的典源被人们使用时，可能自始至终都是使用了同一个词语形式，这个词语最后固定成典故词语，这样的典故词语多是一些由语典而成的词语，如"一日三秋""尤悔"：

【一日三秋】《诗·王风·采葛》："彼采萧兮，一日不见，如三秋兮。"孔颖达疏："年有四时，时皆三月，三秋谓九月也。"后以"一日三秋"形容对人思念殷切。南朝梁何逊《为衡山侯与妇书》："路迩人遐，音尘寂绝，一日三秋，不足为喻。"宋刘过《沁园春·咏别》词："一别三年，一日三秋，庶几见之。"

【尤悔】指过失与悔恨。语出《论语·为政》："言寡尤，行寡悔，禄在其中矣。"《汉书·叙传下》："浅为尤悔，深作敦害。"宋王禹偁《谢赐御制月诗表》："顾瑕疵之难掩，谅尤悔以何逃。"清顾炎武《赴东》诗之一："人生中古余，谁能免尤悔？"

《诗经》："彼采萧兮，一日不见，如三秋兮"形成了"一日三秋"这个典故词语，《论语·为政》："言寡尤，行寡悔，禄在其中矣"形成了"尤悔"，从后人的使用来看，人们自始至终都是使用了同一个词语形式，属于典型的一源出一词情况。

但这样的情况并不多见。最常见的情况是一个典源在后人的用典过程中，因为使用者对典源使用角度的不同，曾经出现过多个不同的词语形式，但是这些词语形式经过历史的沉淀，最后只固定成了一个典故词语。这类情况多见于以事典为典源的词语中。如：

【曳尾涂中】典出《庄子·秋水》："庄子持竿不顾，曰：'吾闻楚有神龟，死已三千岁矣，王巾笥而藏之庙堂之上。此龟者宁其死为留骨而贵乎？宁其生而曳尾於涂中乎？'二大夫曰：'宁生而曳尾涂中。'"涂，污泥。比喻与其显身扬名于庙堂之上而毁身灭性，不如过贫贱的隐居生活而得逍遥全身。《三国志·蜀志·郤正传》："宁曳尾于涂中，秽浊世之休戚。"晋葛洪《抱朴子·博喻》："故灵龟宁曳尾于涂中，而不顾巾笥之宝；泽雉乐十步之啄，以违鸡鹜之祸。"

可以看出，后人在使用《庄子》中的这个典故时，虽然出现过"曳尾于涂中"的形式，但最终形成的典故词语却是"曳尾涂中"。

2. 一源出多词

一个典源最终形成了多个典故词语，这是由于人们对典源观察角度、使用方法和使用目不同而导致的。在这同源的多个词语中，有多词同义和多词异义两种。

（1）多词同义

由于用典主体的不同和典故词语发展的历时性，一个典源会出现典义相同而典形不同的多个典故词语，这是非常常见的情况。在我们统计的典故词语中，这种同源多词同义的词语有很多。比如秦穆公之女弄玉和萧史的佳话成就了"秦女""秦客""秦家楼""秦箫"等多个典故语词，这些词语都是因为人们用典时所取的典源部分不同而形成的，它们不仅有共同的典源，而且意义也相同或相近，所不同的只是典形。又如《韩诗外传》卷三的一句"爱其人及屋上乌，恶其人者憎其胥余。"出现了"爱屋及乌""屋上乌""屋乌之爱""屋乌推爱"等多个典形不同而意义相同的典故词语。

（2）多词异义

同一个典源，由于人们使用时的角度不同，各取典源的不同部分来表达不同的思想，也会出现多个典形和典义都不同的典故词语。如《战国策·齐策四》中的典故："齐人有冯谖者，贫乏不能自存，使人属孟尝君，愿寄食门下……左右以君贱之也，食以草具。居有顷，倚柱弹其剑，歌曰：'长铗归来乎！食无鱼。'"

由于人们看问题的角度不同，所表达的意向不同，所以同一个典故形成了不同的典故词语，"食无鱼"指待客不丰或不受重视、生活贫苦；"食鱼"比喻幕宾受到重视、优待；"冯子无鱼"比喻怀才不遇；"冯谖弹铗"表达怀才不遇或有才华的人希望得到恩遇之典。

又如词语"吹帽""孟嘉落帽""龙山会"也都来自《晋书·孟嘉传》里的同一个典故，但意义侧重不同，"吹帽"指重九登高雅集；"孟嘉落帽"形容才子名士的风雅洒脱、才思敏捷；"龙山会"则称重阳登高聚会。

【吹帽】《晋书·孟嘉传》："九月九日，温（桓温）燕龙山，僚佐毕集，时佐吏并著戎服，有风至，吹嘉帽堕落，嘉不之觉。"后以"吹帽"为重九登高雅集的典故。唐杜甫《九日蓝田崔氏庄》诗："羞将短髪还吹帽，笑倩旁人爲正冠。"唐韩愈《荐士》诗："霜风破佳菊，嘉节迫吹帽。"宋柳永《玉蝴蝶·重阳》词："良俦，西风吹帽，东篱携酒，共结欢游。"明 何景明《九日》诗："吹帽他时兴，登台此日情。"

【孟嘉落帽】《晋书·孟嘉传》："九月九日，温（桓温）燕龙山，僚佐毕集，时佐吏并著戎服，有风至，吹嘉帽堕落，嘉不之觉。"后以"孟嘉落帽"形容才子名士的风雅洒脱、才思敏捷。唐元稹《答姨兄胡灵之见寄五十韵》："登楼王粲望，落帽孟嘉情。"唐独孤及《九月九日李苏州东楼宴》诗："风前孟嘉帽，月下庾公楼。"宋陈师道《后山诗话》："孟嘉落帽，前世以为胜绝。杜子美《九日诗》云:'羞将短髮还吹帽,笑倩旁人为正冠。'其文雅旷达,不减昔人。"明无心子《金雀记·访花》:"倚篱边短干,肯移陶令之前;境上清风,准拟落孟嘉之帽。"

【龙山会】《晋书·孟嘉传》载,九月九日,桓温曾大聚佐僚于龙山。后遂以"龙山会"称重阳登高聚会。唐朱湾《九日登青山》诗:"想见龙山会,良辰亦似今。"唐赵嘏《重阳日寄韦舍人》诗:"不知是日龙山会,谁是风流落帽人。"

　　总之,通过上文的分析我们可以发现,典故词语和典源的关系可以分为典故词语的典源情况和典源对应的典故词语情况这两种。不同的分析角度得出的结论不同,可见典故词语和典源的关系比较复杂。同时通过对典源情况的分析,我们还可以看出,典源问题关乎典故词语的典形、典义和使用情况,也分清了典故词语之源和典故之源的不同所在,对全面了解典故词语尤为重要。

第三节　典源文献综述

　　典源文献是记载典故词语典源的典籍和文献。典故词语数目庞大,其典源文献也是横贯古今,种类庞杂。对典源文献进行统计分析,可以帮助我们了解典故词语的时代背景、文献体裁及取材范围等。下面主要从两方面来探讨典源文献的情况。

一、典源文献的种类及分布

　　探求典源文献的分布规律主要根据对每个典故词语进行溯源,得到其来源文献,把这些文献从时间角度、题材角度进行分类汇总,以求从宏观和历时的角度来把握典故词语形成的规律,来探求时代因素、文献自身因素等对典故词语的形成产生的影响。

　　典源文献数量多、种类杂,统计时我们尽可能地力求全面、准确。但本节中我们分析典源文献情况时，不是针对个体的文献，而是从整体上根据出典的多少来分析各个时代典源文献的情况。所以这里的典源文献和前文分析典源情况时的典源文献侧重有所不同。比如我们在前一节分析单典源多典源时，把《后汉书·陈蕃传》和《后汉书·徐稚传》看作是典故词语"下榻"的两个典源文献，但在本节根据出典数量总结典源文献的种类时，我们把二者归到同一个典源文献《后汉书》的名下，这样能帮助我们更好地从宏观上把握其发展脉络。

通过对所有典故词语的典源文献进行统计，我们发现，7000多条典故词语的典源文献共有680多种。按出典故词语的数量多少排列，出典词语在100条之上的文献依次为《诗经》《史记》《左传》《庄子》《后汉书》《晋书》《论语》《汉书》《易经》《礼记》《世说新语》《尚书》《孟子》《战国策》《三国志》等15种文献，其中《诗经》和《史记》最多，都为600多条，《左传》《庄子》各400多条，《后汉书》《晋书》《论语》《汉书》出典故词语300多条，《易经》《礼记》《世说新语》《尚书》200多条，《孟子》《战国策》《三国志》100多条。除此之外的文献，出的典故词语数量都不足100条，其中出一个典故词语的文献种类最多。

我们把各个时代形成典故词语的数量和文献种类以及二者的对比即出现的频度进行了大约的统计，并根据时代和出词数量、频度制作了下面三个表：

表1：按照出词数量由多到少的顺序表

朝代	文献种类（种）	词语数量（个）	频度（个 / 种）
春秋战国	60	3543	59.05
西汉	54	1286	23.8
魏晋	140	973	6.95
唐	158	941	5.96
东汉	43	530	12.32
宋	125	420	3.36
元	11	48	4.36
三国	32	45	1.40

朝代	文献种类（种）	词语数量（个）	频度（个/种）
五代	18	45	2.50
明	22	34	1.55
清	14	19	1.36
近代	4	4	1

表2：按照年代由早到晚的顺序表

朝代	文献种类（种）	词语数量（个）	频度（个/种）
春秋战国	60	3543	59.05
西汉	54	1286	23.8
东汉	43	530	12.32
三国	32	45	1.40
魏晋	140	973	6.95
唐	158	941	5.96
五代	18	45	2.50
宋	125	420	3.36
元	11	48	4.36
明	22	34	1.55
清	14	19	1.36
近代	4	4	1

表3：按照频度由高到低的顺序表

朝代	文献种类（种）	词语数量（个）	频度（个/种）
春秋战国	60	3543	59.05
西汉	54	1286	23.8
东汉	43	530	12.32
魏晋	140	973	6.95
唐	158	941	5.96
元	11	48	4.36

朝代	文献种类（种）	词语数量（个）	频度（个/种）
宋	125	420	3.36
五代	18	45	2.50
明	22	34	1.55
三国	32	45	1.40
清	14	19	1.36
近代	4	4	1

根据数量统计，我们把典源文献和典故词语数量之间的规律总结如下：

1.从表1和表2可以看出，总体上来说，典故词语数量的多少和时代的早晚大体上是成正比的。也就是说时代越早，典故词语出现越多；时代越晚，典故词语数量越少。这符合历史规律，因为时代越早的文献被后人引用的时空范围越大，反之，越晚的文献被后人使用的时空范围就越小。罗积勇先生在谈到典源时就认为"在汉代，引先秦典籍；魏晋南北朝，引先秦两汉典籍；唐人又引先唐典籍，同时开始引本朝的一些有名的文学家的语句为典；宋人引前人的文史典籍，资源更多，同时还时兴用佛教中的典故。以后依此类推。"①据统计，春秋战国时期的文献形成典故词语3543个，数量最多，几乎占所有典故词语的一半。随着时代的推移，形成的典故词语数量越来越少，至近代，才出现4个。数据表明，人们对典故词语文献特点的认识是正确的，即越古老的文献越容易被人引用，从而成典和典故词语就越多。比如，作为最古老的诗歌总集，《诗经》以其优美的辞藻广泛涉猎国事民事，思想丰富，被历来学者所称颂，曾经位居官学儒经之首，广为人知的影响面直接关系到其出典多少，《诗经》形成的典故词语数量达600多条，出典最多是意料之中的。又如大型史书《史记》和《左传》，出典数量位居其次，再次是诸子百家的著作如《庄子》《论语》，另外，传统的正史和经书也是典故词语出现频率较高的文献，如《尚书》《汉书》《后汉书》《晋书》《战国策》《三国志》等。但是到了明清以后，出典数量锐减，

---

① 罗积勇：《用典研究》，武汉大学出版社，2005年，第51页。

"明清以后，接近当代，成为典源者，寥若晨星"。[①]

2. 从表 3 来看，典故词语的数量和文献的种类大体是成反比的。出典故词语越多的时代，文献种类反而越少，先秦时期出现了总数近一半的典故词语，却只有 60 种文献，其频度高达 59.05。随着时代的推移，文献种类越来越多，但是典故词语却越来越少。这是因为，先秦时期的文献数量本身要少于后世，而且多是以大型著作的形式出现的，这些著作除了诸子百家的大作就是大型史书，这些著作的经典性强，影响巨大，如四书五经被列为后来各朝世人修身治国、求学入世之必读书，其出典数量之多也是必然。

3. 从文献种类的趋势来看，魏晋南北朝、唐朝和宋朝三个时期的文献种类虽然突然增多，但并不违背典故词语的出现规律即时代越晚，文献越少，词语也越少。魏晋南北朝、唐朝和宋朝这三个时代的文献种类突然增多，有其深刻的历史原因。这是因为这三个时期的文学创作出现了极大的繁荣，不同于先秦两汉以治国安邦的教化作品如《诗》《书》《礼》《乐》《易》《春秋》等六书为主。魏晋南北朝时期出现了大量的文人骚客，辞赋空前繁荣；唐朝时期涌现出了大量诗人，个人创作达到鼎盛时期；宋朝诗词同步发展，创作主体的增加必然会带动作品的增加，相应地，文献种类也会增加。从数据可以看出，文献种类的增加也带动了典故词语数量的增加。

4. 在统计典源时我们发现，常见的一种情况是，一个典故词语本是由一个典源而来的，但是常常会有多个文献同时都收录了这个典源，虽然我们取时代早者为最早的典源文献，但也应看到，导致这种现象的原因一方面可能是被多个文献收入的典源其典型性很强，影响力大，另一方面也和典源文献自身的时代背景、体裁、取材和创作动机有关。比如类书都是辑录古籍原文中的部分或全部资料、按类或按韵编排、以供人们查考用的工具书，所以类书会大量收录前代典故，这是由文献的自身性质决定的，如《太平广记》《太平御览》《说郛》《初学记》《艺文类聚》等都重复收录了许多典源，这就需要我们找到其最初来源。

其他的非类书之间也存在很多交叉记录，但这些交叉的作品往往不是同时

---

① 张履祥：《典故·典故系列和典故辞典的编纂》，《辞书研究》1996 年第 4 期。

代的。之所以这样，很大程度上和后代作品常常取材于前代作品有关，这在历史上十分常见，难免会带来对很多典故的重复记录。如《史记》和《汉书》常收录同一个典源，这是因为《汉书》是在吸取《史记》成果的基础上纠偏补缺，而且《汉书》记载的时代与《史记》有交叉。汉武帝中期以前的西汉历史，两书都有记述，这一部分，《汉书》常常移用《史记》。但由于作者思想境界的差异和材料取舍标准不尽相同，移用时也有增删改动，所以会出现一个典源同时被二者收录但记载文字稍有差异的情况。又如《晋书》和《汉书》《史记》《世说新语》等也多有交叉，尤其与《世说新语》重复最多，这是因为作为国修史书，《晋书》内容甚为详洽，详尽而广博，不仅取材正史，还广泛搜罗一些晋代杂书，记述了一些诙谐和神怪的故事传说，作为记录东汉到南朝刘宋人物轶事的杂史，《世说新语》肯定也被收罗在内。同时《世说新语》相当多的篇幅是杂采众书而成的，像《规箴》《贤媛》等篇所载个别西汉人物的故事，就取自《史记》和《汉书》。

二、构成典源文献的条件

典故词语来源于古代典籍文献，但不是所有的古文献都会产生典故和典故词语。古代文献浩如烟海，为什么不同时代、不同作品所出典故词语数量会有悬殊呢？从根本上说，这是多种因素综合作用的结果，不是某一个人所能决定的。因为文献资料是一种客观存在，它要被人使用，被用来指代或象征一些事物，才能形成典故，产生出典故词语，所以，考察文献出典、成词的条件，就要从主体、客体和主客体所处的环境三个方面进行分析。

1. 所谓的客体，就是那些作为被选择对象被人使用的文献。文献的产生固然受意识的支配，但是产生之后的文本使用情况就要视文献自身的社会功用、语言特色及其所处的社会环境、文化背景等各方面的条件而定。一个文献，其内容符合社会需求，反映一定的社会现象或思想，能够有一定的启发或警示作用，才能被接受、被奉为经典。比如《诗经》虽然是诗歌总集，但它不是单纯的吟风诵雨，而是一种富含社会现实、公众道德、政治愿望或个人思想的文学载体，通过诗歌形式来歌功颂德、抨击时政或弘扬爱情，其面之广、意之博，决定了它里面有很多元素可以被人们提取用来表达思想、抒发感情，所以《诗经》里面出典最多，出典故词语也最多。不仅如此，文献自身的语言特色、创作手法和文本取向也关系着是否能成为被关注对象。比如《庄子》里边用了很多取自客观世界的例子来比喻论证作者的思想，所以出典、成词特别多，如"蛮触""一指马""运斤成风""游刃有余"等。《世说新语》记言记事，言简意赅，描写生动，十分富有典型性，而且其文字一般都是很质朴的散文，有时几如口语，而意味隽永，在晋宋人文章中颇具特色，因此历来为人们所喜读，其中的很多故事和言语就成了诗词中常用的典故。相比而言，虽然历史上也出现了许多佛教文献，但由于其语言的晦涩难懂、普及不广等原因，所以佛教文献出典很少，所出典故词语也是屈指可数。

2. 所谓的主体，就是典籍文献的接受者和使用者。典故之所以称为典故，和用典有很大关系，用典一方面是要有客体存在，另一方面是要有主体，主体的取向也直接影响着典故和典故词语的多少。比如魏晋、唐宋的文人墨客多以用典为美，擅长引经据典，所以成典多；而明代、清代是小说的发展时期，人们记述故事不需要用深奥的故事或道理，所以用典少；至于近现代，白话文兴起之后，除极个别的文人在创作诗词时偶有用典之外，大多数人都不再对这种修辞手法感兴趣了，因为没有接受者。此外，主体的喜好和心理也是一个重要因素，主体的心理因素很大程度上制约着用典情况。格式塔心理学认为，主体在接受客观外界的事物时，他总是以自己已有的包括知识、兴趣、价值取向、性格情趣等"前理解"结构来选择和接受最契合自己的客观事物进入自己的注意视野，即选择一种"优格式塔"。主体所处的时代背景、文化氛围和自身的修养素质等也影响着典源文献的情况，比如当代文学家中鲁迅和毛泽东喜用典故，而老舍、赵树理等一些面向大众的作家用典就少得多。

3. 除了文献自身条件和主体条件的制约外，用典也要受时代背景和社会氛围的影响和制约。后人引用前人言行事迹作典要受到当时社会环境的制约，包括政治环境、文化环境和经济环境等。这就使那些和时代结合紧密、与社会环境吻合的文献比较容易被人引用。政治环境的影响，比如战乱时期人们引用的事例、言论就可能是很多和战争或人们期望和平等心理有关的典故，朝廷腐败、官贪吏酷的黑暗政治环境中，人们会用一些正面的史实来表达人们对贤帝良臣的渴盼，也可能会引用很多相关的反面典型来讽刺社会，如词语"极照"用来歌颂帝王圣明，"梧凤之鸣"歌颂天下太平，"甘棠"表达对贤臣的敬重和渴望，"椒樧"用来讽刺谗佞之臣等。还有些人可能会用一些归隐的故事来表达对现实的不满，据统计，这类典故词语特别多，如"弃瓢""枕石漱流""居东"等。此外，通过对典源文献种类分布的分析，我们也可以看出文化环境对文献出典、成词的影响也很大。比如《论语》《诗经》《易经》《礼记》《孟子》等经典著作出典特别多，这不仅与其自身的经典性有关，还与中国文化历来以传统的儒家文化为主有关系，四书五经、孔孟之道影响着整个中国封建社会的发展，不仅在思想上如此，即使后来的科举考试也与此密不可分，由此这些文献有如此重要的社会地位，被历代吟诵和传承，也是历史使然。另外，一个时代的文风也会影响用典。比如魏晋南北朝时期，文风奢靡，文人追求艳丽辞藻，以意义晦涩为技高，这个时期的人们用典就特别多。相反，在唐宋元明时期，小说和元曲盛行，面对的受众是广大人民，因此用典相对来说就少一些，典故词语的数量也相对少了很多。

　　社会环境对典源文献的取舍和对典故词语形成的影响，还可以很直观地从佛教典籍的出典情况来得到证实。我们在对佛经文献进行统计时发现，佛教文献出典情况受制于当时社会对佛教的认同程度和执政者的决策。按照时代先后，我们把各个朝代出典成词的佛经数量和成词的数量制成表 4 如下：

表 4：按照时代先后表

时代	佛经数量（种）	成词数量（个）
春秋战国	0	0
西汉	2	10

时代	佛经数量（种）	成词数量（个）
东汉	2	2
三国	0	0
魏晋	8	15
唐	11	18
五代	2	2
宋	5	29
元	1	2
明朝	1	2
清	0	0
共计	32	80

从总体上来看，产生典故词语的佛教文献的数量和佛教在中国的发展密不可分。先秦时期，佛教作为一种宗教体系还没有出现在中国，所以也没有佛教文献；汉代佛教传入中国，出现了《神异经》《维摩经》等典籍；东汉时期得到发展，又出现了《阿含口解十二因缘经》和《四十二章经》等；魏晋时期，佛教盛行，大量佛经的翻译和佛寺的建立使佛教一时比较风行，出典成词的文献增多，出现了如《黄庭内景经》《大般涅槃经》《法华经》《佛本行经》等许多佛经；至唐朝，佛教发展到鼎盛时期，玄奘西游和鉴真东渡等交流活动促进了佛经文献的翻译和发展，出现了《金刚经》《佛地经论》《楞严经》《善见律》《坛经》《心地观经》等；宋朝出现了《过去现在因果经》《景德传灯录》《联灯会要》《五灯会元》《普灯录》等等；元明清时期，由于少数民族的当权和西方思想的传入，佛教的发展受到抑制，相应的文献数量锐减。

佛教文献的数量和出典成词的数量相对较少，这一方面与佛教是从国外传入、不是本土文化有关系；另一方面，即使在佛教传入中国，并受到几代帝王推崇之后，佛教出典仍然很少，这是由于佛经语言在翻译的过程中受原始材料语言的制约与汉语产生了差距，影响了人们的接受程度。

综上所述，典故词语的出现数量会受文献客体、使用主体和时代背景等外在条件的制约。中国典籍虽多，典故词语也很多，但典故词语和典籍文献之间的关系并不是均衡发展的态势，而是呈现一种多种因素制约下的曲线规律。

本章小结

本章的研究内容实际为典源和典源文献，但之所以定名为"典源研究"，主要是因为典源文献是典源的文本载体，在研究典源时一定要涉及典源文献，我们视之为典源这一大范畴内的一部分。本章从宏观角度对典故词语的文本来源——典源和典源文献情况的系统考察，是目前为止对典源和典源文献所进行的最为翔实和全面的研究，通过数据统计和具体分析，不仅让我们对典故词语的历史发展脉络有了更清楚的认识，而且对后面分析典故词语的形成、结构和语义发展都有很大的帮助作用。

典故词语之源对于典故词语来说，比任何词语的源头都要重要。典故词语对源头的依赖程度也比任何词语都要强。可以说，没有源头，典故词语的存在就成了一具空壳，比如"白云"，假如不知其源，就不知其有"思乡思亲"之义，而是以"天上白云"来理解它了。

所以，本章着重对典故词语的源头——典源，进行了详细而全面的分析，从为什么要研究典源，到如何确定典源，再到典源和典故词语更深层的关系，文章采取了既符合逻辑又符合事实的研究顺序，客观地呈现出了典源和典故词语的历史渊源。

本章最后还进行了典源文献的总结研究，旨在对典故词语的形成进程做一个时间和语料的勾勒，也为下文典故词语词汇化的研究提供材料支持。

第二章　典故词语的形式研究

前文对典故词语及与之相关的概念进行了界定和分析，并对典源问题进行了综合评述。厘清了容易混淆和干扰的概念之后，接下来，从本章开始要进行的是对典故词语的本体的研究。

关于典故词语的形式，朱学忠先生（1999）将其分为两种：现成式和概括式。现成式即从典源中直接截取出来，不必进行改动即可成形的词语；概括式即典源中或例句中没有形成完整固定的词语，采用合成概括而形成的词语。我们认为，从总体形式上来看，典故词语的形式的确包括了从典源中直接得来的现成词语，如"同袍"：

【同袍】语出《诗·秦风·无衣》："岂曰无衣，与子同袍。王于兴师，修我戈矛，与子同仇。"

也包括许多从典源中概括、改造而成的词语，如"城狐社鼠"：

【城狐社鼠】城墙洞中的狐狸，社坛里的老鼠。比喻有所凭依而为非作歹的人。语本《晏子春秋·问上九》："夫社，束木而涂之，鼠因往讬焉，熏之则恐烧其木，灌之则恐败其涂，此鼠所以不可得杀者，以社故也。"《晋书·谢鲲传》："及敦将为逆，谓鲲曰：'刘隗奸邪，将危社稷。吾欲除君侧之恶，匡主济时，何如？'对曰：'隗诚始祸，然城狐社鼠也。'"

但是，只把典故词语的形式笼统分为现成式和概括式两种是不够完善的，没有分析出典故词语在音节和构成方法上的特点。

下面本书将从音节形式、形成原因等几个角度对典故词语的形式进行详细阐释。

第一节　典故词语的音节形式

研究典故词语的形式之前，有一点必须要清楚，就是关于典故词语的形式界定问题。许多研究典故词语的学者，将所有的和典源有关的符号形式都归为典故词语，并且根据常用与否分为常用形式（即常式）和变化形式（即变式），比如"巫山云雨"为常式，其变式有"巫山、巫峡、楚王、楚梦、云雨梦、朝云暮雨、云雨"等 200 多个形式。

【巫山云雨】指男女合欢。《白雪遗音·七音车·十二月》："斜倚着门儿作了一个梦。梦裡梦见郎回家，巫山云雨多有兴。"参见"巫山"。【巫山】战国宋玉《高唐赋》序："昔者先王尝游高唐，怠而昼寝。梦见一妇人，曰：'妾 巫山 之女也，爲 高唐 之客。闻君游 高唐，愿荐枕席。'王因幸之。去而辞曰：'妾在巫山 之阳，高丘之阻，旦爲朝云，暮爲行雨，朝朝暮暮，阳台之下。'旦朝视之，如言，故爲之立庙，号曰 朝云。"后遂用为男女幽会的典实。五代冯延巳《鹊踏枝》词之七："心若垂杨千万缕，水阔花飞，梦断巫山路。"明梁辰鱼《浣纱记·通嚭》："今夜同欢会，梦魂飞，巫山一对暮云归。"《西湖佳话·西泠韵迹》："但求一见，爲荣多矣，谁敢妄想 巫山 之梦。"

【朝云暮雨】比喻男女欢会。宋陆游《三峡歌》："十二巫山见九峰，船头彩翠满秋空。朝云暮雨浑虚语，一夜猿啼明月中。"

本书待这一问题的原则是，只有那些固定成词语、被收录到《汉大》里的形式才是真正的典故词语，而那些没有固定化为词语而只是特殊语境里的临时变化，也没有作为词语被收入到《汉大》的形式，我们将不予收录。

词是语言中一种音义结合的定型结构，是最小的可以独立运用的造句单位。研究词语的外在形式，不可忽视从词的语音形式入手进行特点总结和归纳，本节要进行的就是从语音入手来探求典故词语在音节组合方面的特点，这是从静态角度对所有典故词语进行音节分析。

（一）音节形式

汉语中的词根据音节可以分为由一个音节构成的单音节词和由多个音节构成的多音节词。在典故词语中，没有单音节的典故词语形式，多音节的包括双音节、三音节、四音节、五音节、六音节、七音节、八音节、九音节、十音节、十二音节等形式。接下来将对七千余条典故词语进行音节形式上的详细分类描述。

1. 单音节形式

典故词语中没有单音节形式。从韵律构词的角度来看，冯胜利先生（1998）认为单音节不足以构成一个独立的音步。除此之外，还因为典故词语的形成不同于其他的造词法，是一种以点代面的组词法[①]，而单音节形式很难单独承载一个包含丰富内容的典故。而且，从汉语词汇发展的历史轨迹来看，单音节词语的地位从上古时代开始就受到双音节词语的冲击，典故词语作为一种受主观制约极强的词语形式，从主观上来说，人们也不会倾向于单音节形式。

2. 双音节形式

有两个音节组成的典故词语就是双音节典故词语，双音节形式是典故词语中最多的一种形式，占总数的 44.62%。

虽然典故词语中没有联绵词的形式，但有来自名典的专有名词，所以这一类词语在音节分布上是不能再进行切分的，如"孟光""王八""李阳""江妃"等，这些是直接取地名或人名而成的，从意义和结构上都不能再切分。

【王八】《新五代史·前蜀世家·王建》："〔建〕少无赖，以屠牛、盗驴、贩私盐爲事，里人谓之'贼王八'。"按，王建排行八，故称"王八"。后用为詈

---

① 以点带面的组词法：具体方法将在下文论述。

词。清赵翼《陔馀丛考·杂种畜生王八》："俗骂人曰杂种，曰畜生，曰王八……王八，明人小说又谓忘八，谓忘其礼、义、廉、耻、孝、弟、忠、信八字也。"

【江妃】亦作"江斐"。传说中的神女。汉刘向《列仙传·江妃二女》："江妃二女者，不知何所人也，出游于江汉之湄，逢郑交甫，见而悦之，不知其神人也。"晋左思《蜀都赋》："试水客，舣轻舟；娉江斐，与神游。"宋杨万里《江水》诗："江妃将底药，软此千里玉？"清厉鹗《折桂令·浩然巾》曲："分明是江妃后尘，又猜疑孟浩前身。"

除此之外，大部分双音节典故词语在音节结构的分布上就只有 1 + 1 格式了，如"求艾""沙虫""汾射"等，这类双音节的词语多是从典故中提取主要信息而成的，在词语的内部结构关系上或存在并列、支配、偏正等关系，或本无语法关系。如：

【求艾】《孟子·离娄上》："今之欲王者，犹七年之病，求三年之艾也。"赵岐注："艾可以为灸人病，乾久益善，故以为喻。"后因以"求艾"泛指寻求治病之药。元虞集《端午节诗》："南村久病思求艾，北客多情问转蓬。"亦比喻探求治国立业之道。宋赵与时《宾退录》卷二："近岁尝见《纪孟》十诗……如：'争地争城立霸基，焉能一统混华夷；力期行政须求艾，深欲为王愧折枝。'"清魏源《秋夕三章》诗之二："三年求艾，一月攘鸡，桑榆未晚，尚其企而。"（支配关系）

【沙虫】沙子和小虫。《艺文类聚》卷九十引晋葛洪《抱朴子》："周穆王南征，一军尽化，君子为猿为鹤，小人为虫为沙。"后多以"沙虫"比喻战死的将士或因战乱而遭殃的民众。唐李白《古风》之二八："古来圣贤人，一一谁成功？君子变猿鹤，小人为沙虫。"（并列关系）

从来源上看，典故词语里由量范畴而成的双音节形式有很多，且多数是表示总括的"数 + 名"式和"数 + 量"式组合，如"一芹""三思""二天""二

毛""一愕""七步""七奔""七百""三友""三仕""三让""五马"等，这类
词语的结构关系往往也是偏正的，例如。

【一芹】《列子·杨朱》有献芹于人，因味不中口而为人所怨事。后因以"一
芹"为礼品微薄之典实。亦泛指微薄之物。清陆陇其《与郑堂邑书》："一芹之
微，聊申鄙忱，并祈哂纳。"

双音节词语是典故词语中最常见的一种形式，这符合汉语词汇发展规律。
自古以来，双音节词语一直是汉语词汇的重头戏，这一点已被广泛认同，如丁
金国先生（2007）在研究汉语的特质时指出，汉语音步通常是由两个音节构成，
因文体或语气的需要，构成音步的音节数也会有别，但双音节是核心。据周荐
先生（1991）统计，《现汉》（1996 年修订本）收词条目 58481 个，其中双音节
词语有 39548 个，占总数的 67.625%。"把双字组合视为词的单位而且将其置于
比单字更为重要的位置上，不仅是古人和今人的聪明的选择，也是历史发展的
必然。"①

在研究和整理典故词语的音节形式时我们发现有这样的一些特点：

出自《易经》的典故词语多是双音节形式，如"屯亨""屯困""屯否""屯
坎"。这是因为有些词语多是将《易经》中的卦名合称而成的。如：

【屯坎】《易》《屯》卦和《坎》卦的并称。意谓困顿；艰险。唐杨炯《益州
温江县令任晃神道碑》："遭时屯坎，浮生寒剥。"唐张仲素《穆天子宴瑶池赋》：
"彼乃轻万里而崇一朝，孰若济辈生于屯坎。"

【屯困】《易》《屯》卦和《困》卦的并称。意谓艰难困窘。《梁书·武帝纪
上》："险泰相延，晦明非一，皆屯困而后亨，资多难以启圣。"

双音节的情况还多数是当地点状语在前，谓语动作或名词对象在后时，常

---

① 周荐《汉语词汇结构论》，上海辞书出版社，2004 年，第 131 页。

用双音节，省略中间介词。如"匡合""匡围""匣剑"。

【匡合】《论语·宪问》："桓公九合诸侯，不以兵车，管仲之力也……管仲相桓公，霸诸侯，一匡天下，民到于今受其赐。"后以"匡合"谓纠合力量，匡定天下。汉王褒《圣主得贤臣颂》："齐桓设庭燎之礼，故有匡合之功。"

【匡围】孔子周游列国，在匡地遭到围困。后泛指好人被围困。《韩非子·难言》："仲尼善说而匡围之。"清周亮工《王师将返闽围渐解射乌楼上示诸同事用生字》诗："匡围解后死，玉貌重先生。"参见"匡人"。

3.三音节形式

三音节典故词语占全部典故词语总数的 13.87%，也是很重要的一部分。

从音节构成上来看，三音节的典故词语多是 2 + 1 格式，语义重心居后，多为定中式的偏正结构。如"无色笔""五色瓜""凌波袜""凌云笔""嗫嚅翁"等，这一格式中，"数 + 量 + 名"式也比较多，如"一丸泥""一日欢""一枝春""一枝桂""一叶秋""一雁书""一瓣香""一蟹讥""三斗醋""三斗尘"等。

除 2 + 1 格式之外，还有很多 1 + 2 格式，包括状中式的偏正结构，如"不成人""不成器""不贰过"等；还包括支配式结构，如"叹黄犬""啸云侣""挂秦金""拾地芥""如丈夫""如夫人""如皋雉"等。

【拾地芥】《汉书·夏侯胜传》："胜每讲授，常谓诸生曰：'士病不明经术；经术苟明，其取青紫如俛拾地芥耳。'"青紫，古时公卿服色。借指高官显爵。后以"拾地芥"比喻取之极易。

三音节典故词语的第三种音节构成是 1 + 1 + 1 格式，如"笔如椽""笔生花"等。这种形式在语法关系上类似于"主语 + 谓语 + 宾语"的句子模式。

【笔如椽】《晋书·王珣传》："珣梦人以大笔如椽与之，既觉，语人曰：'此当有大手笔事。'俄而帝崩，哀册諡议，皆珣所草。"后因以"笔如椽"喻大手笔或重要的文墨之事。宋苏轼《光禄庵》诗之一："何事庵中著光禄，枉教閒处笔如椽。"

根据冯胜利先生（1997）韵律构词理论中"右向构词，左向造语"的观点，三音节形式中 2＋1 格式才是词，而 1＋2 式是短语。的确，按照现代汉语的词汇理论来看，诸如"五色笔""凌波袜"这样的结构才是正宗的词，而诸如"不成人""叹黄犬""拾地芥"这样的结构属于词组。但是，必须明确，我们这里的研究对象是典故词语，它有别于现代汉语普通词语，因为根据意义来判定和短语，词的意义具有凝固性，词组的意义不具有凝固性，如果整体结构的意义是构成成分的简单相加，则该结构是词组，反之就是词。而典故词语恰好符合词的意义标准，意义具有凝固性，不是各个组成成分的简单相加。譬如"子不语"这个词语，并不是简单的"孔子不说"之义，而是出自《论语·述而》中"子不语怪力乱神"的意义固定成为"指代怪异事物"。因此，即使很多人把现代汉语中的三音节形式视为词或词组，但我们仍遵循我们判定典故词语的标准，不管其外在形式如何呈现出离散性，仍视为典故词语，而不是词组。

三音节词语在汉语词汇中是不能忽视的一类特殊形式，据周荐先生（1991）统计，《现汉》中三音节词语占总数的 8.396%。但过去关于三音节的系统研究却很少，人们更多的是将目光投向双音节词语。杨爱姣（2005）对近代汉语三音词进行了较为全面的系统研究，但也没有提及三音节典故词语。

现代汉语中的三音节形式和典故词语的三音节形式有很多不同。比如现代汉语中有很多是三个音节代表一个语素单位的，如"海洛因""蒙太奇""比基尼"等，这类词语往往是音译而来的，而典故词语中几乎没有这样的情况。

三音节典故词语的出现和发展是社会发展、语言自身发展和人们主观作用的共同结果，其存在是必然的语言现象。但是三音节典故词语在数量上却远远少于双音节和四音节形式，一方面是因为三音节的音节形式本身不符合人类追求偶数韵律的心理；另一方面，三音节形式较之双音节、四音节，更具一种俗白文体的特色,"三字词汇单位的表义机制是与俚俗的市井文化相适应的"①。"三字词汇单位不具结构上对等联结的特点和语音上音步平稳的优势,而易为'引车卖浆者流'所接受,表现市井文化。"②虽然不是所有三音节典故词语都是俗语言,但不能否认的是,三音节形式在总体上呈现出来的俗白特点与典故词语本身的典雅风格和使用主体的尚雅心理有极大的不相称之处。

4. 四音节形式

四音节形式在所有典故词语中的比重仅次于双音节形式,占总数的38.23%。而现代汉语词汇中四音节词语仅占 8%。典故词语中四音节形式的大量存在,正说明了典故词语作为一种书面色彩浓厚的雅言,与现代汉语中的一般词语差别很大。也正是大量的这部分四音节典故词语是典故词语和成语的交叉,致使有些人对成语和典故词语界限不明、把握不清。

四音节形式中最多的一种是 2 + 2 格式,这类格式表面上看是联合形式,其实包括很多内在的语义关系。如叙述式的"图穷匕见""玩火自焚""玉斧修月""王戎置田""如鱼得水",这一类词语前后两部分之间的语义存在先后关系,故两部分位置不能前后互换;纯粹联合式的如"五风十雨""五男二女""不蔓不枝""清渭浊泾",如果不考虑语用、音律等因素,只从意义上看,前后两部分的位置可以前后互换。

四音节形式中另一类常见的格式是 2 + 1 + 1 格式,如"淮橘为枳""昭然若揭""昊天不弔",而这种格式中很多是"某某之某"结构,如"六尺之托""一丘之貉""三败之辱""泥中之对"等等。王力先生(1980)认为"之"字用在主语和谓语之间,使句子变成短语,即仿语化。典故词语中,"之"有很多用在主谓之间,使整个结构短语化、名词化,从而能够作为固定词语表达特定含义,如"口耳之学""天作之合";也有一些"之"的存在是为了补足四音节,以求韵律和谐,这是一种音节需要,如"泥中之对""楚囊之情""东门之役"。从意义上来说,有些结构完全可以不用"之"而作为三音节形式的名词结

---

① 周荐:《汉语词汇结构论》,上海辞书出版社,2004 年,第 189 页。
② 周荐:《汉语词汇结构论》,上海辞书出版社,2004 年,第 193 页。

构。同时，我们也认为，由典故而来的这些结构虽然确实由句子而来，但最后固定下来的形式本质归属上并不是词组或句子，而是词汇系统中的成员，是意义凝固、结构相对固定的特殊词语——典故词语。

四音节形式中还有少量的 1 + 1 + 2 格式，如"少不更事""寿比南山"；1 + 2 + 1 格式，如"出一头地"；1 + 1 + 1 + 1 格式，如"怪力乱神""出处语默"；3 + 1 格式，如"三十六计"；1 + 3 格式，如"戴高帽子"。

在典故词语的音节构成中，典故词语中四音节词语比重较大，占总数的38.23%，是数量上唯一可以与双音节词语抗衡的形式。之所以如此，原因有二：

一是因为典故词语自身的影响。典故词语深受文人墨客之宠，多为雅言，而四音节形式在古代社会中恰好也被认为是一种典雅形式，"古人所造并流传下来的四字组合大多是典雅的成分，较少是俗白的"①。此外，典故词语形成过程中经常取同义或近义的典故合用而成一词的情况也多产生并列的四字格式，如"画荻丸熊""衣香鬓影""积雪封霜"等。

【画荻丸熊】宋欧阳修幼时，母郑氏以荻画地教子读书。唐柳仲郢幼嗜学，母韩氏用熊胆和制丸子，使郢夜咀咽以提神醒脑。后以"画荻丸熊"称赞母教有方。

二是受韵律影响。一方面是古人用典本身要求典雅、和谐，四字格式当为首选。"双字词汇单位，尤其是四字词汇单位因其具有结构上对等联结的特点、语音上音步平稳的优势，易于表现典雅的文化。"②另一方面，汉语的韵律节奏向来以偶数、四字为最美，即便不是典故词语，人们也推崇四字格式。"四字组合之所以为数众多，能够解释的原因恐怕只有汉语词汇（尤其是语意典雅的单位）更喜音步平稳的节律。"③"汉语双音步的四言格式的产生与发展，进一步增强了

---

① 周荐：《汉语词汇结构论》，上海辞书出版社，2004 年，第 219 页。
② 周荐：《汉语词汇结构论》，上海辞书出版社，2004 年，第 193 页。
③ 周荐：《汉语词汇结构论》，上海辞书出版社，2004 年，第 217 页。

汉语节奏的平稳、均衡。"①

我们发现，"如"字结构的典故词语多为四音节形式，如：

【如持左券】《史记·田敬仲完世家》："秦韩之王劫于韩冯、张仪而东兵以徇服魏，公常执左券以责于秦韩，此其善于公而恶张子多资矣。"后以"如持左券"比喻很有把握。左券：古代契约分左右两片，双方各持其一，左片叫左券，由债权人收藏，作为凭据。清方苞《颂铭》："帝命遏乱，决胜万里，如持左券。"亦作"如操左券"。

与《易经》不同，出自《诗经》的典故词语多是四音节形式。这与各自的文体有关，《诗经》是诗歌总集，讲求韵律，且多是四字韵律，所以比较容易直接取其四字为词。如：

【虫薨同梦】《诗·齐风·鸡鸣》："虫飞薨薨，甘与子同梦。"《诗》序谓："《鸡鸣》思贤妃也。哀公荒淫怠慢，故陈贤妃贞女夙夜警戒相成之道焉。"后以"虫薨同梦"为警戒人君勿荒淫于女色之典。清魏源《默觚上·学篇二》："康王晏朝，《关雎》讽焉；宣王晏起，《庭燎》刺焉；虫薨同梦，《齐风》警焉，是以'夙夜匪懈'，大夫之孝也。"

【缾竭罍耻】语本《诗·小雅·蓼莪》："缾之罄矣，维罍之耻。"罍、缾皆盛水器，罍大而缾小。罍有水而缾已空，谓不能分多予寡。后多用以指因未能尽职而心怀愧疚。亦用以比喻与彼方关系密切，若不救助，深以为耻。宋苏轼《论河北京东盗贼状》："至于京东，虽号无事，亦当常使其民安逸富强，缓急足以灌输河北，缾竭则罍耻，唇亡则齿寒。"亦作"缾罍之耻"。

5. 五音节形式

五音节的形式在典故词语中只有 1.05% 的比重。虽然数量少，但对于单个

---

① 丁金国：《汉语特质说略》，《汉字文化》，2007 年第 2 期。

词语来说，音节数量增多，那么其音节的分布格式自然也会呈现多样性。

其中，数量最多的是 2 + 1 + 2 格式，如"二卵弃干城""二桃杀三士""人间重晚情""射人先射马""崔韬逢雌虎""微云滓太清""王魁负桂英""步步生莲华""清水无大语""拔戟成一队""快刀斩乱麻""一去不复返""千里送鹅毛""桃李满天下""一言以蔽之""抱瑟不吹竽""摊书傲百城""欲速则不达""临时抱佛脚""载酒问奇字""三箭定天山""求马于唐肆""盲人骑瞎马""蚍蜉撼大树""旧瓶装新酒""群虱处裈中""赤雀衔丹书""调弦理万民""马上得天下""骐骥困盐车""骑曹不记马""鲤鱼跳龙门""龙头属老成""骑牛读汉书""无可无不可"。

【二桃杀三士】春秋时，公孙接、田开疆、古冶子三人臣事齐景公，均以勇力闻。齐相晏婴谋去之，请齐景公以二桃赐予三人，论功而食，结果三人弃桃而自杀。事见《晏子春秋·谏下二》。后因以比喻施用阴谋杀人。三国蜀诸葛亮《梁甫吟》："一朝被谗言，二桃杀三士。"唐李白《惧谗》诗："二桃杀三士，讵假剑如霜？"潘飞声《秋感》诗之三："迟暮仍为《梁甫吟》，二桃三士费沉吟。"

【抱瑟不吹竽】齐王好竽，有求仕于齐者操瑟而往，立王宫之门三年不得入，大声吆喝道："吾瑟鼓之能使鬼神上下，吾鼓瑟合轩辕氏之律吕。"门客骂他说："王好竽而子鼓瑟，虽工，如王不好何？"见唐韩愈《答陈商书》。后遂以"抱瑟不吹竽"喻不知投人所好。宋黄庭坚《和邢惇夫秋怀》之九："吾友陈师道，抱瑟不吹竽。"

其次是 2 + 3 格式，如"一沐三捉发""一问三不知""一饮三百杯""乱点鸳鸯谱""倒用司农印""元龙百尺楼""巫山一段云""吹皱一池水""河阳一县花""雷击荐福碑""难收覆盆水""骑上扬州鹤""五城十二楼""庐山真面目""杜陵风雨手""梧桐一叶落""文章二百年""长戟八十斤"。

【河阳一县花】晋潘岳任河阳县令，于一县遍种桃李，传为美谈。北周庾信

《枯树赋》：“若非金谷满园树，即是河阳一县花。”《白氏六帖·县令》：“潘岳爲河阳令，树桃李花，人号曰‘河阳一县花。’”清纪昀《阅微草堂笔记·滦阳续录六》：“乾隆庚寅，有翰林偶遇乩仙，因问宦途。乩判一诗曰：春风一笑手扶筇，桃李花开泼眼浓……茫不省爲何语。俄御试翰林，以编修改知县。衆谓次句隐用河阳一县花事，可云有验。

【雷轰荐福碑】宋惠洪《冷斋夜话》卷二载，范文正公（仲淹）镇鄱阳时，有书生上诗甚工，并自言平生未尝饱，天下寒饿无出我右者。时盛行欧阳率更字，其所写荐福碑墨本值千钱。文正准备为之拓印一千本，使售于京师。纸墨已具，一夕雷击碎其碑。后用“雷轰荐福碑”作为命途多舛，所至失意的典故。宋苏轼《穷措大》诗：“一夕雷轰荐福碑。”元张可久《卖花声·客况》曲：“十年落魄江滨客，几度雷轰荐福碑。”《古今小说·裴晋公义还原配》：“运去雷轰荐福碑，时来风送滕王阁。”

此外还有 3＋2 格式，如“十六字心传”“卞庄子刺虎”。

【十六字心传】1.指《书·大禹谟》中“人心惟危，道心惟微，惟精惟一，允执厥中”十六个字。宋儒把这十六字看作尧、舜、禹心心相传的个人道德修养和治理国家的原则。任继愈等《中国哲学史》第六篇第六章第四节：“朱熹等认定这十六个字是尧舜禹三圣相传的道统的真传。以后宋儒称为‘十六字心传’。”参阅宋朱熹《中庸章句序》。2.借指传家宝。《儿女英雄传》第三四回：“〔安老爷〕满脸堆欢的向公子道：‘此我三十年前故态也，便是里头这几件东西，也都是我的青毡故物，如今就把这份衣鉢亲传给你，也算我家一个“十六字心传”了。’”

4＋1 格式，如“三千六百钓”“东西南北人”“梅子黄时雨”。

【东西南北人】《礼记·檀弓上》：“孔子既得合葬于防，曰：‘吾闻之，古也墓而不坟。今丘也，东西南北之人也，不可以弗识也。'于是封之，崇四尺。"
郑玄注："东西南北，言居无常处也。"后因以"东西南北人"谓居处无定之人。
唐高适《人日寄杜二拾遗》诗："龙钟还忝二千石，愧尔东西南北人。"宋黄庭
坚《同韵和元明兄知命第九日相忆》："蚤爲学问文章误，晚作东西南北人。"清
黄遵宪《出门》诗："无穷离合悲欢事，从此东西南北人。"亦作"东西南北客
"。宋陈与义《欲离均阳而雨不止书八句寄何子应》诗："纶巾老子无遗策，长
作东西南北客。"

1 + 4 格式，如"握灵蛇之珠""民以食为天"。

【握灵蛇之珠】相传古时隋侯见一大蛇伤断，即以药敷之。后蛇从江中衔出
一大珠报之。因称其珠曰隋珠或蛇珠。见《淮南子·览冥训》"隋侯之珠"汉
高诱注。后以"握灵蛇之珠"喻具有非凡的才华。三国魏曹植《与杨德祖书》：
"当此之时，人人自谓握灵蛇之珠，家家自谓抱荆山之玉。"亦省称"握蛇"。
《旧唐书·文苑传序》："爰及我朝，援生贤俊，文皇帝解戎衣而开学校，饰贲帛
而礼儒生，门罗吐凤之才，人擅握蛇之价。"

3 + 1 + 1 格式，常为"某某某之某"结构，如"司马牛之叹""司马昭之
心"。

【司马牛之叹】《论语·颜渊》："司马牛忧曰：'人皆有兄弟，我独亡。'"后
因以比喻对孑然一身、孤立无援的感叹。《红楼梦》第四五回："咱们也算同病
相怜。你也是个明白人，何必作'司马牛之叹'？"

2 + 2 + 1 格式，如"枯鱼过河泣""苛政猛于虎""富贵逼人来""慰情聊
胜无""朽木不可雕""日近长安远""铁杵磨成针""河东狮子吼"。

【日近长安远】南朝宋刘义庆《世说新语·夙惠》："晋明帝数岁，坐元帝膝上。有人从长安来……因问明帝：'汝意谓长安何如日远？'答曰：'日远。不闻人从日边来，居然可知。'元帝异之。明日，集群臣宴会，告以此意。更重问之，乃答曰：'日近。'元帝失色，曰：'尔何故异昨日之言邪？'答曰：'举目见日，不见长安。'"后以"日近长安远"喻指向往帝京而不得至。元王实甫《西厢记》第一本第一折："望眼连天，日近长安远。"元费唐臣《贬黄州》第二折："本待经纶就舜日尧天，只因两角蜗蛮战，贬得我日近长安远。"

1＋1＋1＋1＋1并列式，如"温良恭俭让"，词语形式之间的结构关系是并列式。

【温良恭俭让】儒家所倡导的五种德行：温和，善良，严肃，节俭，谦逊。《论语·学而》："子贡曰：'夫子温良恭俭让以得之。夫子之求之也，其诸异乎人之求之与？'"《三国志·魏志·荀攸传》"攸从征孙权，道薨。太祖言则流涕"裴松之注引三国魏王沉《魏书》："荀公真贤达人也，所谓'温良恭俭让以得之'。"

1＋1＋1＋2格式，如"无表雪王章"，为诤臣直谏冤死之典。

【無表雪王章】汉成帝时，帝舅大将军王凤专权。京兆尹王章上表谏帝疏远王凤，不听，后章为凤构陷致死。见《汉书·王章传》。后以"無表雪王章"为诤臣直谏冤死之出典。唐李玖《四丈夫同赋》诗之二："雖有衣衾藏李固，終無表疏雪王章。"

此词的结构类似于句子，意为"没有上表疏来洗雪王章的冤屈"。

6.六音节形式

六音节形式占典故词语总数的 0.52%。

格式上，多是 3＋3 格式，这类词语的第一层语义关系多是并列式、假设式、递进式或转折式。如"一不做，二不休""一而再，再而三""三折肱为良医""上咸五，下登三""玉不琢，不成器""书同文，车同规""满招损，谦受益""拔赵帜易汉帜""蜚鸟尽，良弓藏""过五关斩六将""风马牛不相及""风从虎，云从龙""高不成低不就""高鸟尽良弓藏""过屠门而大嚼""顾左右而言他"。

【高鸟尽良弓藏】比喻功成事定之后，出力的人反而见弃，没有好下场。《文子·上德》："狡兔得而猎犬烹，高鸟尽而良弓藏，名成功遂身退，天道然也。"《史记·淮阴侯列传》："信曰：'果若人言，"狡兔死，良狗亨；高鸟尽，良弓藏；敌国破，谋臣亡。"天下已定，我固当亨！'"《晋书·刘牢之传》："鄙语有之：'高鸟尽，良弓藏；狡兔殚，猎犬烹。'故文种诛于句践，韩白戮于秦汉。"

【过屠门而大嚼】语出《太平御览》卷三九一引汉桓谭《新论》："人闻长安乐，则出门西向笑；知肉美味，则对屠门而大嚼。"后用以比喻心中羡慕而不能如愿以偿，只好用不实际的办法安慰自己。三国魏曹植《与吴季重书》："过屠门而大嚼，虽不得肉，贵且快意。"

少数是 2 + 2 + 2 格式，如"一蟹不如一蟹""三月不知肉味""九牛二虎之力""使功不如使过""杀鸡焉用牛刀""英雄所见略同""鞭长不及马腹"。

【一蟹不如一蟹】旧题宋苏轼《艾子杂说》："艾子行于海上，见一物圆而褊，且多足，问居人曰：'此何物也？'曰：'蝤蛑也。'既又见一物，圆褊多足，问居人曰：'此何物也？'曰：'螃蟹也。'又于后得一物，状貌皆若前所见而极小，问居人曰：'此何物也？'曰：'彭越也。'艾子喟然叹曰：'何一蟹不如一蟹也！'"后因以比喻一个不如一个。金王若虚《文辨二》："晏殊以爲柳胜韩，李淑又谓刘胜柳，所谓一蟹不如一蟹。"

偶有 3 + 1 + 2 的格式，如"五十步笑百步"。

也有 2 + 4 格式，这一类后面的四字经常是固定的成语，如"不可同日而语"，"卑之无甚高论""君子成人之美""胜负兵家之常""老死不相往来"。

【卑之无甚高论】《汉书·张释之传》："释之既朝毕，因前言便宜事。文帝曰：'卑之，毋甚高论，令今可行也。'"本谓要多谈当前可行的事，不要妄发过高的空论。后用来表示见解一般，没有什么独到之处。

3 + 1 + 2 格式，如"吕太后的筵席"。

【吕太后的筵席】亦作"吕太后的筵宴"。亦作"吕后筵"。吕太后、吕后，均指汉高祖刘邦之妻吕雉。刘邦称帝之后，被封为皇后，是为吕后；刘邦死后，被尊为太后，史称吕太后。其为人刚毅狠毒。孝惠帝二年，刘邦之长庶男齐悼惠王刘肥入朝，宴饮于太后前，太后令酌毒酒，阴谋鸩杀之。肥佯醉始得免。事见《史记·吕太后本纪》。又，吕太后宴群臣，命朱虚侯刘章以军法行酒令。诸吕有一人逃酒，刘章　拔剑而斩之。事见《史记·齐悼惠王世家》。后因以"吕太后的筵席"指充满杀机或寓有阴谋的筵席。常用以比喻将遭暗算或遇不测之祸。元无名氏《杀狗劝夫》第二折："吃的是亲嫂嫂的酒食，更过如吕太后的筵席。"

2 + 1 + 3 格式，如"敢怒而不敢言"。
1 + 2 + 1 + 2 格式，如"犯天下之不韪"。
7. 七音节形式
七音节形式在典故词语中数量也是很少，仅占 0.60%，其中很多是照搬典源原文而成。
2 + 2 + 3 格式，如"不识庐山真面目""夫妻本是同林鸟""人生七十古来稀""佳人已属沙吒利""吕端大事不糊涂""张公吃酒李公醉""燕雀安知鸿鹄志""聪明反被聪明误""解铃还须系铃人""雄鸡一唱天下白""千里姻缘一线牵""出师未捷身先死""山雨欲来风满楼""黑云压城城欲摧"。

【张公喫酒李公醉】唐张鷟《朝野金载》卷一："天后时，謡言曰：'张公喫酒李公醉。'张公者，斥易之兄弟也；李公者，言李氏大盛也。"后有移花接木或顶缸之义。《类说》卷四七引宋范正敏《遯斋闲览》："郭朏有才学而轻脱，夜出，爲醉人所诬，太守诘问，朏笑曰：'张公喫酒李公醉者，朏是也。'太守令作《张公喫酒李公醉赋》。朏云：'事有不可测，人当防未然，何张公之饮也，乃李老之醉焉，清河丈人，方肆杯盘之乐；陇西公子，俄遭酩酊之愆。'守笑而释之。"

4＋3格式，如"车如流水马如龙""不如意事常八九""一上青山便化身""无可奈何花落去""心有灵犀一点通""覆巢之下无完卵""醉翁之意不在酒""身在曹营心在汉""近水楼台先得月""识时务者为俊杰""凿井得铜奴得翁""君子之交淡如水""四海之内皆兄弟"。

【凿井得铜奴得翁】谓事出偶然，意外巧合。语出《太平御览》卷四七二引汉应劭《风俗通》："河南平阴庞俭，本魏郡邺人，遭仓卒之世，失其父。时俭三岁，弟缠褓抱耳。流传客居，庐里中凿井，得钱千馀万，遂温富。俭作府吏，躬亲家事，行求老仓头谨信属任者，年六十馀，直二万钱，使主牛马耕种。有賓婚大会，母在堂上，酒酣陈乐歌笑。奴在灶下助厨，窃言：'堂上母，我妇也。'客罢，婢语次说老奴无状，爲妄语，所说不可道也。穷志（诘）具白。母谓婢试问其形状。奴曰：'家居邺时，在富乐里宛西，妇艾氏女，字阿横，大儿字阿巖，小儿曰越子。时爲县吏，爲人所暑卖。阿横右足下有黑子，右胲下赤志如半栉。'母曰：'是汝公也。'因下堂相对啼泣，儿妇前爲汝公拜，即洗浴身见衣被，遂爲夫妇如初。时人爲之语曰：'庐里诸庞，凿井得铜，买奴得公。'"宋陈人杰《沁园春·天问》词："天曰果然，事皆偶尔，凿井得铜奴得翁。"

这两种格式是七音节典故词语中最多的两种形式，多是从诗文中直接照搬而来的，在格律上，受七言近体诗影响很大。

【无可奈何花落去】1.毫无办法，只能任花飘落。比喻大好春光即将消逝。宋晏殊《浣溪沙》词："无可奈何花落去，似曾相识燕归来。"2.比喻某种力量或势力无可挽回地没落。

3＋4格式，如"三人行，必有我师""是可忍，孰不可忍""为他人作（做）嫁衣裳""有其父必有其子""尽信书不如无书""知其一不知其二"。

【有其父必有其子】谓子肖其父。语本《孔丛子·居卫》："有此父斯有此子，人道之常也。"元白朴《东墙记》第三折："想你父亲，也不曾弱了。常言道：'有其父必有其子。'"

3＋1＋3格式，如"听其言而观其行""识二五而不知十""鲁酒薄而邯郸围"。

【鲁酒薄而邯郸围】语出《庄子·胠箧》："鲁酒薄而邯郸围。"陆德明释文："许慎注《淮南》云：'楚会诸侯，鲁赵俱献酒于楚王，鲁酒薄而赵酒厚。楚之主酒吏求酒于赵，赵不与。吏怒，乃以赵厚酒易鲁薄酒奏之。楚王以赵酒薄，故围邯郸也。'"后因以喻事情的展转相因，互相牵连。北齐刘昼《新论·慎隙》："鲁酒薄而邯郸围，羊羹偏而宋师败，邱孙以鬬鸡亡身，齐侯以笑嫔破国。"唐刘知几《史通·惑经》："《春秋》捐其首谋，捨其亲弑，亦何异鲁酒薄而邯郸围，城门火而池鱼及。"

2＋3＋2格式，如"不敢越雷池一步"。

1＋2＋4格式，如"事无可不对人言"。

2＋2＋2＋1格式，如"瓦罐不离井上破"。

1＋6格式，如"冒天下之大不韪"。

2＋1＋4格式，如"拒人于千里之外"。

2 + 1 + 4 格式，如"英雄无用武之地"。

8. 八音节形式

八音节的典故词语占总数的 0.90%，除一个是 3 + 1 + 4 格式，即"无面目见江东父老"之外，其余全部是中间有间隔的 4 + 4 格式，如"一言既出，驷马难追""上之所好，下必从之""上不在天，下不着地""不在其位，不谋其政""不痴不聋，不成姑公""以子之矛攻子之盾""取法乎上，仅得乎中"。周荐先生（2004）在分析现代汉语中这种前后都是四字的结构时，结合语义关系将其既归为双四字结构，又归为八字单位，本书未采取"双四字结构"的说法，因为本章是纯粹从音节角度进行的典故词语形式研究，故按音节数量归为八音节词语。

【取法乎上，仅得乎中】取上等的为准则，也只能得到中等的。谓做事要高标准严要求。语出唐太宗《帝范》卷四："取法于上，仅得爲中，取法于中，故爲其下。"清李渔《凰求凤·筹婚》："古语说得好，取法乎上，仅得乎中，要选第一等的才郎，到其间只好得个中平之壻。"

9. 九音节形式

九音节的典故词语数量较少，只占 0.05%。一种是 5 + 4 格式，如"凡事预则立，不预则废"，一种是 3 + 6 格式，如"将在军，君命有所不受""将在外，主令有所不受"，也是照搬而来的。

【将在军，君命有所不受】将在军中，可以不受君命约束，便宜行事。语本《孙子·九变》："君命有所不受。"曹操注："苟便于事，不拘于君命也。"《史记·孙子吴起列传》："孙子曰：'臣既已受命爲将，将在军，君命有所不受。'遂斩队长二人以徇。"

10. 十音节形式

十音节的典故词语占 0.10%，数量也比较少。

十音节典故词语中除一个 4＋6 格式即"千人诺诺，不如一士谔谔"之外，其余都是 5＋5 格式，如"一字入公门，九牛拔不出""以小人之心，度君子之腹""工欲善其事，必先利其器""只要功夫深，铁杵磨成针""前不见古人，后不见来者""瓜田不纳履，李下不整冠""蜀中无大将，廖化作先锋"。

【瓜田不纳履，李下不正冠】见"瓜田不纳履，李下不整冠"。《艺文类聚》卷四一引三国魏曹植《君子行》："君子防未然，不处嫌疑间；瓜田不纳履，李下不正冠。"

11.十二音节形式

典故词语中十二音节的词语只有一个，占 0.001%，即"只许州官放火，不许百姓点灯"，这也是《现汉》所收的唯一一个十二音节词语。

【只许州官放火，不许百姓点灯】宋陆游《老学庵笔记》卷五："田登作郡，自讳其名，触者必怒，吏卒多被榜笞。于是举州皆谓灯为火。上元放灯许人入州治游观，吏人遂书榜揭于市曰：'本州依例放火三日。'"后因以"只许州官放火，不许百姓点灯"形容统治者为所欲为，却限制人民自由。亦泛指自己任意而行，反而严格要求别人。

（二）音节特点

通过对所有典故词语进行的音节形式的分类汇总，可以发现，典故词语在音节构词上主要有以下几个特点：

1.典故词语的语音形式呈现出多样性特点。曹炜先生（2004）认为音节模式的多样性是典故词构词的三大特色之一。的确，通过上文分析可以看出，典故词语在语音形式上的包容性极强，涵盖了多种音节模式，而且这种多样性中没有哪一种形式可以称之为典故词语的标准模式，不像成语以四音节、惯用语以三音节那样有各自的典型模式，典故词语中虽然以二音节形式居多，也不是其标准模式。就来源上来看，五音节及以上的多音节大多是直接照搬的，或照搬诗句，或照搬言语。既然是照搬，一般是照搬语典，所以可以推论，多音节（≥5）的典故词语多是来自于语典。而以专有名词为典故词语形式的一般是由事典而来的。

2. 音节分布上，偶数音节词语大大多于奇数音节词语。偶数音节词语占总数的84.38%，奇数音节词语仅有15.62%。而偶数音节词语中双音节词语仍是主流，其次是四音节词语。

偶数音节词语多、双音节多、四音节多，这不是偶然现象，而是更为充分地显示了汉语整齐、匀称的节奏和韵律构词对调整节奏的重要影响作用。典故词语的形成多是人们主观作用的结果，韵律构词恰好是人们心理作用的一种表现，典故词语的形成更鲜明地体现了追求韵律的心理因素的作用。譬如某些四音节的典故词语，从意思上来说完全可以用三个音节表示，但人们却有意识地将其组成四音节，如四音节词语中大量存在的"之"字四字结构，就很好地说明了人们为追求韵律和谐而在可以不用"之"的地方加上一个"之"，如"寝丘之志""没羽之虎"，又如"一丘之貉"还存在其他三个形式"一丘貉""貉一丘""貉同丘"，但现在人们使用时往往用"一丘之貉"而不用其他三个，也说明了人们习惯于用四字格的形式。

3. 典故词语和《现汉》中普通词语在数量和音节构成方面，大体规律是一致的，但是也有差异。

我们把典故词语中词语的音节比重与周荐先生（2004）统计的《现汉》（96版）所收词汇的音节比重进行对比，列表如下：

表5：《现汉》96（版本）词汇音节比重表

词语类型	典故词语比重	《现汉》词语比重
双音节	44.62%	67.625%
三音节	13.87%	8.396%
四音节	38.23%	8%

词语类型	典故词语比重	《现汉》词语比重
五音节	1.05%	0.367%
六音节	0.52%	0.177%
七音节	0.60%	0.082%
八音节	0.90%	0.085%
九音节	0.05%	0.011%
十音节	0.10%	0.003%
十一音节	0	0
十二音节	0.01%	0.001%

现代汉语中的词语数量分布基本上是和音节数量的多少成反比的，音节越多的词语，其数量越少，总体上呈由高至低的下滑趋势。而典故词语呈现出的规律有奇偶音节之分，在奇数和偶数音节的内部，各自音节数量和词语数量成反比，总体上是一种高低不平的曲线趋势。

不仅总体趋势上有差别，即使是在具体的音节形式上，典故词语和现代汉语中的许多词语也有很大的区别，比如三音节形式，现代汉语中很多是由词根加词缀而来的，如"酸溜溜""香喷喷""软绵绵""黄灿灿"等，而典故词语中的三音节形式则很少有词根加词缀的情况，多是词根加词根的构造模式，如"子母钱""妒妇津""杖头铁"等。

4. 典故词语在音节分布上显示了很强的对称原则。对称原则最早是由程湘清先生（1992）提出的，他认为一种语言的结构特点，通常和使用该语言民族的习俗爱好、心理素质有密切关系。"汉族人民自古以来形成这样一种审美观点，就是讲究对称，这几乎表现在美术、音乐、雕刻、建筑等各个方面。……这一心理素质和审美观点反映到语言上，就是讲究成双成对的语言片段和节奏，单音节要变成双音节，三音节要变成四音节。"[1]汉族人民追求对称美的民族心理的确影响着数千年以来语言的发展，表现在典故词语上，不仅是典故词语形

---

[1]　程湘清：《先秦双音词研究》，载《先秦汉语研究》，山东教育出版社，1992年，第59页。

式方面以偶数音节为主，还表现在典故词语音节内部的音步分配上也是重视对称，这在偶数奇数音节的词语中都有表现。比如偶数音节的词语中，四音节多2＋2格式如"玩火自焚"，六音节多3＋3格式如"过五关斩六将"，八音节多4＋4格式如"上不在天，下不着地"，十音节多5＋5格式如"以小人之心，度君子之腹"；奇数音节词语的音节格式也体现了对称原则，如五音节的2＋1＋2格式，如"二卵弃干城""二桃杀三士"，七音节的3＋1＋3格式，如"听其言而观其行""识二五而不知十"等。

总之，汉语作为一种音乐性极强的语言，其高雅的形式美决定了典故词语也不可避免地具有了和谐之美。美国语言学家萨丕尔先生曾说："每一种语言本身都是一种集体的表达艺术。其中隐藏着一些审美因素——语音的、节奏的、象征的、形态的——是不能和任何别的语言全部共有的。"[①] 对汉语来说，他认为："每一个节奏单位的音节数目相当、语流里的韵律和平仄交替是汉语的控制因素。"[②]

第二节　典故词语的特殊形式

除了前文从音节上对典故词语自身形式的总体把握之外，典故词语的形式研究还应包括对典故词语形式方面个体之间的横向把握，即结合典源、语义对典故词语的形式进行研究。之所以称之为"特殊情况"，因为这是典故词语不同于其他词语的特殊之处，又是典故词语的非普遍性的一个特点。

由于典故词语是有源头的词语，故从形式角度归纳词语的类聚问题时，仅用"同形词""异形词"等简单的术语是不能把典故词语之间因形而生的关系描述清楚的。由此，必须结合源、义和形进行准确的定位比较。

需要注意的一点是，因为要全面研究典故词语，就要同时涉及词形、语义和典源，而不同的研究重心，决定了结合三者进行分类时会有所指相同但提法

---

①　萨丕尔：《语言论》，陆卓元译，陆志韦校，商务印书馆，1985年，第201页。

②　萨丕尔：《语言论》，陆卓元译，陆志韦校，商务印书馆，1985年，第205页。

不同的情况。比如第二章以典源为主，参考形、义进行分析时，分为同义同形多典源、异义同形多典源、同义合形多典源，一源出多词同义、一源出多词异义这几种情况。而本章以词形为主，辅以源、义进行研究，会分出同源同义异形、同源异义异形和异源合形三种情况。同样，以语义为主，辅以源、形，也会分出名称顺序排列不同但实际所指相同的情况，所以，这些由源、义、形三方面排列组合形成的类别，分类的侧重点和角度不同，在词语的归属上自然会有些内在交叉，比如"一源出多词同义""同源同义异形""同源异形同义"名不同，但指的却是同一种情况。由于研究需要，不同场合所出现的提法不同，这不是重复，而是必需的。

总体来说，以形式为对象，辅以义、源，典故词语形式方面的特殊情况有以下几种：

（一）同源同义异形

指的是出自同一个典源，表示大致相同的意义但词语形式又不同的情况。这种情况在典故词语中最常见。之所以如此，与典故词语主观参与性很强的形成过程密不可分。不同的使用者在使用典故时会采用不同的词语形式来指称，由此固化而成的典故词语形式也会有很多。如由《史记·廉颇蔺相如列传》中蔺相如完璧归赵的典故而成的词语形式就有"奉璧""归赵""完璧归赵"等多个，这是由于采用不同提法而形成的多形现象，还有一些是由于同音字或音近字混用导致的多形，如"王子乔"和"王子侨""为他人做嫁衣裳"和"为他人作嫁衣裳"。

出自同一典故、意义相同但是形式不同，究其原因主要与典故词语的使用主观性有关，不同的体裁、不同的文本要求，会出现不同的词语形式，同样，不同的语言环境，也会出现同一个典故形成了文白雅俗不同的形式。如"老莱子""老莱妻"和"斑衣戏彩"同出一个典故，但前面两个词语比较通俗易懂，相对口语一些，而后者则偏向书面典雅。

（二）同源异义异形

由于使用者在使用典故时角度不同和所指不同，因此同一个典源会形成意义不同、形式不同的典故词语，这类情况也不少见。如"众口铄金"与"众志成城"同出一句话，但角度不同，意义也大相径庭。"三月不知肉味"和"闻韶"同出一典，意义也不同。

【闻韶】《论语·述而》："子在齐闻《韶》，三月不知肉味，曰：'不图为乐之至于斯也！'"后以"闻韶"谓听帝王之乐或听美好乐曲。

【三月不知肉味】谓在三个月内，吃肉都不知味道。形容专心一意，全神贯注，别的事都不放在心上。《论语·述而》："子在齐闻《韶》，三月不知肉味，曰：'不图为乐之至于斯也。'"

又如"遗荃"和"蹄荃"皆出自《庄子·外物》："荃者所以在鱼，得鱼而忘荃。"由于所取侧重不同，因此意思不同，"遗荃"表示丢失根本。而"蹄荃"则指达到某种目的的手段或反映事物的迹象。

（三）同源异义同形

同源异义同形并不是指典故词语在形成之初就源同形同而意义不同的情况。目前我们并没有发现出自同一个典源的同一个词语在开始就有不同意义的个例。这是可以理解的，因为在典故词语词汇化之初，倘若人们要从同一个典源中表达出不同的意义，完全可以直接从典源中制造出同源异形词语，而没有必要制造同一个典源又同一个词形下意义不同的麻烦。所以，我们所指的这种同源异义同形，是从典故词语意义传承演变的角度来说的，多指同一个典故词语在源和形都不变的情况下，意义经历了发展变化，这是后人用典时受主观因素和词语传承演变的影响，对典故词语这一间接符号所进行的意义改造。如"坠欢"：

【坠欢】《后汉书·皇后纪上·光武郭皇后纪论》："爱升，则天下不足容其高；欢坠，故九服无所逃其命。"本谓失去宠爱。后因称夫妻离而复合为"坠欢重拾"或以"坠欢"称往日的欢乐。

严格来说，这种情况和典故词语的形式并无多大关系，更侧重于意义。

（四）异源同义同形

不同的典源，形成意义和形式都相同的典故词语，这种情况在本书第二章多源问题时已有所提及，比较少见但也存在，主要是由于典源文本的传承有所不同所致。比如"红叶题诗"这个词语就来自故事情节不同的多个典源，但意义和词语形式都相同。

在这一类中，我们观察到了一类特殊情况，即有的典故词语与非典故词语之间存在着意义相同、但形式部分相同的现象，比如"一言既出，如白染皂"和"一言既出，驷马难追"，前者并非典故词语，而后者则是典故词语。

【一言既出，如白染皂】谓一言既出，即不能反悔，如白之染黑，不可复白。《西游记》第八五回："何出此言？大将军一言既出，如白染皂。"【一言既出，驷马难追】谓话已出口，无法收回。语本《论语·颜渊》："驷不及舌。"《邓析子·转辞》："一声而非，驷马勿追；一言而急，驷马不及。"宋欧阳修《笔说·驷不及舌说》："俗云：一言出口，驷马难追，《论语》所谓'驷不及舌'也。"

（五）异源异义同形

这种情况是指不同的典源所出的意义不同的典故词语，由于某种巧合而词形相同。这种情况在典故词语中也比较常见，如"罔极""李阳"等。

【罔极】《诗·小雅·蓼莪》："父兮生我，母兮鞠我……欲报之德，昊天罔极。"后因以"罔极"指父母恩德无穷。

《诗·小雅·青蝇》："谗人罔极，构我二人。"谓谗人之言不止，则二人不和。后因以"罔极"指谗言或谗人。

又如"李阳"虽然所指是同一个人，但由于出现在不同的语言环境中，所以其代表的典故意义就不同，一是指悍妻所畏服的人，二是用来指斗殴的典实，我们认为这是典源不同、意义不同但同形的两个典故词语。

【李阳】1.晋王衍妻郭氏，贾后之亲，借势妄为，性贪戾，衍不能禁。时有京师大侠李阳，郭氏素惮之。衍因借口谓郭曰："非但我言卿不可，李阳亦谓不可。"郭氏方有所收敛。事见《晋书·王戎传》。后因以指悍妻所畏服的人。宋苏轼《戏赠孙公素》诗："不须戚戚如冯衍，便与时时说李阳。"王文诰注："孙公素……娶程公之女，性极妒悍，故云。"2.晋李阳与石勒邻居，性猛好斗，早年为争麻池，曾与石勒迭相殴击。后石勒举事成，戏谓李阳曰："孤往日厌卿老拳，卿亦饱孤毒手。"事见《晋书·石勒载记下》。后引以为斗殴的典实。唐韩愈《斗鸡联句》："毒手饱李阳，神槌困朱亥。"

（六）异源同义合形

这种情况在第二章多典源部分也有论及。由于两个或几个典源的意义所指相同或相近，由此分别取其不同成分合而为一，成为一个具有多个典源的合典词语。如"爱素好古"就是各取意义相同的两个语典中的部分组合而成一个词语的。

【爱素好古】《老子》："见素抱朴，少私寡欲。"《论语·述而》："子曰：述而不作，信而好古，窃比于我老彭。"后以"爱素好古"谓爱好朴质，不趋时尚。

（七）异源同义异形

出自不同典源、形式也不同的词语，在意义上却有相近或相通之处，这种情况在典故词语中非常常见，比如关于隐居隐士生活的典故词语就有很多，如"蒋生径""非熊""狎鸥""鸥鹭忘机"等。

【蒋生径】东汉蒋诩，哀帝时为兖州刺史，廉直有名声。王莽摄政，诩称病免官，隐居乡里。舍前竹下辟三径，唯故人羊仲、求仲与之游。后多以"蒋生径"指称隐者之所处。

【非熊】《六韬·文师》载：文王将往渭水边打猎，行前占卜，卜辞曰："田于渭阳，将大得焉，非龙非彲，非虎非罴，兆得公侯。天遣汝师以之佐昌。"后果见太公坐渭水边垂钓，与之语而大悦，遂同车而归，拜为师。古熊罴连称，后遂以"非熊"为姜太公代称。

【狎鸥】《列子·黄帝》："海上之人有好沤鸟者，每旦之海上，从沤鸟游，沤鸟之至者百住而不止。其父曰：'吾闻沤鸟皆从汝游，汝取来，吾玩之。'明日之海上，沤鸟舞而不下也。"沤，同"鸥"。后以"狎鸥"指隐逸。南朝梁任昉《别萧咨议》诗："傥有关外驿，聊访狎鸥渚。"明李贽《客吟》之二："正是狎鸥老，又作塞上翁。"参见"鸥鹭忘机"。

这类词语在典故词语系统中静态存在多于动态应用，在语义上虽有相同，但是却无直接联系。本书在探讨词语之间关系时因其意义之间有静态的相近或相同关系而临时将其类聚在一起。用现代汉语词汇理论来理解，这类词语就是一些同义或近义词。

意义相近但是形式多样，这是典故词语的一大特点。典故词语形式方面的这些特殊情况是有其存在缘由的。罗积勇先生（2005）认为典故的多义性是导致典故词语形式多样性（此"多样性"即本书的"特殊性"）的原因。我们认为，典故词语形式的多样性和主观使用者对典源意义提取的角度多元化有密切关系。因为，典故是一种静态的客观存在，它之所以可以出现不同形式、不同意义的词语，并不是典故自身的选择，而是由使用者从不同角度进行挖掘得到的，譬如前文说过的《战国策》中记载的齐人冯谖弹铗而歌得到礼遇的故事出了"食无鱼""食鱼""冯子无鱼""冯谖弹铗"等形式和意义都有差别的典故词语，典源记载的故事本身只是一个叙述性的偶然事件客观地存在于历史文献，是因为后人以不同的视角从中提取和概括出了表达意图不同的部分。

【食无鱼】《战国策·齐策四》："齐人有冯谖者，贫乏不能自存，使人属孟尝君，愿寄食门下……左右以君贱之也，食以草具。居有顷，倚柱弹其剑，歌曰：'长铗归来乎！食无鱼。'"后遂以"食无鱼"为待客不丰或不受重视、生活贫苦的典故。宋杨万里《跋蜀人魏致尧抚干万言书》诗："雨里短檠头似雪，客间长铗食无鱼。"清曹寅《饮椿下》诗："前时旧宾客，恒歉食无鱼。"

【食鱼】比喻幕宾受到重视、优待。语出《战国策·齐策四》："齐人有冯谖者，贫乏不能自存，使人属孟尝君，愿寄食门下……居有顷；倚柱弹其剑，歌曰：'长铗归来乎！食无鱼。'左右以告，孟尝君曰：'食之，比门下之客。'"。唐方干《赠处州段郎中》诗："德重自将天子合，情高元与世人疏。寒潭是处清连底，宾席何心望食鱼。"明徐渭《自为墓志铭》："〔余〕一旦為少保 胡公罗致幕府……食鱼而居庐，人争荣而安之，而己深以為危。"

【冯子无鱼】比喻怀才不遇。明吴宽《绿牡丹·强吟》："问口向人，可信张郎有舌；肉食者鄙，宁怜冯子无鱼。"

【冯驩弹铗】据《战国策·齐策四》载，齐人冯谖（《史记·孟尝君列传》引作"冯驩"）为孟尝君门客，不受重视。冯三弹其铗而歌，一曰："长铗归来乎！食无鱼！"二曰："长铗归来乎！出无车！"三曰："长铗归来乎！无以為家！"孟尝君一一满足其要求，使冯食有鱼，出有车，冯母供养无乏。于是冯全心为孟尝君谋划，营就三窟。后因以"冯驩弹铗"为怀才不遇或有才华的人希望得到恩遇之典。唐骆宾王《上齐州张司马启》："薛邑闻歌，揖冯驩于弹铗；夷门命驾，顾侯嬴于抱关。"清蒲松龄《赠毕子韦仲》诗："博士乘车依鄠杜，冯驩弹铗老平原。"清钱芳标《击鲜行》："张掾秋风频怅望，冯生弹铗未归来。"

以上四个典故词语形式不同，但是来自同一个典故。其中"食鱼""冯驩弹铗"是从典故的正面角度来提取其意义形成的，从冯驩受重用角度代表人才得到恩遇，而"食无鱼""冯子无鱼"则是从冯驩起初不受重用的反面角度来比喻人怀才不遇时的境地。之所以同一个典故有这样不同的形式和截然相反的意义，是后人引用这个典故时基于文本需求、文意需求、形式需求等所致。

所以，典故词语的多样性原因虽然与典故本身不无关系，但探求多样性的原因也应从典故被使用的角度着眼。

　　我们认为，从根本上来说，典故词语形式的多样性和特殊性是古人用典方式的影响使然。罗积勇先生（2005）从功用的角度将用典方式分为四类：

　　证言式：引用典故以证明自己所欲表明的道理；

　　衬言式：把典故和自己所叙事情相比较，借此达到某种修辞目的；

　　代名式：以典故代替名称或话题；

　　代言式：用直说、巧说或推衍典故的方法，将典故与自身表达的语境进行比照，产生言外之意，从而达到真正的表达意图。

　　可以想象，如果同一个典故，被具有四个不同目的的使用者使用，很自然地会产生出同源异义异形词语，如"邵平园""邵平瓜""邵平田""召平瓜"等词语的形成就和用典方式有很大关系，"邵平瓜"和"邵平田"就是以瓜、田之名代事，属于代名式用典成词，而"邵平园""召平瓜"则是代言式用典成词。

　　【邵平园】秦遗老邵平在长安城东青门种植的瓜园。后常用为感叹故园变迁的典故。

　　【邵平瓜】即东陵瓜。邵平，秦故东陵侯，秦亡后，为布衣，种瓜长安城东青门外，瓜味甜美，时人谓之"东陵瓜"。见《三辅黄图》卷一。后世因以"邵平瓜"美称退官之人的瓜田。

　　【邵平田】秦广陵人邵平，在秦亡后，种瓜长安城东之青门。后因以"邵平田"借指退官隐居者的田园。

　　【召平瓜】召平，秦之东陵侯。秦亡不仕，隐居长安城东，种瓜为业。见《史记·萧相国世家》。后以"召平瓜"为安贫隐居之典。

　　从个体与整体、共时和历时、微观和宏观的角度来看，这些特殊情况的出现既带有偶然性，又具有一定的必然性。偶然性是相对于单个的使用者来说的，选择什么样的用典方式，从什么样的角度选取典源的意义，都具有自主决定性，这种自主性也会产生偶然的相似、相近或相同，比如异源同义同形词语、异源异义同形词语的出现。如"题桥柱"和"题柱"，本是来自两个典源，由于"题桥柱"的偶然省称为"题柱"，所以偶然地与来自另一个典源表示不同意义的"题柱"成了异源异义同形词语。

【题桥柱】汉司马相如初离蜀赴长安，曾于成都城北升仙桥题句于桥柱，自述致身通显之志，曰："不乘赤车驷马，不过汝下也！"事见晋常璩《华阳国志·蜀志》。后以"题桥柱"比喻对功名有所抱负。亦省作"题桥""题柱"。

【题柱】1.见"题桥柱"。2.相传东汉灵帝时，长陵田凤为尚书郎，仪貌端正。入奏事，"灵帝目送之，因题殿柱曰：'堂堂乎张，京兆田郎。'"见汉赵岐《三辅决录》卷二。后遂以"题柱"为称美郎官得到皇帝赏识之典。

必然性是从历时和总体来说的，不同的个体汇总成多样的整体，形成可勾画可分析可总结的用典模式和体系，正是个体的用典组成了用典行为的历史进程，同时，宏观的用典模式和体系又必然反过来影响后来者的用典取向。

本章小结

本章主要从静态角度，采用定量统计和定性分析的方法，对典故词语的音节形式进行了全面的统计和分析。由分析可见，典故词语的音节形式多样，其中有许多四字形式，与汉语成语中的部分内容有交叉。对于典故词语来说，形式多样且不固定，是一大特点，一个典故可以出现许多个词语，在意义相近的基础上，因使用者的使用环境和爱好取舍不同，衍生变化出多种形式，有的典故词语形式会逐渐固定，被人们熟知，比如"天作之合""六尺之托""口碑"等，而有些则相对生僻，给人们的语言交际造成一定困难，也正是因为如此，研究典故词语，消除语言交际隔阂，才显得尤为必要。

本章的另一个亮点是第二节典故词语的特殊形式。结合典源、意义和形式，

115

分析出同源同义异形、同源异义异形、同源异义同形、异源同义同形、异源异义同形、异源同义合形、异源同义异形等多种形式，本部分还尚待挖掘。

语言是变化发展的，作为与用典密切相关的典故词语，其动态变化更是不以个人意志为转移，因此，在编纂典故词语词典方面，也要与时俱进地随着典故词语形式的变化而做出调整。

第三章　典故词语的结构研究

要想全面了解和掌握一个词汇群体，仅着眼于表面的形式是远远不够的，必须深入到词语内部进行细致入微的勘探，既要分析其内部结构，也要解析其语义内涵。研究典故词语亦当如此。接下来本章将对典故词语的内部结构进行剖析，特别是与普通词语进行比较，从而发现其规律和独特之处。

一般词语的形成多是一种命名活动，词语形成时多以造词为主，造词活动会和人们对客观事物的认知规律一致起来，因此一般词语的构词与造词有相同的逻辑基础。到葛本仪（2004）在分析现代汉语的构词和造词时指出了人们对概念的认知和词的形成、分析存在着同一关系、判断关系、支配关系、限制关系、重合关系等逻辑基础，使普通词汇的构词研究更齐整和规律。比如"书包"是指放书的包，造词时体现的是一种限定关系，那么分析其结构类型时也就相应的是一种表达限定的偏正结构。

但是，典故词语不同于一般词语，因为典故词语的形成不是基于命名而成的，是从典故中提取代表典故意义的符号的过程。有关这个过程，会在下文有详细分析。

典故词语的组合规则相对灵活，像成语、歇后语、惯用语等俗语那样，比如成语多是四字格，歇后语多是分前后两部分，惯用语多是三字格的比喻形式，典故词语没有固定的结构模式，在结构上呈现出了一种五彩纷呈的局面。或许因为如此，前人在进行词汇结构的专题研究时都很少涉及典故词语，比如周荐先生（2004）研究《现代汉语词典》中所有词语的结构时，还对歇后语、惯用语等俗语的结构进行了简单的描述，而对典故词语却没有谈及。

即使是为数不多的针对典故词语的专题研究中，时人前贤们也大多将目光投向典故词语的形成、语义、语用等方面，词语内部结构方面着力较少。有的学者对典故词语的结构进行了大体概说，比如戴长江（1996）、王光汉（2000）、曹炜（2004）等，有的则没有涉及，如王丹（2005）侧重形式和语义部分，丁建川（2004）涉及了形态、语义、语用等方面。唐子恒（2008）在《汉语典故词语散论》中涉及了"典故词语的构词研究"，内容分典故词语的音节构成和典故词语的语法结构特点两部分。在谈及典故词语的语法结构时，唐先生认为，典故词语的结构类型也包括普通词语所具有的类型：联合式、偏正式、支配式、陈述式、补充式、附加式等，另外典故词语还有复谓结构和复句形式。作者主要是以解释例子为主，系统性和全面性上还有很大挖掘空间。

基于这种情况，本章将由表及里，深入到具体的词语内部，采用纵横双向的研究方法，将典故词语的结构研究从宏观和微观两个角度结合起来进行。纵向指的是运用词汇学和语法学中关于结构、句法分析的相关方法，通过对典故词语自身结构的解析，对其结构类型进行梳理，总结其内在的结构体系；横向指的是从宏观角度，总体上将典故词语的结构部分作为典故词语系统的一个有机组成，与形式、语义、语用等各方面进行横向的展开比较研究。宏观微观结合，纵横比较，以期能够发现典故词语词汇化过程及完成之后的结构规律。

第一节　典故词语的结构特点

说到特点，有广狭之分。其实从总体上来说，对结构的研究，本身就是对典故词语词汇化结构特点的一个广义上的把握。而本节所要展开的是从宏观上透视典故词语的结构特点，既是站在一定高度的总结，又是具体而微的总结，是狭义角度的结构特点。

典故词语作为一类由典源直接而来的特殊词汇群体，有其独特的结构特色。曹炜先生（2004）认为典故词在构词上极具特色，主要表现在构成成分的变异性、音节模式的多样性和构成方式的丰富性三个方面。①

构成成分的变异性、音节模式的多样性，这两个特点更侧重于典故词语的外在形式方面，构成方式的丰富性则是地地道道的结构方面的特点。我们在此基础上，把典故词语在结构方面的主要特点总结为以下几个方面：

一、地位的从属性

这是从宏观角度对典故词语结构地位的把握。地位的从属性是指典故词语的结构在典故词语的内部系统中并不占据主要地位，而是伴随着典故词语形式和语义的发展而发展的，即对典故词语来说，结构是后于形式和语义的。

这一点和前人的某些观点是不同的。比如戴长江先生（1996）认为典故词语的结构形式决定意义，"次序和虚词是汉语的两大重要语法手段，典故语辞的结构形式不同，其表意效果，理解和表述方式亦不应相同。如：'采薇'、'被采'、'采薇歌'、'食薇'，虽同出一典《史纪·伯夷列传》，但由于结构不同，理解和表述也应有差别"②。

的确，汉语的次序和虚词是重要的语法手段，但是这种观点更多得是针对句子和语篇而言的，对词的形成来说，语义是第一位的，先有人脑中思维概念在语言中的投射，形成语义认知，而后才有词语形式和结构，并不是结构主宰词的最终形式。因此，结构之于词，"不同的结构形式有不同的语义理解"只是一种后天的以结构为参照点时的提法，并不表示结构先于语义。

典故词语的形成作为一种主观参与性极强的词汇化过程，其体现的更多的是人类认知心理的选择和倾向，典故词语的形成不是一种转换生成语法，不符合转换生成语法所认为的"语义只有解释性、语法是自主且具有生成性"的理论。剖析典故词语的词汇化过程必须密切结合认知社会语言学的相关理论，这一点将在第七章"典故词语的形成"部分有详细论述。认知语言学作为一门研

---

①　曹炜:《现代汉语词汇研究》，北京大学出版社，2004年，第137页。
②　戴长江:《典故与典故语辞的释义》，《淮北煤师学院学报》，1996年第2期。

究人类认知与客观世界关系的学科，继承了生成语义学的观点，认为词法、句法不是自主的，而是受功能、语义和语用因素支配和制约的。在句法层面上，认知语言学是基于以下论点的：对同一个真值事件的表达，因观察者的角度、注意焦点、详细程度不同而不同，这个不同在大脑中形成不同的意象，反映对事物不同的认知。①

　　具体到典故词语来说，在典故词语词汇化的过程中，结构、形式、语义三者的优先次序是：语义＞形式＞结构（＞表示"先于"），即首先要选择典源的意义作为典故词语的语义支撑，然后再从典源形式中提取或整合出相应的词语形式，最后固定而成典故词语，同时结构也被固定下来。也就是说，语义的取向选择决定了形式的整合抽取，结构在典故词语的形成过程中一直处于客观、被动形成的地位，语义、形式都受制于人的主观使用和选择，而结构则是作为一种同步而生的框架存在于典故词语的内部。同典异形同义词语、同典异形异义词语和异典同形异义词语的存在，就很有说服力地证明了这一点。比如"西颦东效"和"东施效颦"、"然糠自照"和"燃糠"都是在语义相同的前提下，形式可以不同，结构方式也完全不同，而"题柱"这个词虽然形式固定、结构固定，但却来自不同的典源，其语义指向也不同。

　　【题柱】1.同"题桥柱"，典出晋常璩《华阳国志·蜀志》汉司马相如初离蜀赴长安，曾于成都城北升仙桥题句于桥柱，自述致身通显之志，曰："不乘赤车驷马，不过汝下也！"后以"题桥柱"比喻对功名有所抱负。2.典出汉赵岐《三辅决录》卷二，相传东汉灵帝时，长陵田凤为尚书郎，仪貌端正。入奏事，"灵帝目送之，因题殿柱曰：'堂堂乎张，京兆田郎。'"后遂以"题柱"为称美郎官得到皇帝赏识之典。

　　又如"邵平园"和"邵平田"出自同一个典故，结构方式相同，但是形式不同，意义不同，前者感叹故园变迁，后者则借指退官隐居。

---

　　① 本部分参考赵艳芳：《认知语言学概论》，上海外语教育出版社，2001 年。

同样，戴先生所认为的"采薇""被采""采薇歌""食薇"等词语虽然出自同一个典故，其形式和结构的不同是因为使用者使用典故时的角度和对语义的把握侧重不同而导致的，并不是先结构不同引起的词义不同。

语法结构地位的从属性，是由典故词语的自身特点决定的，但这并不违背语言的一些基本特征。

丁金国先生（2002）将语言的特性总结为四个组类：（1）语言的任意性与描摹性；（2）语言的层次性与离散性；（3）语言的创造性与封闭性；（4）语言的天赋性与传承性。

其中，典故词语语义和形式先于结构的特点是对语言任意性和描摹性的一种综合体现。

在语言符号、语义和结构规则之间的关系问题上，索绪尔先生的任意性原则和皮尔斯先生（C.S.Peirce,1839—1914)的描摹性原则[①]一直以来是相互对立的两种观点。但是索绪尔也承认不同语言之间任意性和描摹性的比例极不相同，"一切不能论证的语言是不存在的；一切都可以论证的语言，在定义上也是不能设想的。在最少的组织性和最少的任意性这两个极端之间，我们可以找到一切可能的差异。各种语言常包含两类要素——根本上任意的和相对地可以论证的——但是比例极不相同"[②]。

徐通锵先生（1997）在《语言论》中将二者进行了一分为二的辩证认识，徐先生认为，"印欧系语言以不可论证的约定性、任意性为基础，而汉语则偏重于可加以论证的理据性"。[③]"理据性的编码直接构成语言的规则，突出语义；而约定性的编码在构成语言规则的时候要多走一道手续，因为只有把约定性的符号组合起来才能表现出符号的理据规则，因此突出的是语法，即构词法和造句法。"[④]

---

①　皮尔斯论述了语言与客观世界的关系，认为语言结构从某种程度上反映了人们所经验的世界结构，提出了著名的描摹性原则。

②　索绪尔：《普通语言学教程》(高名凯译），商务印书馆，1996 年，第 184 页。

③　徐通锵：《语言论》，东北师范大学出版社，1997 年，第 37 页。

④　徐通锵：《语言论》，东北师范大学出版社，1997 年，第 52 页。

如徐通锵先生所述，事实上任意性原则和描摹性原则是对立统一地存在于语言发展过程之中的，不但不同语言之间二者比例不同，即使在同一种语言内部，二者的分布和产生作用的比例也不相同。对汉语系统中的典故词语系统来说，在语义上侧重描摹性，典故词语语义的主动性限制了其结构的理据性，使结构呈现出被动附和意义的状态，造成了典故词语的结构具有很强的散漫随意性。汉语偏重于理据的具体表现之一就是典故词语词汇化的过程是一个语义先行的选择机制，词汇化过程突出的是语义，语言符号的结构规则则呈现出了一种任意性的状态。因此，和一般词语比较起来，典故词语结构方面的规律性更显薄弱，从某种意义上说，典故词语是一种意合型词语。

二、结构的独特性

典故词语之所以成为一类特殊的词汇群体，除了前文讲过的有源头这一特征之外，在结构方面就体现在典故词语具有不同于一般词语的结构特点，我们称之为典故词语结构的独特性。

王光汉先生（2000）在界定典故词语时就把结构方面的特点提高到了很重要的地位，将结构上的独特性作为判定一个词语是否为典故词语的两个标准之一。王先生所提到的独特性指的是典故词语"构词比较特殊，并非是按汉语普通的构词规律所可构制的"[①]。

王力先生（1980）在分析成语和典故时也提到了典故词语在结构方面的独特之处，"一方面，成语和典故有可能破坏语法的常规……但是在另一方面，——这是主要的一面——成语和典故又保持着许多古代的语法规律和虚词"[②]。

的确，典故词语从结构形式上来说，保存了很多的古汉语语法特点，比如存在着大量的宾语前置结构的词语，如"何怙""宝山空回"等。

---

① 王光汉：《关于典故溯源的再思考》，《古汉语研究》，2000 年第 4 期。
② 王力：《汉语史稿》，中华书局，1980 年，第 585 页。

此外，构词的特殊性还体现在以下几个方面：

一是对典故词语进行结构分析时，不能就结构论结构，而是要紧密结合对典源的理解。现代汉语中的一般词语在分析结构时大部分都可以根据人们已有的经验规则和通常意义上的理解比较准确地把握结构；而典故词语不同，许多词语是不能按照表面字义或现代汉语的理解去分析的，而是要依赖典源。比如：

【学海】汉扬雄《法言·学行》："百川学海而至于海，丘陵学山不至于山，是故恶夫画也。"言百川流行不息，所以至海；丘陵止而不动，所以不至于山。谓做学问当如河川流向大海，日进不已。

【一借】后汉寇恂为河内太守，征入朝为金吾。时光武至颖川，百姓遮道曰："愿从陛下复借寇君一年。"事见《东观汉纪》《后汉书》本传。后因以"一借"为百姓留恋好官之典实。

按照现代汉语的理解，"学海"很容易被定为定中偏正结构，指"学问的海洋"，"一借"也易被分析为偏正结构，指"一次之借"，但追溯典源方知分别应是支配式结构"学习海"和补充式的倒装"借一年"。

二是典故词语在结构上具有很强的句法关系的包容性。因此在对典故词语进行分析时不仅要涉及词汇学方面的结构分析方法，还要结合语义理解运用相应的句法分析理论。乔姆斯基（1979）指出，句法规则不涉及词内部结构的任何方面，认为在词的内部不能进行句法操作。这一观点得到了许多研究者的认同，并且用来区分短语和词，如董秀芳先生（2002）就认为"这是词与短语的一个形式标准"①。董秀芳所指的句法操作，主要是指语素顺序的变换。我们认为，这种说法不是绝对的，典故词语就是例外。因为对典故词语来说，很多词语虽然形式和语义上是典型的词，但其实内部包含着复杂的句法规则和语义关系，假设关系、目的关系、使动关系等等。

又如照搬于诗句的一些五音节以上的多音节典故词语，其语义关系大多明

① 董秀芳：《词汇化：汉语双音词的衍生和发展》，四川民族出版社，2002年，第126页。

晰，但是分析其结构时，则不能按照惯用的词组式分析法，而是要偏重于语义关系进行句法角度的分析，如"聪明反被聪明误""有其父必有其子""杀鸡焉用牛刀"等。

典故词语结构的独特性的第三个体现是，典故词语的结构是在一个由典故、用典、典故词语组成的相对封闭的自我环境中存在并缓慢变化的，而且受制于典故词语的自身语义和形式，由于形式上的多样性而导致整体结构出现不稳定的游移。因此，从总体上把握典故词语的结构，并不能十分准确地反映词汇系统的结构体系。而且结构上的变化也很少作用于整个的汉语体系，它不像一般词语的复音化、语法化那样能够影响汉语整体的变化。

关于典故词语结构的独特性，本书将在下文的具体结构分析中进行详细论述。

三、结构类型的多样性

也许正是因为在典故词语形成过程中结构只是作为语义的附属而产生并存在，所以典故词语结构上独具特色；同时，也正是因为结构上独特，才造就了典故词语的结构类型与一般词语相比有更大的灵活性和多样性。

典故词语的结构多样性表现在两方面：

1. 结构类型多样

典故词语在结构类型上不仅包括典型的词语形式，如"推敲""倾城""北极"等，还包括词组和句子形式，如"仪态万方""其貌不扬""前不见古人，后不见来者""出其不意，攻其无备"等。尽管类型多样，但是按照前文我们界定典故词语的标准，这些形式仍属于词语范畴。

2. 结构关系复杂

深入到典故词语的内部进行结构上的分析和归类，可以发现，典故词语的结构关系不仅包含现代汉语一般词语所具有的所有结构关系，还具有一些独特的情况，比如典故词语中有大量的不能进行结构分析的词语。这类不可分析的结构在典故词语中的比重很大。

　　典故词语的内在结构存在着可分析与不可分析并存的现象，也就是说大部分典故词语的结构可以按照通常意义上对词或短语的结构划分标准进行划分，可以总结出其结构类型和结构规律，比如"积雪映囊"属于支配和支配的联合结构，"一寒如此"是中补式结构，等等。但是也有很多典故词语的构成是不能按惯常的结构类型标准进行划分的。

　　之所以出现这样的情况，是因为在某些典故词语的形成过程中主观因素的制约作用强于语言规则自身的调整和规约，具体来说一是与形成方法有关，二是与典故词语语义的制约有关。比如在通过随意截取而形成的典故词语中，很多就是在结构方面没有规律，如"每事问"是截取一小分句；"盍彻""盍各"截取语句之首的两个字，另外，提取法的主观随意性也会导致大量典故词语的结构无法分析，如"迁谷""一唯"等。

　　【迁谷】语出《诗·小雅·伐木》："出自幽谷，迁于乔木。"后用以指地位上升。

　　【一唯】语出《论语·里仁》："子曰：'参乎！吾道一以贯之。'曾子曰：'唯。'"后因以"一唯"谓应诺迅速，全无疑问。

　　像典故词语这样具有多种结构形式和关系的词语，并不违反汉语的词语组合规则，因为汉语的语法具有很强的伸缩机制。郭绍虞先生在1938年发表了长篇论文《中国语词的弹性作用》，从音节和节奏的角度提出汉语语词间的伸缩机制——弹性。王力先生（1944）又提出"西洋语法是硬的，没有弹性；中国语法是软的，富有弹性的。唯其是软的，所以中国语法只是以达意为主"[①]。此后，人们将"达意为主"概括为汉语重"意合"、西语重"形合"。刘宓庆先生(1992)对"意合"与"形合"进行了多次论述，归结为英语组合为"显性"、汉语组合为"隐性"。这些论述集中说明了一点，那就是汉语重意的表达特点使其在词语或语法组合上具有极大的灵活性和伸缩性。郭绍虞先生（1979）还从语词的伸

---

　　① 王力：《中国语法理论》，商务印书馆，1944年，第197页。

缩、分合、变化、颠倒四个方面剖析了汉语的弹性，从实际语言材料来看，汉语词语组合的伸缩性特征不仅体现在复合词、词组和句子的构成上，也同样适用于语段和篇章的组合中。

四、结构与典源的不离性

尽管典故词语在结构上有许多独特性，但是，不管如何独特，都和典源有很强的对应性。这一点可以从典故词语构词次序上看出来。即典故词语内部构成成分的顺序和制约关系主要仍是受制于典源。这一点在由语典而来的词语中尤其明显，除了原封不动截取自典源的词语之外，其他大多数语典词语构成部分的位置安排仍和典源中位置相似。如"履霜坚冰""色仁行违""弹冠振衣"等。

【履霜坚冰】《易·坤》："初六，履霜坚冰至。象曰：履霜坚冰，阴始凝也；驯致其道，至坚冰也。"后以"履霜坚冰"比喻事态逐渐发展，将有严重后果。

【色仁行违】表面上主张仁德，实际行动却背道而驰。语本《论语·颜渊》："夫闻也者，色取仁而行违，居之不疑。"

但是也有些词语的构件顺序与典源相比有变动，如"衣马轻肥""貉一丘"等。

【衣马轻肥】穿着轻暖的皮袍，坐着由肥马驾的车。语本《论语·雍也》："乘肥马，衣轻裘。"后用以形容生活的豪华。

之所以次序倒换，原因有很多，比如：

汉语音调顺序的影响。"在词汇化过程中决定词中语素选择的可能有语音上的原因。"[①]按照语音平上去入的调序，调序在前的成分就倾向于出现在前面，如

---

① 董秀芳：《词汇化：汉语双音词的衍生和发展》，四川民族出版社，2002年，第127页。

平声字就倾向于出现在上声、去声和入声之前。^①比如，虽然同典异形同义的典故词语"藏垢纳污"和"藏污纳垢"都被收入到词典中，但经过漫长的语用调整，人们已经更接受平声在前、入声在后的"藏污纳垢"。

【藏垢纳污】包藏污垢。常以喻包容坏人坏事。语本《左传·宣公十五年》："川泽纳污，山薮藏疾，瑾瑜匿瑕，国君含垢，天之道也。"

具体的语用需求。指的是典故词语在形成过程中，会受具体的语言环境的影响和制约从而调整组成部分的顺序，比如诗文中要求诗句之间对仗工整，也会影响典故词语的内在组合次序，例如"貉一丘"：

【貉一丘】《汉书·杨恽传》："古与今如一丘之貉。"后用"貉一丘"谓同属一类，没有差别。宋苏轼《过岭》诗之一："平生不作兔三窟，今古何殊貉一丘。"

典源中本是"一丘之貉"，但在诗中为了与"兔三窟"对仗，改变了典源中的次序，形成了"貉一丘"。

从整体上来说，典故词语的结构特点可以归结为以上四点。下文将要进行的具体的结构分析，是从微观上展示其特点。

第二节　典故词语的结构类型

一、典故词语结构概说

戴长江先生（1996）认为，探寻典源、考核意图、辨析方式和分析结构是

识典、解典的四个有效途径。我们已经对前三方面进行了研究，下面就对结构部分进行分析。

尽管典故词语的结构在词语中占据非主要地位，但是，其不同于一般词语的特性仍值得我们去探索。剖析其结构、由表及里地掌握其结构特点，这样能帮助我们更全面地展现典故词语的风貌。

从典故词语的形成过程和整体系统来看，本部分是从典故词语的内部结构方面探求典故词语的词汇化特点，属于典故词语研究的语法层面。

温端政先生（2005）将成语、歇后语、谚语、惯用语划归为语汇，开创了语汇学的研究先河。但他并没有涉及典故词语的归属问题，不知是作者的有意弃置，还是典故词语在结构、意义和形式等各方面的自身特殊性使然。但是温先生对于语的结构分类对我们研究典故词语很有启发作用。他将语的结构分为三种类型：词组型、句子型和引注型，其中引注型主要是针对歇后语来说的。

曹炜先生（2004）所提典故词语构成方式的丰富性，指的是典故词的内部结构形式丰富复杂，非一般词语所能比。曹先生将其构成方式分为三个层面：

（1）复合式合成词，包括偏正、动宾、联合等结构形式。

（2）短语式，包括主谓短语、偏正短语、动宾短语等等。

（3）复句或紧缩复句形式，如"是可忍，孰不可忍""身在曹营心在汉"等。

通过对全部典故词语的逐一分析，结合前贤的研究成果，我们把典故词语的结构类型从总体上分为以下三种类型，每一种类型中又包括不同的结构模式。这一点在第一章中"典故词语的判定"部分也有简述。

（1）词型：是指由固有的单纯词或合成词充当的典故词语类型。既包括来自于典源的本来就是词的一部分固有的语言形式，如"无妄""杜康""替戾冈"等，其中"替戾冈"是外来词，这部分词属于直接从典源中截取而成的。还包括从典源中经过各种方法后天形成的词，如"鱼书""丹台"等。由固有词充当典故词语的情况并不是很多，大部分词形式的典故词语是后者，即从典源中经过提取、整合改造而形成的词语。

【替戾冈】《晋书·艺术传·佛图澄》载：石勒将攻刘曜，群下咸谏以为不可。勒问佛图澄，澄曰："相轮铃音云：'秀支替戾冈，仆谷劬秃当。'此羯语也。秀支，军也。替戾冈，出也。仆谷，刘曜胡位也。劬秃当，捉也。此言军出捉得曜也。"勒果生擒曜。后因以"替戾冈"作为"出"的隐语。

【鱼书】《乐府诗集·相和歌辞十三·饮马长城窟行之一》："客从远方来，遗我双鲤鱼。呼儿烹鲤鱼，中有尺素书。"后因称书信为"鱼书"。

（2）词组型：指由词和词合成的词组形式的典故词语。如"召平瓜""夺席""古稀"等，由提取法和改造法形成的结构形式几乎都是词组型，截取法形成的典故词语中大部分也是词组型，如"冻雀唐昭""雍门鼓琴"。词组型的典故词语是典故词语中比重最大的一种类型。

【冻雀唐昭】指唐昭宗受朱温胁迫，由长安迁都洛阳事。《资治通鉴·唐昭宗天佑元年》："〔春正月〕甲子，车驾至华州，民夹道呼万岁，上泣谓曰：'勿呼万岁，朕不复为汝主矣！'馆于兴德宫，谓侍臣曰：'鄙语云："纥干山头冻杀雀，何不飞去生乐处。"朕今漂泊，不知竟落何所！'因泣下霑襟，左右莫能仰视"后因以"冻雀唐昭"为典，指处于穷途末路境地的帝王。

用现代汉语的语法观念来看，词组型的典故词语当属词组而不是典故词。我们认为，虽然词组型典故词语表面上和词组形似，但实际上有本质的不同。语法学意义上的词组是"语义上和语法上都能搭配的、没有句调的一组词，是造句的备用单位。大多数短语可以加上语调成为句子"①。而词组型的典故词语并不是严格意义上的语法和语义搭配的组合，将它们进行结构拆分后的组成部分也大都不是具有独立意义和能单独运用的词，而是为了满足典源意义的完整性而带有偶然性的组合，它们整体结合在一起才具有词的功能。而且，许多词组形式的典故词语即使加上语调也不能成为句子。如"召父杜母"。

① 黄伯荣、廖序东：《现代汉语》（下册），高等教育出版社，1991年，第5页。

【召父杜母】指西汉召信臣和东汉杜诗。他们都曾为南阳太守，且皆有善政，使人民得以休养生息，安居乐业，故南阳人为之语曰："前有召父，后有杜母。"见《汉书·循吏传·召信臣》《后汉书·杜诗传》。后因以"召父杜母"为颂扬地方官政绩的套语。

（3）句子型：指形式类似于句子，但不能单独用来充当交际单位的典故词语类型。从语法关系上来看，句子型典故词语包括单句和复句两种形式，前者如"临时抱佛脚""载酒问奇字""三箭定天山""骑牛读汉书"等，后者如"书同文，车同规""高鸟尽，良弓藏""身在曹营心在汉"等。

【载酒问奇字】《汉书·扬雄传下》："间请问其故，乃刘棻尝从雄学作奇字……雄以病免，复召为大夫。家素贫，耆酒，人希至其门。时有好事者载酒肴从游学，而钜鹿侯芭常从雄居，受其《太玄》《法言》焉。"后以"载酒问奇字"谓人勤奋好学。宋张元干《送高集中赴漳浦宰》诗："有意载酒问奇字，无事闭门抄异书。"

但是从语法功能上来看，按照温端政先生的观点，这里的"句子"并不是语法学上的"句子"，语法学中的"句子"指的是"前后都有停顿，带有一定的语调，表示相对完整的意义，人们用来进行交际的基本语言单位"[①]，而句子型的典故词语，虽然有的也有停顿、有语调，也表示相对完整的意义，但是它们不能单独作为句子使用，而是用在句法结构中担任一部分语法功能，作用相当于词。比如：

【只许州官放火，不许百姓点灯】宋陆游《老学庵笔记》卷五："田登作郡，自讳其名，触者必怒，吏卒多被榜笞。于是举州皆谓灯为火。上元放灯许人入州治游观，吏人遂书榜揭于市曰：'本州依例放火三日。'"后因以"只许州官放

---

① 邵敬敏：《现代汉语通论》，上海教育出版社，2001年，第209页。

火，不许百姓点灯"形容统治者为所欲为，却限制人民自由。亦泛指自己任意而行，反而严格要求别人。

虽然"只许州官放火，不许百姓点灯"是一个具有独立意义的完整句子，但使用时人们不会突兀地仅用这个句子，而是常作为句子成分。如：

《红楼梦》第七七回："袭人笑道：'可是你"只许州官放火，不许百姓点灯"，我们偶然说一句略妨碍些的话，就说是不利之谈，你如今好好的咒他，是该的了？'"

句子型典故词语很多是直接截取事典或语典而成的，如"只许州官放火，不许百姓点灯""只可意会不可言传"，也有的是通过对典源的改造加工而成，如"太公钓鱼，愿者上钩"，总体数量也较少。

【太公钓鱼，愿者上钩】《武王伐纣平话》卷下："姜尚因命守时，直钩钓渭水之鱼，不用香饵之食，离水面三尺，尚自言曰：'负命者上钩来！'"后以"太公钓鱼，愿者上钩"比喻心甘情愿地上圈套。

结合第三章中对典故词语形式的分析可以看出，双音节、三音节和四音节的典故词语多属于固有词型或词组型，如"一苇""一字师""一落千丈"等，而五音节及以上的典故词语，多属于句子型，如"一问三不知""一蟹不如一蟹""一叶障目，不见泰山"等。

二、具体的结构分析

以上对典故词语结构的总体把握，是结合词语的意义，对典故词语的结构形式进行的宏观分类。下面将要进行的是结合具体的语义指向，对典故词语内在的结构关系进行总结分析。

在具体分析之前，需要说明三点：

一是对典故词语进行结构研究时，要从典源出发，要有历史的眼光，着眼于典源和典故词语，从而发掘出典故词语的真正结构和意义。因为有些典故词语经多年流传使用后，结构发生了变化，对此，我们主要对发生变化之前的情况做考察，要和在现代汉语中的理解相区分。比如：

【口碑】《五灯会元·宝峰文禅师法·永州太平安禅师》："劝君不用镌顽石，路上行人口似碑。"刻碑为纪功颂德，故后以"口碑"喻指众人口头的颂扬。

现代汉语中人们多将"口碑"理解为偏正式，但在典源中是陈述式结构，所以我们将这个典故词语的结构归为陈述式。

二是对于由专有名词充当的典故词语，我们不分析其结构，故排除在外。如"嫦娥""宁馨儿""王伯齐"等。

三是分析典故词语的结构时，我们所依据的意义是指典故词语的各组成部分在组合成为词语时的意义，而不是凝固发展之后的意义。如上文所述，有些典故词语组成时的意义和凝固发展之后的意义不一致，比如"今雨"：

【今雨】唐杜甫《秋述》："秋，杜子卧病长安旅次，多雨生鱼，青苔及榻，常时车马之客，旧，雨来，今，雨不来。"谓宾客旧日遇雨也来，而今遇雨则不来了，初亲后疏。后用"今雨"指新交的朋友。

按照词语在典源中的意义，"今雨"最接近于状中偏正式，倘若按照"新交的朋友"来类推，则"今雨"容易被理解为定中偏正结构。

周荐先生（2004）分析现代汉语中复合词的结构类型时，兼顾了字和词两方面，以不同的音节数量为分界，分别对双字格、三字格、四字格的复合词进行了结构关系分类，但是周先生并没有对五字及以上的格式进行结构分析，他认为这些格式多是熟语或仿语。他的很多研究方法和成果值得我们学习并借鉴。

戴长江先生（1996）将典故词语的结构方式分为并列、偏正、主谓、动宾、后补、连谓、兼语和紧缩共八种。

本书接下来要进行的对典故词语结构的具体分析，既以现代汉语一般词语作为比较和参照对象，以汉语词汇学的普遍理论为指导，同时又主要针对典故词语的自身特点，既有继承又有创新。比如我们也将结合音节形式，根据词语内部组成部分的语义关系，以不同音节数量的词语为分界点进行逐一的类型分析。逐一分析的同时，又要兼顾到上文所说的词型、词组型和句子型三种不同类型。所以，在对典故词语的结构方式进行分类时，对于可以按照词的分析方法进行准确分析的词语，我们称其结构类型为"某某式"，这属于词法方式范畴，如"荆棘铜驼"是联合式，"力挽狂澜"是状中偏正式；而对于不能进行这种结构分析而只能按照句子的语义关系进行解析的典故词语，我们称其结构类型为"某某关系"，如"取法乎上，仅得乎中"为转折关系，这属于句法关系范畴。下面将以这两个大范畴为分界进行分类。

（一）词法方式综述

词法方式主要是指对那些可以进行内部词法结构分析的词或词组型典故词语进行分析而得到的方式。这种情况多是在双音节、三音节和四音节词语中，当然，五音节及以上的词语中也偶有以词法方式组合而成的情况，其中五音节词语，就是既有词法又有句法关系的一个分界点。所以本部分主要是针对双音节、三音节、四音节和少数符合条件的五音节及五音节以上的词语。

据本书整理研究，典故词语中没有单音节词，也无单纯词，全部是多音节、多词素组合而成的词。

邵敬敏（2001）根据词素在形成词时的功能和作用，词素分词缀词素和词根词素，由此，词的结构也分为附加式构词（即词缀和词根而成）和复合式构词（词根和词根而成）。据此，我们也将典故词语中词的结构形式分这两种。

1.附加式构词

附加构词是指典故词语由中心词素和一个附加词素构成，其附加词素有时是通常说的词头或词尾，有时是语气词成分，附加构词这种方式形成的典故词语数量并不多，常见的用在词语前面的附加成分有"于""则""有""如""其"等，比如"于归""则百""则哲"，常见的用在词语后面的附加成分有"如""然""予""思""乎""哉"等，如"屯如""企予"（"予"为助词）"来思"（"思"为语气词）"使乎""其鱼"（吾其鱼乎）"康哉"等。

【于归】出嫁。《诗·周南·桃夭》："之子于归，宜其室家。"朱熹集传："妇人谓嫁曰归。"

【屯如】困难貌。《易·屯》："六二，屯如邅如。"孔颖达疏："屯是屯难，如是语辞也。"

2. 复合式构词

复合构词指典故词语由词根和词根复合而成，包括以下 10 种结构方式：

（1）支配式

参考周荐先生（2004）的研究，支配式表示为 v+x，v 指动作行为，x 指动作行为所关涉的对象，二者是支配和被支配的关系。支配式结构在双音节典故词语中是非常常见的结构形式，如"掇蜂""下榻""及禄""乘槎""剡荐"等；三音节词语中也有很多支配式，如"拾地芥""烹小鲜""愈头风"等，但是数量比双音节中的数量要少；四音节词语中的支配式则更少，如"妄下雌黄""森罗万象""曾经沧海""暗渡陈仓""搔着痒处"等；五音节词语中还可以见到一些，如"握灵蛇之珠""乱点鸳鸯谱""倒用司农印""吹皱一池水"等，但随着音节数量的增多，支配式结构呈现递减趋势；六音节的如"犯天下之不韪"；七音节的如"冒天下之大不韪"。

【烹小鲜】《老子》："治大国若烹小鲜。"河上公注："鲜，鱼。烹小鱼，不去肠，不去鳞，不敢挠，恐其糜也。治国烦则下乱。"后比喻治国便民之道。唐高适《过卢明府有赠》诗："何幸逢大道，愿言烹小鲜。"

就语义理解来说，支配式词语的动作和关涉对象的关系大部分是关涉对象接受动作，是简单的施受关系，如"乘槎""驱盐车"等；还有一些是为动用法，如"泣前鱼"是指"为之前的鱼被抛弃而哭泣"，"泣麟"指"为麟被获而哭泣"；意动用法如"衣火光"指"以火光为衣"。

【泣麟】《公羊传·哀公十四年》："十有四年，春，西狩获麟……麟者，仁兽也。有王者则至，无王者则不至。有以告者，曰：'有麕而角者'。孔子曰：'孰为来哉！孰为来哉！'反袂拭面，涕沾袍。"又："西狩获麟。孔子曰：'吾道穷矣。'"何休注："麟者太平之符，圣人之类，时得麟而死，此亦天告夫子将没之征，故云尔。"后以"泣麟"为哀叹悲泣世衰道穷之典。

（2）陈述式

周荐先生（2004）书中的陈述格指由陈述对象和被陈述部分共两部分组成的结构模式，包括 x+v 和 x+a 两种基本格式，x 是陈述对象，v 是陈述对象的动作行为，a 是陈述对象的性质、特点等。

但我们所界定的陈述式在外延上要比传统观点宽得多，不仅包括最常见的主谓式，如"涂附""丘祷""中饱""毛遂自荐""一木难支"等；还包括大量的主谓宾式，如"楼护智""牛折齿""桀犬吠尧""孙敬闭户"；也包括一些省略了动词谓语、但语义陈述完整的形式，如"德邻"（有德者必有邻）、"夔一足"（夔有一足）、"富贵浮云"（富贵如浮云）等。

【桀犬吠尧】桀相传是夏代的暴君，尧是传说中的远古时代的圣君。"桀犬吠尧"谓桀的狗向着尧乱叫。比喻坏人的爪牙攻击好人。也谓各为其主。语出汉邹阳《狱中上书自明》："今人主诚能去骄傲之心，怀可报之意，披心腹，见情素，堕肝胆，施德厚，终与之穷达，无爱于士，则桀之狗可使吠尧，而跖之客可使刺由。"《晋书·康帝纪》："桀犬吠尧，封狐嗣乱，方诸后羿，曷若斯之甚也。"

总之，陈述式是一种广义上可以陈述完整语义的词语格式，但是这里所讲的是陈述式词语和后面所讲到的陈述关系的句子型词语不同。陈述式词语没有基本的句调，是一些陈述关系的句子简缩凝练而成的词或词组的形式；而陈述关系的句子型词语则是一些有句调、有完整意思只是不能单独作为句子使用的句子型词语。二者的区别就在于句调和完整。比如"尾大不掉""兵不厌诈"属于陈述式的词组型词语，"河东狮子吼""燕雀安知鸿鹄志"属于陈述关系的句子型词。从形成方法上看，词组型的多是从典源中通过提取、组合等方式后天形成的，而句子型多是照搬典源中的句子而成的。

陈述式不同于支配式，就在于支配式中动作的发出者并未出现，而陈述式最大的特点就是有明显的被陈述者，如"才高八斗""羊踏菜园"。

从语义关系上来看，陈述式中既有主动关系，也有被动关系，前者如"虱处裈""蝇棲笔"，后者如"走犬亨""蚁旋磨"；还有使动用法，如"斗水活鳞"指"一斗水能使鳞活下来"。

【蚁旋磨】《晋书·天文志上》："天旁转如推磨而左行，日月右行，随天左转，故日月实东行，而天牵之以西没。譬之于蚁行磨石之上，磨左旋而蚁右去，磨疾而蚁迟，故不得不随磨以左迴焉。"后以"蚁旋磨"比喻芸芸众生皆由命运摆布。

陈述式在双音节、三音节和四音节词语中都占有较大的比重，是常见的构词模式。

（3）连谓式

连谓式即周荐先生（2004）所指的递续格，是指两个或两个以上的有时间先后关系的谓词连用的模式，又叫作连动式。连谓式不仅包括单纯的谓词连用的情况，如"包贡""援噬"，还包括复杂谓语组合连用的情况，如"捉襟见肘""探囊取物"等，前者多出现在双音节词语中，后者则一定是出现在三音节或四音节等多音节词语中。

连谓式结构要与谓词并列的联合式区分开来，联合式只是并列关系而没有连谓式中谓语动词之间的先后关系，因此，谓词并列的联合式在次序上可以前后互换，而连谓式则不可以。如"援噬"和"僭滥"，"援噬"是先"援"再"噬"，属于连谓式，不能换序，而"僭"和"滥"则只是两种并列的赏罚行为，二者组词时可以次序互换而不影响词义。

【援噬】谓捕执而咬食之。《周礼·考工记·梓人》："凡攫杀援篷之类，必深其爪，出其目，作其鳞之而。"贾公彦疏："攫著则杀之，援揽则噬之。"引申指肉刑。

【僭滥】《诗·商颂·殷武》："不僭不滥，不敢怠遑。"毛传："赏不僭，刑不滥也。"后因以"僭滥"谓赏罚失当，过而无度。

连谓式结构在所有结构中数量并不多，在三音节典故词语中尤其少见。

（4）偏正式

偏正式是指由修饰限定成分和中心成分组合而成的结构模式，包括定中偏正和状中偏正两种。偏正式是数量最多的一种结构方式，周荐先生（2004）在书中是分定中格和状中格两种分别进行论述的，每种又分类详细独到，体现了这两种形式的偏正式之普遍。

典故词语中，偏正式亦是一类数量庞大的结构方式，我们也分定中和状中两方面进行论述。

①定中偏正

定中偏正是由定语和中心语组成的方式，中心语一般是名词性成分，定语多是形容词或名词性成分。笼统来说，定语和中心语在结构上是修饰限定关系，但结合具体的语义分析就会发现，定语和中心语的修饰限定关系实际包含更多的复杂关系。比如：

表示数量限定的，"一瓢""一龙""束脯""勺水""一大钱""七椀茶""一天星斗""三十六计"等；

表示性状特点的，"十裂"（十字样的裂纹）、"椰子身""丽人天""梨花云""狂司马""能言鸭""梁上君子""瘦羊博士""咄咄怪事"等；

【能言鸭】唐陆龟蒙故事。比喻文人囊中虽无所有，但其才智足以惊人。宋苏轼《戏书吴江三贤画像·陆龟蒙》诗："千首文章二顷田，囊中未有一钱看；却因养得能言鸭，惊破王孙金弹丸。"

表示所属关系的，"匠质""仪舌""笔上蝇""府丞鱼""泉客珠""樽中弩""月中桂""屈谷巨瓠""张睢阳齿""季布一诺""楼护唇舌""吾家麒麟"等；表示用途关系的，"债台"（逃债所去的台子）、"续弦胶"等。这类词语没有明显的偏正结构指示符号，加之典故久远，因此分析时更不可脱离典源。

【屈谷巨瓠】《韩非子·外储说左上》："齐有居士田仲者，宋人屈谷见之，曰：'谷闻先生之义，不恃人而食，今谷有巨瓠，坚如石，厚而无窍，献之。'仲曰：'夫瓠所贵者，谓其可以盛也；今厚而无窍，则不可剖以盛物，而坚如石，则不可以剖而斟，吾无以瓠为也。'曰：'然，谷将弃之。'今田仲不恃人而食，亦无益人之国，亦坚瓠之类也。"后因以"屈谷巨瓠"比喻无用者。《后汉书·孔融传》："至于屈谷巨瓠，坚而无窍，当以无用罪之耳。"

定中偏正结构中有一类形式常见，即"之"字结构，多出现在四音节词语中，为"××之×"格式，"之"主要有三种用途：一是表示所属关系，相当于"的"，如"地主之谊""季常之惧"；二是表示修饰限定关系，如"天作之合""丧明之痛""丧家之狗""噉香之质"；三是补足音节，如"一日之长""寒泉之思""寝丘之志""屦齿之折""捋薪之忧"等，这类结构里的"之"字很多没有实际语义，本可以省去，但其存在可以补足音节，有助于形成典雅平稳的四字韵律，符合汉语要求音节对偶工整、有节奏感的语音特点。

定中偏正式结构广泛存在于双音节、三音节和四音节中，尤以三音节词语中最多，五音节中也有一部分，如"东西南北人""梅子黄时雨""三千六百钓"等。

②状中偏正

状中偏正是由状语和中心语组合而成的结构方式，中心语大部分为谓词性成分，而状语则有多种情况。比如：

表示动作时间的，如"乙览"（乙夜读书）、"先河""夕冰"（晚上饮冰）、"渴望梅"（渴的时候望梅）、"一夕三迁""一日三省""一日万机""每饭不忘""六月飞霜""廿四考中书"等。

表示动作地点的，如"井摔""墟拘"（拘于墟也）、"壑舟""天飞"（在天上飞）、"市隐""东轩伫""牛山叹""掌上舞""壁上观""室内江流""屠门大嚼""东床坦腹""东南雀飞""松枝挂剑""栎阳雨金""溥天率土""李下无蹊""釜底游鱼""蓝田种玉""雾里看花"等。

表示动作方式或状态的，如"卑俯""仰止""偏袒""共敝""前席"（向前挪动席子）、"典学""冉冉趋""抱膝吟""拥鼻吟""缘木求鱼""屈指可数""弹冠相庆""按图索骥""俯仰无愧""待价而沽""姗姗来迟""班衣戏彩""狡焉思启""扬扬自得""惠然肯来""眈眈虎视"等。

【耻居王后】《新唐书·文艺传上·王勃》："勃与杨炯、卢照邻、骆宾王皆以文章齐名，天下称'王、杨、卢、骆'，号'四杰'。炯尝曰：'吾愧在卢前，耻居王后。'议者谓然。"后因以"耻居王后"指在文名上耻于处在不及己者之后。清金农《游午亭山邨陈文贞公居里》诗："河岳精灵绝代夸，耻居王后论诗家。"

表示工具的，如"环攻""杖化""桐叶封弟""绛纱系臂""以不济可""以水投水""以玉抵鹊"等。

状中偏正结构中也有较多的以否定副词充当状语的情况，如"勿拜""莫须有""不成器""不食言""不贰过""不可思议""不共戴天"，三音节词语中最多。

另外，状中偏正结构中的中心语也有不是谓词性成分的情况，有的是简单的名词或代词，整个结构是通过语义凝练化而成的，如"不他"（不嫁给他人）、

"匪他"（不是他人）、"匪席"（不像席子可以卷曲）等。

> 【匪席】不像席子可以卷曲。比喻心志坚不可屈。《诗·邶风·柏舟》："我心匪席，不可卷也。"

还有一类比较常见的状中偏正结构，即数量词作状语来对中心语进行总括性说明的方式，如"三休""七奔""七伐""三仕""三省""三思""三咽""三陟""三倒""三迁""三让""三驱""三献玉""三不入"等，双音节词语中最多。这一类词语从词性上来说，整体上已经逐渐偏向于名词化。

关于状中偏正结构的分布情况，典故词语有不同于一般复合词语之处。董秀芳先生（2002）认为，韵律模式是推动状中式复合词产生的一个大动力，并认为"几乎所有的状中式复合词都是双音节的，正好是一个标准音步的长度，因而构成一个标准的韵律词"[①]。不能否认，韵律影响对构词模式的确产生了作用，但是对于典故词语这类在用典过程中产生并完善的词语来说，韵律不是唯一的制约因素，其他诸如用典文本的需求、诗词音节数量的限制、对仗押韵等修辞手法的制约等都会影响典故词语词汇化过程中结构形式的最终固定。所以，对典故词语来说，在状中偏正方面，不同于一般复合词的一点就是双音节、三音节和四音节词语中都存在很多状中偏正结构，其中四音节词语中数量最多，如"狡焉思启""眈眈虎视"，双音节词语中表示时间和地点关系的状中偏正特别多，而四音节词语中表示方式、状态、工具和地点的情况特别多。

在三音节的复音词中，董秀芳先生（2002）认为"状中式复合词中几乎不存在三音节形式"[②]。但是在三音节的典故词语中，却有不少状中偏正式，如"牛山叹""拥鼻吟""东轩伫"等，之所以出现这些从韵律上来说"不合拍"的音节形式，与用典过程不无关系。如：

[①] 董秀芳《词汇化：汉语双音词的衍生和发展》，四川民族出版社，2002 年，第 154 页。
[②] 董秀芳《词汇化：汉语双音词的衍生和发展》，四川民族出版社，2002 年，第 154 页。

【拥鼻吟】《晋书·谢安传》："安本能为洛下书生詠,有鼻疾,故其音浊,名流爱其詠而弗能及,或手掩鼻以效之。"后以"拥鼻吟"指用雅音曼声吟咏。

在起初使用这个典故的唐朝唐彦谦的《春阴》诗"天涯已有销魂别,楼上宁无拥鼻吟"中,"拥鼻吟"和"销魂别"是以对仗的形式出现的,这一形式被后人接受,并在大量使用的过程中最终成为一个稳固的典故词语。如清朝金农《新编拙诗四卷杂题》诗之二:"钟声断处攒眉想,日影趄时拥鼻吟。"

（5）联合式

联合式是由两个或两个以上的并列成分联合而成的结构方式,如"仓箱""仪式""否泰""东食西宿""梅妻鹤子"等。并列的部分之所以联合在一起,主要是因为意义上有或同或近或反的关系。联合式构词是比较常见的构词方式,据周荐先生（2004）统计,现代汉语中,联合式复合词有8310个,约占全部复合词的25.7%。典故词语中联合式主要出现在双音节和四音节词语中,以四音节最多,三音节和五音节词语中的联合式极少。究其原因,大抵与联合式结构所要求的平衡法则有关,即并列的部分在音节韵律上大多要对称、和谐,如双音节是1+1式联合,四音节多是2+2式联合,对三音节和五音节等奇数音节词语来说,要达到这种平衡则相对困难,所以数量极少。

就联合式的内在语法关系来说,双音节词语就是1+1式并列,不能再进行结构上的切分,如"屯剥""屯蹇"（两卦合称）、"倡荡""偏颇""唯阿"（两个象声词并列）;三音节所见极少;五音节联合式为1+1+1+1+1式,如"温良恭俭让";而四音节联合式数量多,结构复杂,还可以进行音节形式和内在结构的切分。

联合式四音节典故词语最主要的形式是2+2式,如"攀辕卧辙""断蛟刺虎""釜鱼幕燕";还有少量的1+1+1+1式,如"怪力乱神""五六六七""吁咈都俞"等,

【吁咈都俞】《书·尧典》:"帝曰:'吁!咈哉!'"又《益稷》:"禹曰:'都!

帝，慎乃在位。'帝曰：'俞！'"吁，不同意；咈，反对；都，赞美；俞，同意。本以表示尧、舜、禹等讨论政事时发言的语气，后用以赞美君臣间论政之和洽。

对于 2 + 2 式联合，根据其内在结构关系，又可以进行切分。周荐先生（2004）将四音节联合式分为并列联合式（是非曲直）、重叠联合式（卿卿我我）、定中偏正联合式（万紫千红）、状中偏正联合式（高瞻远瞩）、陈述联合式（莺歌燕舞）、述宾联合式（含辛茹苦）和述补联合式（斩尽杀绝）七类。

而我们将 2 + 2 式四音节联合词语分为以下几种情况：

支配＋支配：如"安时处顺""察言观色""居安思危""乘车戴笠""作威作福"。

定中＋定中：如"冬扇夏炉""家鸡野雉""嵇肩斗酒""尺布斗粟""木本水源"。

支配＋状中：如"守正不挠"。

状中＋状中：如"室怒市色""东食西宿""梅妻鹤子""非日非月""不学无术"。

陈述＋陈述：如"室迩人远""己溺己饥""嫂溺叔援""输攻墨守""创巨痛深"。

支配＋中补：如"枕流漱石"：

【枕流漱石】南朝宋刘义庆《世说新语·排调》："孙子荆年少时欲隐，语王武子当枕石漱流，误曰漱石枕流。王曰：'流可枕石可漱乎？'孙曰：'所以枕流，欲洗其耳；所以漱石，欲砺其齿。'"后以喻隐居山林。

叠音＋叠音：如"扰扰胶胶""唯唯否否""煦煦孑孑""眈眈逐逐""融融洩洩""赳赳桓桓""詹詹炎炎""铮铮佼佼"。其中的"扰扰""胶胶""唯唯""诺诺"等本来就是叠音词，不是临时重叠。

联合＋联合：如"予夺生杀""温凊定省"。

"联合＋联合"式不同于 1 ＋ 1 ＋ 1 ＋ 1 式，因为前者所联合的两部分是两种语义关照下的联合，而后者的四个联合部分同属于一个语义层级中，如"温清定省"和"怪力乱神"就分别属于 2 ＋ 2 和 1 ＋ 1 ＋ 1 ＋ 1 联合。

【怪力乱神】指关于怪异、勇力、叛乱、鬼神之事。语出《论语·述而》："子不语怪、力、乱、神。"

【温清定省】冬温夏清、昏定晨省的省称。谓冬天温被，夏天扇席，晚上侍候睡定，早晨前往请安。表示侍奉父母无微不至。语本《礼记·曲礼上》："凡为人子之礼，冬温而夏清，昏定而晨省。"

状中＋支配：如"反裘负刍（反穿皮衣，背着柴）"。
叠音＋支配：如"休休有容"。

【休休有容】语本《书·秦誓》："其心休休焉，其如有容。"后因以"休休有容"形容君子宽容而有气量。

要注意谓词性联合结构和连谓式的区分，首先二者在形式上会有不同，如联合结构多是 1 ＋ 1、2 ＋ 2、1 ＋ 1 ＋ 1、1 ＋ 1 ＋ 1 ＋ 1 等有规律的形式，而连谓式则形式复杂多样无规律，有 1 ＋ 1、1 ＋ 2、1 ＋ 3、2 ＋ 1、3 ＋ 1、1 ＋ 3 等多种形式。其次，二者在语义关系上也不同，联合结构强调的是并列部分关系的平等，而连谓式则强调动作的先后和逻辑关系，如"数米而炊""图穷匕现"都是先有前者再有后者，是典型的连谓式。

（6）中补式

中补式是由中心语和中心语之后有补充说明作用的补语组合而成的结构方式。周荐先生（2004）称之为补充格。典故词语中，中补式以双音节和四音节词语中数量最多，其他音节中较少。

中补式结构中的中心语可以是事物，也可以是动作行为，还可以是性质状态；而补语的情况则复杂多样，从结构上再切分的意义不大，但是可以从补充作用的类型上细分。比如，根据所补充的内容可以分为：

补充说明地点的：如"乞墦""介石""化钧""伏莽""伏蒲""宴镐""走麦城""哭秦庭""驭朽索"（在朽索上驾驭马）、"弃甲于思""取诸宫中""玉毁椟中""救民水火""曳尾塗中""藏诸名山""求马于唐肆"等。四音节中补充地点的情况特别多。

【乞墦】《孟子·离娄下》："〔齐人〕之东郭墦间，之祭者乞其余。不足，又顾而之他，此其为厌足之道也。"谓向祭墓者乞求所余酒肉。后以"乞墦"指乞求施舍。

【藏诸名山】语出汉司马迁《报任少卿书》："仆诚以著此书，藏诸名山，传之其人，通邑大都，则仆尝前辱之责。"原谓将著作藏于书府，传之后人。后谓著作极有价值，能传之后世。

需要指出的一点是，"谓语动词＋介词＋地点补语"的结构形成典故词语时，介词经常省略，省略的原因大多是韵律要求，这种省略成词的情况经常给语义理解带来麻烦。如：

【书绅】把要牢记的话写在绅带上。后亦称牢记他人的话为书绅。语本《论语·卫灵公》："子张书诸绅。"（"诸"省略）

【媚奥】《论语·八佾》："与其媚于奥，宁媚于竈。"后用以喻阿附权贵。（"于"省略）

【畏匡】《论语·子罕》："子畏于匡。"后以"畏匡"为困厄之典。（"于"省略）

补充说明性质状态或结果的，如"来宜"（来得适时）、"乐融融""铁铮铮""杳如黄鹤""固若金汤""易如反掌""信誓旦旦""受宠若惊""胆大如斗""昭然若揭""拒人于千里之外"等，这种情况四音节词语中也是很多。

补充说明工具、方式或材料的，如"包虎"（包以虎皮）、"出律"（《易·师》："师出以律。"）、"攻玉以石""相濡以沫""裹尸马革""饱以老拳"等。

【裹尸马革】用马皮包裹尸体。形容忠勇无畏，战死沙场。语本《后汉书·马援传》："方今匈奴、乌桓尚扰北边，欲自请击之。男儿要当死于边野，以马革裹尸还葬耳，何能卧床上在儿女子手中邪？"

除了以上大部分之外，中补式结构里还有补充条件的，如"仕道"（有道则仕）、"庶功"（名庶以功）；补充说明动作对象的，如"嘶盐"（对着盐车嘶叫）等等。

【嘶盐】语本汉贾谊《吊屈原赋》："骥垂两耳，服盐车兮。"谓骏马面对盐车悲鸣。喻贤才屈居贱役。

（7）宾前式

宾前式词语是指动作行为所支配的对象位于动作行为之前的结构方式，如"两袒"（袒露双肩）、"像设""衣后穿""肱三折"（三折肱）、"欲壑难填""盛名难副""琵琶别抱"等。这种结构方式实际是与支配式方向相反的一种结构模式，但是在许多语法著作中没有被单独列出来，比如周荐先生（2004）将其归为支配式中的一种，称之为"逆序"，如"何以""何如""庖代"等。

宾前式数量较少，但如果因此而将它们简单归为支配式的一种，是不合适的。因为虽然在语义关系上宾前式可以理解为倒序的支配关系，但是从结构上来说，是完全不同于宾语对象在后面的支配式的。而我们划分结构方式时虽然离不开语义，但是形式也是重要依据，没有理由将宾前式忽略或归于支配式，而应当将其置于和支配式、联合式等平等的地位。

宾前式词语的存在有很多是受古汉语中宾语前置语法特点的影响，比如疑问代词作宾语前置的特点形成了"何如""何怙"等词语。但是也有很多宾前式词语的形成不是受古汉语语法的影响，而是由人们的语言表达习惯、表情达意时强调的需要、文体语境的需要、节奏对仗的需要等多方面灵活决定的，特别是对典故词语这种形成和使用都主观性极强的词语来说，人为因素恐怕还是主要的。这一点可以体现在很多完全和语法特点无关的宾前式词语中，如"平曲"，其典源中分明是"支配＋支配"的联合结构"枉法曲平"，形成词语时就成了宾前式的"平曲"了。

【平曲】语本《后汉书·梁节王畅传》："不意陛下圣德，枉法曲平，不听有司，横贷赦臣。"李贤注："曲法申恩，平处其罪。"后因以"平曲"谓不依法律而予宽大处理。

又如"一毛不拔"，尽管其语境中也是支配形式，但是在成词时还是将"一毛"置于前强调突出吝啬程度之深。

【一毛不拔】语出《孟子·尽心上》："杨子取为我，拔一毛而利天下，不为也。"《燕丹子》卷中："荆轲曰：'有鄙志，常谓心向意，投身不顾；情有异，一毛不拔。'"后以"一毛不拔"形容极端吝啬。

而"五谷不分"则是语体的需要，为了和"四体不勤"在形式上更对仗、韵律上更上口，作者有意而为之的。

【五谷不分】语出《论语·微子》："四体不勤，五谷不分，孰为夫子？"后多形容脱离生产实践，缺乏常识。

这些都体现了典故词语词汇化过程中主观性极强的特点。

（8）兼语式

在词语结构中有一个成分既是前面动作行为的宾语，又是后面动作行为的主语，这样的结构方式叫兼语式，如"请君入瓮""引人入胜""放虎归山"。兼语式的基本格式就决定了双音节词语中没有这种形式，在典故词语中，兼语式主要存在于四音节词语中，但是总体数量也并不多。兼语式不同于连谓式。连谓式强调动作的先后关系，至于其前后动作主语是否一致，则不在考虑之内，可以是同一个主语，如"探囊取物""择善而终"，也可以是不同主语，如"图穷匕见"；而兼语式则强调前一个动作的受事者同时又是后一动作的发出者，也就是说，兼语式中不同谓语动词的主语肯定不是同一个，如"请君入瓮"。

（9）数量式

数量式构词在以往的构词法研究中也没有被列为单独一类。但是黄伯荣、廖序东先生（1991）的《现代汉语》里在短语类型中单列了量词短语，包括数量短语和指量短语，由数词或指示代词加量词组成，如"一个""六套""这种"。① 我们认为，将这类由数词和量词组成的结构单独分列出来是有必要的，因为这一类结构中没有中心语，既不同于偏正式的数名、量名和数量名词语，如"一丸泥""一芹""束桂""束脯"，也不同于固定的数词，如"七百""三千"，既没有支配、陈述、联合关系，也没有偏正、兼语等关系，具有特殊的结构方式和语义关系，因此，我们将其单列出来。典故词语中这类构词并不是很多，如"八口""六钧"等。

（10）特殊类型

特殊类型指的是一些典故词语根本不能按照惯常分析规则和标准进行结构和语义关系的分析和归类，故将其单独列出来，以示区别。

不只是典故词语这种古典、充满书面色彩的词语中有许多特殊的词语，现代汉语常用词里也有很多这样的词语。周荐先生（2004）在分析《现汉》中的词汇结构时，就提及过这种不符合规则的结构。在分析双音节词语时周先生指出，除了八种有规律的结构类型之外，还有第九种类型，就是不能按八种意义和结构关系概括的无规律型，并将其归为"其他"类复合词，"它们或截取自古代文献上的语句，或纯属意合，单凭字面难以稽考，或虽明了其意义却无法就

---

① 黄伯荣、廖序东:《现代汉语》，高等教育出版社，1991年，第63页。

其结构关系进行归类。……共有 1109 个,约占全部复合词的 3.4%。"① 比如"木耳"是指"长在木材上的,耳朵形的食用菌。",其结构方式就难以划定,另外,作者在书中举出的很多例子就是典故词语,如"弱冠""皮傅"等。

从词汇化的过程来看,典故词语的形成是基于具体的语句、篇章等有语境的典源,通过使用者对其典源意义的主观接受,采取不同的方法,多样而灵活地形成的特殊词语,其形成过程充满偶然性和主观性,致使很多词语在语法结构上超越了现有的语法规则,比如出自远古文献语言如《尚书》《易经》等的很多词语就是意合而成的,很难用已有的理论去分析,如"卜食""卜洛""卜凤""乾元""用九""坎劳"等。

对于特殊类型的词语来说,结构上的不可分析与形式上的不可理解往往是对应存在的。很多结构上不能分析的词语,通过字面形式也很难理解其意义;同样,字面形式上难以理解意义的词语,往往其结构也具有不可分析的一面,比如"雪溪",从字面上很难知道这个词语的意思是指晋王徽之雪夜至剡溪访戴逵之事。

总之,特殊类型的典故词语有很多,如"夜壑""率野""钟非饭""夜何其""道不相谋"等。

【夜壑】《庄子·大宗师》:"夫藏舟于壑,藏山于泽,谓之固矣。然而夜半有力者负之而走,昧者不知也。"后用"夜壑"比喻事物的变化。

【钟非饭】谓寺钟鸣时斋饭已毕。典出五代王定保《唐摭言·起自寒苦》:"王播少孤贫,尝客扬州惠昭寺木兰院,随僧斋飡。诸僧厌怠,播至,已饭矣。后二纪,播自重位出镇是邦,因访旧游。向之题,已皆碧纱幕其上。播继以二绝句曰:'……上堂已了各西东,惭愧阇黎饭后钟。二十年来尘扑面,如今始得碧纱笼。'"

特殊类型典故词语的存在虽然从某些角度看似乎打乱了汉语语法的体系,

---

① 周荐:《汉语词汇结构论》,上海辞书出版社,2004 年,第 157 页。

但是从语言的自由性和与思维的关系角度来看，特殊类型词语的存在从另一方面体现了语言符号的离散性 (discreteness) 特征。所谓离散性特征，前文已有提及，是指"人们从话语中切分出来的边界明确、非延续的语言单位，功能上具有自主性，既可以作为语言结构体系中某一平面的单位独立存在，又具有与其他单位组合成新的单位的能力，也就是说语言符号既能'拆卸'又能'组装'，这种自由'拆装'的特点我们称为离散性"①。

特殊类型词语的存在极大地丰富了语言系统，为语言和思维的关系探索提供了有力的证据，说明语言在反映人类的复杂思维时，并不是以一种整齐划一的"规则"型载体出现的。

以上十种类型基本上概括了可以进行词法分析的典故词语的情况。分类方法及依据既有继承，又有所突破，不足之处尚有待完善。

（二）句法关系综述

句法关系主要是针对那些不能进行内部结构分析，而只能依靠意义进行句法关系分析的句子型典故词语进行分析而得到的句法关系综合。

温端政先生（2005）也曾经按照句法关系对句子型的谚语、部分惯用语及少数成语进行语法关系角度的分类，他认为："句子型的语，在形式上类似句子，因此可以仿照语法上分析句型的方法进行分析。"②温先生将句子型的语，分为两个层次，第一个层次是分为单句型和复句型。第二个层次是单句型分为主谓句和非主谓句型；复句型又分为并列、连贯、选择、转折、条件、因果、假设共七种基本类型。

我们接下来将要进行的句法关系分析多是针对五音节及五音节以上的多音节词语。是从句子类型的角度进行的。

在以往对五音节及以上多音节词语的研究中，周荐先生（2004）所做的定量统计和研究相对来说是较全面的，但周先生在分析现代汉语五音节及以上的

---

① 丁金国：《语言问题的理论思索》，《烟台大学学报》，2002 年第 1 期。
② 温端政：《汉语语汇学》，商务印书馆，2005 年，第 101 页。

词语时，除八音节词语被作为双四字格^①进行了句法关系的分析之外，对其他的多音节形式并没有专门的语法结构分析。作者一方面认为"不光四字格的一些单位不是成语或其他熟语而可能是词，超过四字格的一些单位也有是词的可能"^②，另一方面在穷尽性地列举出了所有五音节及五音节以上词语之后，并没有对这些词语进行结构或语法关系上的分析，这不能不说是一个缺憾。

针对典故词语的情况，我们从总体结构类型上将句子型典故词语分为单句型和复句型两种基本类型。

单句型又分为主谓单句型和非主谓单句型，二者在形式上有的中间有停顿，有的无停顿。主谓单句型如"富贵逼人来""朽木不可雕""枯鱼过河泣""苛政猛于虎""英雄无用武之地""千里之堤，毁于蚁穴""千里之行，始于足下"；非主谓单句型如"为他人作（做）嫁衣裳""卑之无甚高论""无表雪王章""卧榻之侧，岂容鼾睡""十步之内，必有芳草"等，单句型的句法关系多是陈述式的，而复句型的句法关系则复杂多样。

复句型典故词语不同于现代汉语中常见的一些有关联词语的句子，其特点是大多数没有关联词语的连接，而是通过意合的方法组合到一起的。因此，复句型典故词语虽然很多看似形式简单，但其实包含多种复杂关系。从形式上来说，有些是包含复杂关系但形式上没有停顿的复句型，这一类多来自诗词，如"心有灵犀一点通""一言以蔽之"，有些则是由有停顿的小分句组成的复句型，如"取之不尽，用之不竭""工欲善其事，必先利其器"。所以，在分析复句型典故词语时，我们一方面遵循复句关系分类的原则，如邢福义先生在讲到复句关系分类时提道："以'从关系出发，用标志控制'为原则，以'分类原则必须具有同一性和彻底性，分类结果必须具有切实性和全面性'为要求。"^③另一方面针对典故词语的特殊性也必须结合典源意义作深层挖掘，由此才可以分析出精确的关系类型。

---

① 本书按：其实八音节词语中也有很多不是双四字格的，如"无面目见江东父老"。
② 周荐：《汉语词汇结构论》，上海辞书出版社，2004年，第258页。
③ 邢福义：《汉语复句研究》，商务印书馆，2001年，第24页。

我们在对所有的复句型五音节及以上的词语进行分析之后发现，从句法关系的角度看，句子型典故词语的句法关系主要有以下八种类型：

1. 因果关系

因果关系的类型如"蜚鸟尽，良弓藏""将在外，主令有所不受""一人得道，鸡犬升天""一人向隅，满座不乐""一叶蔽目，不见泰山""心有灵犀一点通""蜀中无大将廖化作先锋""山雨欲来风满楼"等。

【蜀中无大将，廖化作先锋】廖化，三国蜀将。三国后期，蜀名将相继死亡，后主以廖化充当先锋，成为突出的人物。后以"蜀中无大将，廖化作先锋"比喻没有杰出人才，平庸者也侥幸成名。

2. 假设关系

假设关系是指在假设的情况下出现某种结果，是对已然或未然情况的一种假设。假设关系的词语有"不在其位，不谋其政""不痴不聋，不成姑公""凡事预则立，不预则废""工欲善其事，必先利其器""玉不琢，不成器""是可忍，孰不可忍""两虎相斗，必有一伤""差之毫厘，谬以千里""名不正，言不顺""早知今日，悔不当初""欲加之罪，何患无辞""庆父不死，鲁难未已""谗言三至，慈母不亲""三人行，必有我师"等。

【谗言三至，慈母不亲】《史记·樗里子甘茂列传》："鲁人有与曾参同姓名者杀人，人告其母曰'曾参杀人'，其母织自若也。顷之，一人又告之曰'曾参杀人'，其母尚织自若也。顷又一人告之曰'曾参杀人'，其母投杼下机，踰墙而走。夫以曾参之贤与其母信之也，三人疑之，其母惧焉"后因以为典实，谓谗言多，使人惑乱。

3. 转折关系

转折关系是一种从逻辑顺序的角度来说前后部分呈相反关系的语义关系。

句子型典故词语中转折关系数量最多。如"抱瑟不吹竽""敢怒而不敢言""出师未捷身先死""身在曹营心在汉""知其一不知其二""张公吃酒李公醉""识二五而不知十""取法乎上，仅得乎中""一字入公门，九牛拔不出""只许州官放火，不许百姓点灯""万事俱备，只欠东风""落花有意，流水无情""翠纶桂饵，反以失鱼""身在江湖，心存魏阙""雷声大，雨点小""金玉其外，败絮其中""凿井得铜奴得翁""只可意会不可言传""为山九仞，功亏一篑"。

【鲁酒薄而邯郸围】语出《庄子·胠箧》："鲁酒薄而邯郸围。"陆德明释文："许慎注《淮南》云：'楚会诸侯，鲁赵俱献酒于楚王，鲁酒薄而赵酒厚。楚之主酒吏求酒于赵，赵不与。吏怒，乃以赵厚酒易鲁薄酒奏之。楚王以赵酒薄，故围邯郸也。'"后因以喻事情的辗转相因，互相牵连。

可以被认为是因果关系引起的语义转折。

4. 条件关系

条件关系指的是在某种条件或前提下出现某种结果。条件关系和假设关系之间有相似之处，如"三折肱为良医""只要功夫深，铁杵磨成针""覆巢之下无完卵"。条件关系的典故词语并不多。

【三折肱为良医】《左传·定公十三年》："三折肱知为良医。"谓多次折断手臂，就能懂得医治折臂的方法。后多喻对某事阅历多，富有经验，自能造诣精深。

5. 联合关系

联合关系指两种或两种以上的情况并列叙述，在逻辑顺序上无先后之分，也无主次轻重之分。如"无可无不可""上咸五，下登三""书同文，车同规""过五关斩六将""风从虎，云从龙""高不成低不就""车如流水马如龙""瓜田不纳履，李下不整冠""十年树木，百年树人""仁者见仁，智者见智""善有善报，恶有恶报""成也萧何，败也萧何""此一时，彼一时""日月

经天，江河行地""水则载舟，水则覆舟""满招损，谦受益""为渊驱鱼，为
丛驱爵""无根之木，无源之水""眼中流血，心里成灰""言者无罪，闻者足
戒""言之谆谆，听之藐藐""静若处子，动若脱兔""食不厌精，脍不厌细""以
眼还眼，以牙还牙"。

【风从虎，云从龙】《易·乾》："同声相应，同气相求。水流湿，火就燥。
云从龙，风从虎。圣人作而万物覩。"后因以"风从虎，云从龙"比喻事物之间
的相互感应。

联合关系中的联合部分多是相对应存在的。或是两个相关事物或动作的联
合，如"风"与"云"、"车"与"马"、"日月"与"江河"；或是两种相似或
相反情况的联合，如"善"与"恶"、"静"与"动"、"成"与"败"等。

联合关系的词语根据联合成分各自内部的关系又分为几种情况：

陈述＋陈述：如"食不厌精，脍不厌细""顺我者生，逆我者死""日月经
天，江河行地""车如流水马如龙"。

偏正＋偏正：如"无根之木，无源之水""无可无不可""以眼还眼，以牙
还牙"。

中补＋中补：如"静若处子，动若脱兔""言之谆谆，听之藐藐"。

转折＋转折：如"磨而不磷，涅而不缁""视而不见，听而不闻"。

假设＋假设：如"有则改之，无则加勉"。

支配＋支配：如"过五关斩六将"。

在形式上，有些词语在判定是联合关系还是转折关系时具有一定的模糊性，
如"满招损，谦受益"，从广义范畴来看，的确含有一种相对的转折意义，但是
不能归为转折关系，因为词语所表达的是两种相对的情况，而不是在强调逻辑
意义上的转折，即语义侧重不是转折而是并列联合。

在具体区分这类情况时，可以通过换位来帮助确定。联合关系的前后联合
部分可以互换位置而不影响意义，如"无根之木，无源之水"也可以说成"无

源之水，无根之木"，意义不变；转折关系的词语内部则不能进行换位，因为不符合逻辑顺序。如"欲速则不达""取法乎上，仅得乎中"只能为转折关系。

6. 承接关系

承接关系又叫连贯关系，指的是词语组成部分之间是一种前后相承的连贯关系。如"一而再，再而三""拔赵帜易汉帜""过屠门而大嚼""雄鸡一唱天下白""黑云压城城欲摧""听其言而观其行""一言既出，驷马难追""前不见古人，后不见来者""出其不意，攻其无备""放之四海而皆准""螳螂捕蝉，黄雀在后""貂不足，狗尾续""铜山西崩，洛钟东应"。

【铜山西崩，洛钟东应】南朝宋刘义庆《世说新语·文学》："殷荆州曾问远公：'《易》以何为体？'答曰：'《易》以感为体。'殷曰：'铜山西崩，灵钟东应，便是《易》耶？'"刘孝标注引《东方朔传》："孝武皇帝时，未央宫前殿钟无故自鸣，三日三夜不止。诏问太史待诏王朔，朔言恐有兵气。更问东方朔，朔曰：'臣闻铜者山之子，山者铜之母，以阴阳气类言之，子母相感，山恐有崩弛者，故钟先鸣。《易》曰"鸣鹤在阴，其子和之。"精之至也。其应在后五日内。'居三日，南郡太守上书言山崩，延袤二十余里。"后以"铜山西崩，洛钟东应"表示重大事件彼此互相影响。

承接关系的词语在逻辑意义上强调前后部分的顺序，语义关系上更侧重前后语义的顺承。因此，承接关系的词语内部更不能进行换位，比如，"殃及池鱼"肯定是在"城门失火"之后发生的情况，必须居于后。

7. 选择关系

选择关系主要是以比较的形式出现的，是人们在对相关情况作了比较之后作出相应的心理认同，选择关系的词语很少。有"千人诺诺，不如一士谔谔""尽信书不如无书"等。

【千人诺诺，不如一士谔谔】谓众多唯唯诺诺之人，不如一名诤谏之士可贵。《史记·商君列传》："赵良曰：'千羊之皮，不如一狐之腋；千人诺诺，不如一士之谔谔。'"

8. 说明关系

这里的说明关系不是指中补结构中对中心语的补充说明，而是指词语的后半部分语义是在了解了前一部分语义的基础上对前一部分所作的评价和解释。这一类词语其实就是现代的歇后语，只是形式上不是现代歇后语中常见的前引后注形式。这类典故词语也不多，主要有"太公钓鱼，愿者上钩""东吴招亲，弄假成真""项庄舞剑，意在沛公""韩信将兵多多益善"等。

说明关系的词语在形式上容易和承接关系混淆，但是二者是有根本差别的，其逻辑顺序不同。承接关系强调的是前后动作或事件的连贯相承，是发生在同一个时空之中的，如"黑云压城城欲摧""出其不意，攻其无备"；而说明关系的词语前后部分之间是一种解释关系，后面部分是对前面部分的解释说明，所以，后面的解释和前文往往不在同一个时空之内，后者多是后人的总结评价等。

【韩信将兵，多多益善】《史记·淮阴侯列传》："上常从容与信言诸将能不，各有差。上问曰：'如我能将几何？'信曰：'陛下不过能将十万。'上曰：'于君何如？'曰：'臣多多而益善耳。'"《汉书·韩信传》作"多多益辨"。后以"韩信将兵，多多益善"比喻越多越好。

划分复句型词语的结构关系时，有很多情况是模糊难定的。这是因为复句型词语不同于复句，二者在形式上的一个重要差别就是复句往往有可以明确关系的关联词语，而复句型词语往往没有明显的关联词语标识，这就给复句型词语的类型确定造成了一定的困难。它们的内在关系比较复杂，一个词语可以有多种理解，如"蜚鸟尽，良弓藏"可以理解为因果关系的"因为蜚鸟尽，所以良弓藏"，也可以理解为假设关系的"蜚鸟一尽，良弓就藏"；"人为刀俎，我为鱼肉"可以归为假设关系、转折关系，也可归为并列关系，这在逻辑上都行得通。

我们在处理这类复杂的复句型典故词语时，就要严格遵守典源意义，从典源出发对词语的结构关系进行分析归类。无论分析结构还是语义，都离不开典源，这是由典故词语的特殊性决定的，也是不同于一般词语研究的一点。由此，根据典源将"蜚鸟尽，良弓藏"归为因果关系，将"人为刀俎，我为鱼肉"归为转折关系。

【蜚鸟尽，良弓藏】比喻大功告成，出力的人就被抛弃。《史记·越王勾践世家》："范蠡遂去，自齐遗大夫种书曰：'蜚鸟尽，良弓藏；狡兔死，走狗烹。越王为人长颈鸟喙，可与共患难，不可与共乐。子何不去？'"

以上八种句法关系是就句子型词语而言的，其实在词型和词组型的典故词语内部，也有很多包含着转折关系、假设关系、因果关系等语义关系。比如"秀而不实""即鹿无虞"从语义上是转折关系；假设关系如"仁寿"（如果仁则寿）、"仕道"（如果有道则仕）；因果关系如"富骄"（因为富有而骄傲）、"乐以忘忧"（因乐于道而忘记忧愁）。

【即鹿无虞】《易·屯》："即鹿无虞，惟入于林中；君子几，不如舍，往吝。"孔颖达疏："即，就也；虞，谓虞官。如人之田猎，欲从就于鹿，当有虞官助己，商度形势可否，乃始得鹿；若无虞官，即虚入于林木之中。"高亨注："即鹿，犹言从鹿，逐鹿耳。"后因以喻条件不具备而盲目从事，徒劳无功。《后汉书·何进传》："《易》称'即鹿无虞'，谚有'掩目捕雀'。夫微物尚不可欺以得志，况国之大事，其可以诈立乎？"宋苏轼《上神宗皇帝书》："今欲凿空寻访水利，所谓即鹿无虞，岂惟徒劳，必大烦扰。"

这类既能从词法角度进行结构梳理，又内含着一定的语义关系的词语，我们侧重于结构，直接将其归入到词法分析范畴内。"秀而不实"中"秀"和"不实"是并列的两种情况，因此是联合式；"仁寿"中心为"寿"，"仁"是动作发出者，故为陈述式；"仕道"中心是"仕"，"道"只是补充条件，故为中补式；"富骄"中心语是"骄"，"富"只是条件，故为状中式；"乐以忘忧"中心是"乐"，后边的"以忘忧"只是补充说明程度，故为中补式。

（三）典故词语结构

通过对不同音节形式的典故词语的结构分析可以发现，典故词语在结构方面有几点规律值得注意：

1.结构方式的种类多少与音节形式有关

表现在两方面：一是不同音节形式的词语中，数量最多的词语其结构方式就多，如双音节词语的数量最多，那么其结构方式也最多；三音节、四音节亦如此，五音节及以上的词语，总数本来就少，其结构方式自然也会少。这是必然的。

二是音节数越少的词语，其结构方式种类越多；相反，音节数量越多的词语，其结构方式越少。双音节、三音节、四音节词语的结构方式囊括了全部类型，而五音节及以上词语的结构方式种类就很少。之所以如此，一是因为音节数量越多，音节之间的相互制约性就越强，结构形式就越紧凑，种类就少；相反，音节数量越少，音节与音节之间的制约性就越松散，结构关系就越呈现出多元化。二是五音节及以上的典故词语大多是从典源中直接截取的语句，所以形式上比较固定，结构变化小，结构类型也就少。

2.不同音节的词语中，结构方式偏重不同

双音节词语中支配式和偏正式不相上下。三音节中主要形式是支配式、偏正式和陈述式，其中偏正式最多，联合式等其他方式很少，这一点和现代汉语中三音节词语的结构情况相似，"三字语的结构方式较为简单，常见到的是支配式和定中偏正式这两种"[①]。四音节中联合式最多；五音节及以上的词语中，由于整体数量少，且多是照搬典源，人为改造作用不明显，所以结构方面的规律也不明显。但是需要注意一点，就是虽然五音节及以上的典故词语总体数量少，但是其句法关系类型却不少，也不简单。

---

① 周荐:《汉语词汇结构论》，上海辞书出版社，2004年，第250页。

3. 从结构方式上可以探到原型

对句子型典故词语来说，它们很多本身就是由句子而来的，因此，它们身上带着许多句子的特点。

我们所说的探到原型指的是从词、词组型典故词语身上折射出句子的原型。

尽管典故词语的十种构词方式和八种句子关系类型不能严丝合缝地对应起来，但是，通过对词法方式的分析，我们仍然可以看出词、词组型典故词语在构词模式上留有句法痕迹。因为它们本身就是由句子或篇章而来的，所以，它们或本身就是句子的浓缩，或是从句子中直接截取的，由此也导致了许多词语不能分析，如第十种"特殊类型"的典故词语。

苏宝荣先生（1999）曾就偏正式、动宾式、述补式和主谓式复合词与词组和句子的关系指出："其语法结构与汉语的句法结构有其对应关系，一般是由词组和句子紧缩和凝结而成。"①

以上对典故词语结构的研究，基本上展现出了典故词语作为一种特殊词汇群体所具有的特殊结构特点，我们也看到典故词语从本质上没有背离汉语词汇的总体发展格局，同时又不是完全遵循着一般词语所走的路线，它在一定程度上是率性的、不拘于形式的，围绕着典源在自己的圈子里不断发展、完善。所以，尽管将典故词语的结构部分大体地分析了一番，基本了解了其结构框架，但是在解析具体典故词语时还是不能脱离典源。

本章小结

本章第一部分对典故词语结构特点的总结，虽然位居首节，是总括，但其实这些特点都是在对典故词语进行了详细的分析之后得出的结论，所以，文中列出的特点在后面的小节中都有体现。

前文说过，虽然第一节被命名为结构特点，但从广义上来说，整个这一章

---

① 苏宝荣:《汉语语素组合关系与辞书释义》,《辞书研究》, 1999 年第 4 期。

都是对典故词语的词汇化所进行的结构角度的特点总结。

　　当然，与周荐先生（2004）对现代汉语词汇结构所进行的细致入微的详尽研究相比，本书对典故词语的结构研究相对粗略，有很多地方也不够完善，比如缺乏数据的统计，本书曾经试图运用定量分析，但是由于数据庞大、结构方式混杂，一时难以驾驭。可以说，如果条件具备的话，单单抽出典故词语的结构部分深入探讨下去，也会开拓出一方大天地。

第四章　典故词语的语义研究

语义问题对典故词语来说比结构和形式更为重要，这要追溯到用典，用典是古人常用的修辞手法，人们之所以使用典故，主要是因为看重了典故的意义。"关于用典和对偶，古人倒是没人一定要把二者截然分开，因为他们把用典看作是偏重语义方面的手法，而对偶则是句子形式方面的，二者不冲突。"[①]

有关典故的语义部分，在唐子恒（2008）《汉语典故词语散论》中是重点，作者分上、中、下三部分来探讨典故词语的语义特点。但是作者实例分析多于理论挖掘，这也是与我们的研究有不同的视角和价值的。

典故词语是和典源联系在一起的，每一个典故词语在典源中都有具体的语言环境，典故词语的意义既要依赖于语境义，又有自己的派生义，准确地说，典故词语的语义应该是指在语境义基础上派生出来的意义。比如：

【请车】《论语·先进》："颜渊死，颜路请子之车以为之椁。"何晏集解引孔安国曰："颜路父也。家贫，欲请孔子之车，卖以作椁。"后用为伤贫不遇之典。

"请求卖掉孔子之车"只是"请车"在典源中的意义，"伤贫不遇"是其派生义，也是真正的典故词语的意义，后人之所以用这个词语是取其派生义用来感慨贫穷、生活际遇差。如晋陶潜《感士不遇赋》："夷投老以长饥，回早夭而又贫；伤请车以备椁，悲茹薇而殒身。"

---

① 罗积勇：《用典研究》，武汉大学出版社，2005 年，第 29 页。

意义作为词语的内涵，是词语的灵魂和内容，典故词语特殊的语义特点是典故词语不同于一般词语的重要特点之一。通过对典故词语意义的探讨，可以使典故词语词汇化的过程更为全面地呈现在人们面前。

目前学术界就研究典故词语的情况来说，相对于形式和结构，语义还是吸引人们研究焦点的重头戏。许多学者在研究典故或典故词语的文章中都涉及了语义的研究，比如管锡华先生（1995）认为典故词语的使用意义受到典源的严格限定，"一个典源无论形成多少个典故词语，每个典故词语的使用意义都必须是典源中的因素义，即典源所含有的各个意义侧面"①。王光汉先生（1997）在《论典故词的词义特征》一文中列出了典故词语的五个语义特征：

（1）典故词是文化词语，因而典故词的词义只是文化意义。

（2）典故义有较为明确的源头，而源头有规定典故义的作用，典故词取义一般不会超出其源头取义所规定的范围。

（3）典故义与典故词的字面义差距较大，相距甚远。

（4）典故词义的横向考察——事典词语在具体的语言环境里取义具有多维性。

（5）典故词义的纵向考察——引申的单一性。

曹炜先生（2004）将典故词语的词义特征总结为四点：

（1）词义同字面义相距甚远。

（2）具有内涵丰富的文化色彩义。

（3）单义性是其基本特征。

（4）词义色彩具有多样性。

丁建川（2004）从静态和动态两个角度考察了典故词语的语义特征和演变，王丹（2004）则着重从典源和典故词语的意义关系角度论述了典故词语语义的

① 管锡华：《论典故词语及其使用特点和释义方法》,《安徽大学学报》, 1995 年第 1 期。

演变。

我们接下来所要进行的对典故词语语义的探索，是将其纳入典故词语的产生、使用和发展这样一个词汇化的过程中来进行的，既要探索典故词语语义不同于一般词语意义的独特一面，又要结合典源和典故词语的形成，将语义组合和语义演变综合起来考察。

第一节　典故词语的语义特点

典故词语是汉语词汇系统中有源头、有专门意义的一类特殊词汇，但同时在产生动机、方法等方面又不同于一般词语，因此典故词语既具有汉语词义特征的共性，比如客观性、民族性、模糊性等，同时，典故词语的意义又有独立的个性。前人对一般词语语义特点的研究对我们有启发作用，许多学者对歇后语、惯用语等特殊语汇的研究也不停地引导我们思考典故词语语义的独特性。比如温端政先生（2005）对成语、歇后语、惯用语和谚语等语汇经典性、非能产性、时代性、专属性等语义特点的总结就很有启迪作用。

下面我们就综合各种研究成果，针对典故词语具体问题具体分析，来看一下典故词语语义上的特征。

一、语义地位的主导性

语义地位的主导性这一特点是从语义与形式和结构的比较中得出的，是从宏观角度来认识语义对典故词语的重要性。

第四章在讲到结构地位的从属性时已经提道，语义在典故词语的形成过程中具有先导作用。典故词语的词汇化过程比其他任何词语形式的形成都更能充分地体现出人类主观认知对客观世界的影响和改造，运用认知语言学的理论可以将看似零散无规律的典故词语系统起来，使其理论化系统化。其中典故词语语义在词汇化过程中所起的主导作用就很有说服力地凸显了生成语义学关于语义才具有生成性的理论精髓。

范晓先生（1998）在谈到制约词语组合的条件时提道："词语组合的选择性有三种类型，或者说有三种选择：语义上的选择、句法上的选择和语用上的选择。"[①]

对典故词语词汇化过程来说，句法上的选择作用极其微弱，这一点可以由第四章典故词语"语法结构的从属地位"这部分看出。制约和影响典故词语形成的关键因素，我们认为是语义的选择和语用的需求，而语用的选择又是建立在对语义的把握基础之上的。因此，从根本上来说，语义是最重要的，是对典源意义的升华和凝聚，意义是主旨，主旨一旦确定，采取什么样的词语形式和结构，都要受到语义的制约，可以说，在典故词语的词汇化过程中语义起到了决定作用。

比如大量同源异形异义词语的存在，说明在语义不同的情况下，形式肯定也会相应地不同。如"遗筌""蹄筌"两个同典异形词语，其意义不同，是因为前者从"忘筌"角度理解典源，由此形成"遗筌"，而后者则是从"蹄""筌"对"兔"和"鱼"的意义关系角度而言直接提取形成的"蹄筌"，同时，在意义确定的情况下，"蹄筌"和"筌蹄"的形式又无关紧要，因此同时有了"筌蹄"这个典故词语。

【遗筌】《庄子·外物》："荃者所以在鱼，得鱼而忘荃。"荃，同筌，捕鱼器具。后以"遗筌"表示丢失根本。

【蹄筌】语本《庄子·外物》："筌者所以在鱼，得鱼而忘筌；蹄者所以在兔，得兔而忘蹄；言者所以在意，得意而忘言。"蹄，兔置；筌，鱼筍。谓语言蹄筌都是有形的迹象，道理与猎物才是目的。后常以"蹄筌"指达到某种目的的手段，或反映事物的迹象。

【筌蹄】鱼筍和兔网。语本《庄子·外物》："筌者所以在鱼，得鱼而忘筌；蹄者所以在兔，得兔而忘蹄。"后用"筌蹄"比喻为达到某种目的而使用的手段。

---

① 范晓：《词语组合的选择性》，载《三个平面的语法观》，北京语言文化大学出版社，1998年，第242页。

承认语义的主导地位并不是主张语义关系与语法结构的脱离，相反，由典源中提取意义，再进行语法组合的过程中，语义关系和语法关系是密切结合的，体现在"表现规则（expression rule）"上，所谓的"表现规则"是"从语义关系到句法关系的映射（mapping）"①语义学研究专家利奇 (Leech,Geoffrey)（1974）曾从言谈者的模型角度阐释了"表现规则"实现的四个过程：词汇化（lexicalization）、结构压缩（structural compression）、线性化（linearization)和话题化（thematization）。词汇化是"选择词汇项目以表现一定的内容"，结构压缩是"通过省略和其他手段而把组成成分的结构的复杂性减少"，线性化是"把信息依线性序列表现"，话题化是"为了有效地排列重要性和强调性而安排信息"②。

典故词语的形成是在语义的主导和牵引下依次完成的，体现了"表现规则"所发生的作用。

二、语义的派生性

语义的派生性是对"什么是典故词语的语义"这个问题的把握，是对典故词语语义的本质把握，也是展开研究的前提。

派生性指的是人们所接受的典故词语的意义并不是典源本身，而是从典源里派生总结出来的意义。派生义的存在是典故词语之所以成为典故词语的一个前提条件，这一点在第一章关于典故和典故词语的判定部分已有论述。

比如"剉荐"这个词语，人们使用时首先要了解这个词语的最初来源是一个故事，掌握其语言环境，但是人们并不是使用相关的故事，而是取这个故事所表达的意义，即"形容妇女贤明"，所以，词语的派生义是"形容妇人贤明"。

【剉荐】南朝宋刘义庆《世说新语·贤媛》载：陶侃家贫，冬日客至，无以招待。侃母湛氏遂切褥草喂客马，剪发出卖以置菜肴。一时传为美谈。后人因

---

① 缪锦安：《汉语的语义结构和补语形式》，上海外语教育出版社，1990年，第20页。
② 转引自缪锦安：《汉语的语义结构和补语形式》，上海外语教育出版社，1990年，第20页。

以"刬荐"喻妇人贤明。

　　通过对典源、派生义和词形这几个支撑点的解读，"刬荐"一词的词汇化过程就非常明了了：首先是一个客观故事的存在，然后人们从这个故事里派生出一个具有典型性的、可以推广开来的意义，最后根据这个意义再从故事里选取词语形式最终组合成"刬荐"的词形，在后人的使用和接受过程中，词语"刬荐"便成了代替这个故事并表达特定意义的一个词语形式。

　　有无派生义不但是确立典故词语的一个根本标准，同时也是区分典故词语和非典故词语的一个重要依据。武占坤先生（1962）曾经根据来源将成语分为典故成语和非典故成语，我们认为作者所指的"来源"并不单纯指有无出处，而是主要依据词语有无派生义。非典故成语没有派生义，典故性成语有派生义。试比较成语"青梅煮酒"和"望梅止渴"：

　　【青梅煮酒】以青梅为佐酒之物的例行节令性饮宴活动。煮酒，暖酒。宋晏殊《诉衷情》词："青梅煮酒斗时新，天气欲残春。东城南陌花下，逢著意中人。"
　　【望梅止渴】比喻以空想安慰自己。典出南朝宋刘义庆《世说新语·假谲》："魏武行役失汲道，军皆渴，乃令曰：'前有大梅林，饶子，甘酸可以解渴。'士卒闻之，口皆出水，乘此得及前源。"

　　"青梅煮酒"虽然也有出处，但是不是典故词语，是因为它没有派生义，其意义就是单纯的指"以青梅为佐酒之物的例行节令性饮宴活动"，虽然这个词也进入了汉语系统，但人们使用时用的都是其在典源中的意义，都是指具体的活动，如《三国演义》第三四回："表曰：'吾闻弟在许昌，与曹操青梅煮酒，共论英雄。'"因为没有特指的含义，理解时也不需要典源的帮助，因此，"青梅煮酒"不是典故成语。

　　而"望梅止渴"则从典源中"看到梅子就不渴了"这件事派生出了具有概括性和特殊所指的意义"比喻以空想安慰自己"，因此后人在使用"望梅止渴"

时就不是指某种具体行为，而是用其派生义来说明某种情况，如《初刻拍案惊奇》卷十五："却哪里得这银子来！只好望梅止渴，画饼充饥。"

三、语义产生的偶然性和主观性

偶然性是从语义的理据角度而言的，和主观性一样，都是从典故词语的产生、语义的产生等发生学角度而言的。

曹炜先生（2001）对词义的理据性问题有过阐释，他认为："所谓词义的理据，是指词义形成的缘由，它是从发生学角度来探求词义的来源的。就合成词而言，可以通过寻找、挖掘词义同其构成成分（语素）的意义之间可能存在的种种源流关系来展现词义的理据；就单纯词而言，则可以通过钩沉、清理词义同其载体之间可能存在的种种因果联系来揭示词义的理据。我们将词义具有理据这种状态称为理据性，不具有或目前找不到理据这种状态称为非理据性"。[①]

理据分显性和潜性，显性是指词语的意义可以从词的形式和构成要素中直接得到，潜理据是指词语意义和要素之间的关系曲折、隐晦，不能从词形表面得到其意义。

一般复音词语的语义大多可以比较容易地找到理据，因为一般词语的语义很多是通过构成要素之间的引申、合并、同化、感染等方式经过漫长的历史演变而形成的，所以通过对构成要素的关系、根源、合成方式等进行分析就可以找到理据。而典故词语的语义和其构成要素之间的意义没有直接关系，语义产生的理据也不能通过构成要素之间的关系论证得到，比如典故词语"梁尘飞""栽花"等来自古代故事或经典语言，如果不了解其出处和语境，无论是如何推理，都不能准确理解其意义。由此可知，"梁尘飞""栽花"等词语的存在都不是通过复杂的理据过程获得的，而是典源意义和词语形式的偶然性组合。

曹炜先生（2001）也认为"最典型的属于潜性理据词义的，恐怕要数由典

---

① 曹炜：《现代汉语词义学》，学林出版社，2001年，第54—60页。

故演化而来的词了"①。

典故词语产生的偶然性又根源于对典源意义把握的主观性。典源是客观存在的，对典源的解读和接受是主体的自由选择，主体从典源中提取什么样的意义内涵，从什么样的角度提取，都是充满了偶然性和主观性的。即使是同一个主体在不同时间、不同的心理需求情况下，对同一个典源所进行的理解和提炼也是不同的，带有偶然性，"横看成岭侧成峰"，派生义的产生就是建立在使用主体的个体理解和使用需求基础之上的，同时也受制于主体的认知心理。格式塔心理学认为主体在接受客观外界的事物时，总是以个体已有的包括知识、兴趣、价值取向、性格性情等"前理解"结构来选择和接受最契合于个体自身的客观事物进入自己的注意视野，即选择一种"优格式塔"。所以同一个典源能够形成不同的词语，意义或同或异，从根本上来说，就是个体选择的作用。具体作用于典故词语语义选择的认知心理类型，本书已在第三章典故词语词汇化部分有详细论述，在此不再赘述。

所以虽然典故词语的使用也是一种修辞手法，人们也可以从典故词语意义产生时所关联的修辞方式将它们分为借代、比喻、夸张等来源类型，但更应当看到，典故词语的意义常常是一种刹那的赋予，典故词语的形式和意义之间也并无直接的必然联系，而是偶然性的形义结合。所以才会从同一个典源中形成同义的或异义的词语，如"人面桃花"和"桃花人面"两个来自同一个典源且形式和结构几乎无异的词语，所传达的语义却有不同。

【人面桃花】相传唐崔护清明郊游，至村居求饮。有女持水至，含情倚桃伫立。明年清明再访，则门庭如故，人去室空。因题诗曰："去年今日此门中，人面桃花相映红。人面不知何处去，桃花依旧笑春风。"事见唐孟棨《本事诗·情感》。后用以为男女邂逅钟情，随即分离之后，男子追念旧事的典故。

【桃花人面】形容女子貌美。亦借指意中人。

---

① 曹炜:《现代汉语词义学》，学林出版社，2001年，第60页。

当然，随着典故词语的广泛使用，其固定化的意义会通过引申等方式发生变化，这是典故词语意义固化之后的情况，也是"典故词语语义演变"一节的内容。

四、语义的稳固性

"词义是语言中变化最明显、最频繁的因素，它不断地带来新问题。"[①] 这是王军（2005）在研究汉语词义系统时提出的，纵观汉语的整个词汇系统，不难发现词义的确有此特性。但是，对典故词语来说，语义虽然也占主导，也带来了许多问题，但其变化却并不是最明显、最频繁的，相反，典故词语的语义有其与生俱来的稳固性。

本书所要讨论的典故词语的稳固性包括前人所认为的典故词语意义的单一性或称单义性。稳固性和派生性并不矛盾，稳固性是指典源产生的派生意义相对稳定。

之所以称为稳固性，是从两个角度而言的。

第一个角度是指对于出自相同典源的词语来说，一个典故词语形式往往只表示一个意义，很少见到一个词语形式表达几个不同的意义。一形一义[②]是典故词语中最普遍的现象，即一典一形一义词语，比如"袴襦""刬荐""弃书指剑""桑枢韦带"等大多数词语都是一典出一词的情况。

【袴襦】《后汉书·廉范传》："迁蜀郡太守……百姓为便，乃歌之曰：'廉叔度，来何暮，不禁火，民安作，平生无襦今五袴。'"后遂以"袴襦"指地方官吏的善政。

① 王军：《汉语词义系统研究》，山东人民出版社，2005年，第2页。
② 这里的"一形一义"不包括来自于不同的典源，在形式上偶然相同的情况。如"题柱"代表两个不同典故、两个意义，一个同"题桥柱"来自于晋常璩《华阳国志·蜀志》比喻对功名有所抱负；一个来自于汉赵岐《三辅决录》卷二，为美郎官得到皇帝赏识之典。

另一方面，来自同一个典源的词语有可能是多个词形。同典多形的情况又分两种，一种是同典多形词语的意义相同或相近，即多形一义，多形一义也体现了典故词语意义的稳固性。比如"悲东门""悲黄犬""忆黄犬""念黄犬"出自同一典故，意义也都相同。

【忆黄犬】秦丞相李斯受赵高陷害，被腰斩于咸阳，临刑时对儿子说："吾欲与若复牵黄犬俱出上蔡东门逐狡兔，岂可得乎！"见《史记·李斯列传》。后用为大臣受陷害被处死的典故。亦作"悲东门""悲黄犬""念黄犬"。

这几个同典异形的词语意义相同，只是由于不同的使用者使用角度不同而造成了异形现象。如唐元稹《酬翰林白学士代书一百韵》："犹胜忆黄犬，幸得早图之。"三国魏阮籍《咏怀》之十七："李公悲东门，苏子狭三河。"清顾炎武《淮东》诗："踟蹰念黄犬，太息呼诸子。"清赵翼《青山庄歌》："填尸圆土悲黄犬，回首欢场付爽鸠。"

第二种是同典多形词语意义不同，即多形多义，多形多义现象是人们对典源意义的不同侧面的把握，也是在典源基础上发展而成的，都离不开人们对典源的理解范畴，而且即使是在同典源的多形多义词语中，具体到单个的词语形式上，也绝不是一个词语形式有多重意义，而大多是一个词语形式有一个相对固定的意义。比如同出自《诗·小雅·伐木》"伐木丁丁，鸟鸣嘤嘤。出自幽谷，迁于乔木"的"莺友"（比喻好友）、"迁谷"（比喻及第或升官），虽然形式不同，意义也不同，但是具体到"莺友"或者"迁谷"，它们各自的意义是单一并相对稳定的。总体来说，同典多形异义的现象在事典形成的典故词语中比较多，而语典词语中则较少，因为事典包含的可供取义的因素要多于由某些话语充当的语典。

稳固性的第二个角度是指对出自同一个典故的词语来说，即使有一形多义，即典故词语的意义有引申、转移等任何变化，其语义范畴也是不会超出典源意义的。也就是说，稳固性不是绝对的一成不变，恰恰相反，典故词语的意义也存在演变，但是这种演变并不会脱离典源意义的辐射范围，所表达的意义仍然和典源意义相关，万变不离其宗。这种演变反而更说明了典故词语意义的稳固性特点。比如：

【馔玉炊金】食品贵如玉，燃料贵似金。原形容物价昂贵，生活艰难；后形容生活奢华。语本《战国策·楚策三》："楚国之食贵于玉，薪贵于桂。"

"馔玉炊金"的典源意义是物价昂贵，继而从两个角度引申出了两个相反的意义：对穷人来说是"生活艰辛"；而对富人来说，则是"生活奢华"。但不管哪个角度的引申，都没有脱离典源义，都和物价、生活有关系。

典故词语的稳固性也体现在典故词语的意义都是专门化的，这个词语表达什么样的意义，来自哪个典故，都是一定的，都和典源相互对应。由此，典故词语语义变化发展的速度、深度和广度不如一般词语。

五、语义的隐显性

典故词语语义的隐显性是从语义的外在表现角度来看的，是指典故词语语义是隐性和显性共存的。

隐显共存的特性主要体现在以下几方面：

一是典故词语的意义需要特定的词语符号来表示，这是其显性特点，和一般词语一样。但另一方面典故词语的语义要靠典源的背后支持，这是隐性的。这是因为，典故词语的意义不是通过字面直接显现出来的，因为典故词语的语义不是成分意义的简单相加、组合或引申，而是主体对典源意义把握的一种投射，是依赖典源而具有的特定意义，所以其组成成分只是一种代表符号，典故词语的整体意义高于成分意义。"一个典源无论形成多少个典故词语，每个典故词语的使用意义都必须是典源中的因素义，即典源所含有的各个意义侧面。"①

---

① 管锡华《论典故词语及其使用特点和释义方法》，《安徽大学学报》，1995 年第 1 期。

这是典故词语意义的最重要的特点，也是典故词语词汇化的重要标志，"当一个形式在意义上发生了抽象或专指的转变，它的整体意义与组成成分的意义的较为直接的联系就被割断了，前者不能再由后者得到直接索解，一个原本可以切分的意义组合变成了一个不能清晰切分的记忆单元，这就表明这一形式在意义构成上已经词化了"①。

典故词语语义的这一特性是很多研究者都达成共识的一点。如王光汉先生（2000）在界定典故词语时除了结构无规律这一点之外，还将词语意义是典源赋予的特定语境义作为另一条重要依据。

隐性意义和显性表示这个特点要求我们，在理解典故词语时必须既要依赖词形的显性特点追溯到典源，又要从典源中把握其隐性意义，二者结合起来方能全面了解典故词语。比如"白云"一词，如果按照现代汉语的理解，人们很容易将这个词形和它所指代的具体事物结合起来，指"白色的云"，这样的理解只是对一般词语从显性特征入手的理解，我们能掌握到的信息也就是这个表层所指。当我们读到宋岳珂的诗《程史·开禧北征》"夜碇中流，海光接天，星斗四垂，回首白云之思，侧然悽动"时，就会疑惑，为什么"回首白云之思，侧然悽动"呢？

当我们了解了"白云"其实还是一个具有"思亲、归隐"等意义的典故词语之后，就豁然开朗，原来"白云之思"指的是思念亲人。

【白云】1.白色的云。《诗·小雅·白华》："英英白云，露彼菅茅。"

2.黄帝时掌刑狱之官。后用作刑官的别称。《汉书·百官公卿表上》"黄帝云师云名"

3.指《白云谣》。唐李白《大猎赋》："哂穆王之荒诞，歌《白云》之西母。"

4.喻思亲。《旧唐书·狄仁杰传》："其亲在河阳别业，仁杰赴并州，登太行

① 董秀芳《词汇化：汉语双音词的衍生和发展》，四川民族出版社，2002年，第135页。

山，南望见白云孤飞，谓左右曰：'吾亲所居，在此云下。'瞻望伫立久之，云移乃行。"

5. 喻归隐。晋左思《招隐诗》之一："白云停阴岗，丹葩曜阳林。"

6. 特指陈抟。宋王辟之《渑水燕谈录·高逸》："陈抟，周世宗常召见，赐号白云先生。太平兴国初，召赴阙，太宗赐御诗云：'曾向前朝出白云，后来消息香无闻。如今若肯随征召，总把三峰乞与君。'"

7. 指白云亭。

二是典故词语因典源内容的广度和深度不同，语义范畴不同，所以会导致有些典故词语被人们熟知，有些则不然，分为常用典故词语和生僻典故词语。常用典故词语其意义相对来说自然显性更强，而生僻的典故词语则意义较为隐晦。比如与人民生活和主流文化相近的语义范畴内的词语，人们就易接受，如表示勤奋上进的"积雪囊萤""闻鸡起舞"；表示孝敬父母的"卧冰求鲤""老莱子"等，人们多耳熟能详。而意义较偏的，和人们生活、传统文化等稍偏远的一些词语，则较隐晦，如"架屋"（对专事模仿者的讥讽）、"析圭儋爵"（任官受爵）、"丧斧"（失去旅行费用）、"吞爻"（精于易学）等。当然，这种隐显性都是相对的、模糊的，隐显程度要视使用主体的自身情况而定。

【丧斧】《易·巽》："丧其资斧。"高亨注："资，货也；斧，铜币之作斧形者。资斧犹言钱币也。"后以"丧斧"谓失去行旅之费。梁启超《变法通议·论不变法之害》："滨海小民，无所得食，逃至南洋、美洲诸地，鬻身为奴，犹被驱迫，丧斧以归，驯者转于沟壑，黠者流为盗贼。"

典故词语语义的隐显特性虽然给人们的理解和使用带来了一定的困难，但是，正是这种隐显特性赋予了典故词语丰富的内涵，给人们提供了想象空间，才使典故词语深受文人墨客的喜爱，使其使用具有了特殊的魅力。这一点在第六章将有详细论述。

六、语义的社会性

语义的社会性是从语义所反映的内容角度而言的。

诚然，一般词语作为人类社会生活的产物，也具有丰富的社会性。但是我们认为，较之一般词语，典故词语的语义反映了更多更广泛的社会生活，而且，几乎每一个典故词语都带着挥之不去的社会色彩，比如多样化的社会生产生活实践、深邃而多彩的文化内涵等等。虽然从接受学角度来看，典故词语的语义被理解时需要一定的文化功底，不是所有的人都容易接触总的来说，典故词语语义的社会性可以从两方面来理解。

（一）典故词语的语义内容反映了社会生活的各个方面

这是从物质基础的角度来谈的。可以说，典故词语来源多样，涉及生活方方面面的内容都可以成为典故词语的来源。

典故词语的语义和现实生活结合密切。比如典故词语中既有描写达官贵人、统治阶级的政治思想、富丽生活和情感追求的，如"殷网""石季伦""登槐"等；也有记录寻常百姓的柴米油盐、读书求学等点滴生活的，如"文通残锦""三宿恋""匹妇不获""人镜芙蓉"等。

【人镜芙蓉】唐段成式《酉阳杂俎续集·支诺皋中》："相国李公固言，元和六年，下第游蜀，遇一老姥，言：'郎君明年芙蓉镜下及第，后二纪拜相'……明年，果然状头及第，诗赋题有'人镜芙蓉'之目。"后因以"人镜芙蓉"为预兆科举得中的典故。

除了直接记录生活，典故词语还在语义上记录着人们在社会生活中的价值取向和思想观念等，比如关于孝道、忠君、贤者等，反映隐士和成仙的也很多，如"蒋生径""非熊""扬州鹤""王乔鸟"等，都表现了古代劳动人民对现实的不满和对新生活的渴望。又如表现人们重男轻女思想的"诞瓦""弄瓦""慰情聊胜无"（生女孩），而"弄璋""悬弧"则是生男孩。

【弄瓦】《诗·小雅·斯干》："乃生女子，载寝之地，载衣之裼，载弄之瓦。"瓦，纺砖，古代妇女纺织所用。后因称生女曰弄瓦。

【弄璋】《诗·小雅·斯干》："乃生男子，载寝之床，载衣之裳，载弄之璋。"毛传："半圭曰璋……璋，臣之职也。"诗意祝所生男子成长后为王侯，执圭璧。后因称生男为"弄璋"。

可以说，生活的各个方面都可以在典故词语的语义内涵中找到原型。

社会生活之所以可成典故来源，是因为有成千上万的使用主体生活在社会中。

当然，除了具体的社会生活之外，典故词语的语义内容也包括更广泛的社会思想和传统文化，具体分析见下文。

（二）典故词语具有丰富的文化意义

这是从思想文化等上层建筑角度而言的。

语言是民族文化的镜子。吴国华、杨喜昌（2000）在论述语言、民族和文化的关系时提到，一个民族的文化特点及其在社会生活各方面的民族心理、审美和价值观念必定会反映到民族语言中来。语言的民族文化特点，不仅指"文化"这一概念的内涵，还泛指这一概念所表示的外延，如语言中反映和记录的一个民族的历史、自然地理条件、经济、社会制度、宗教、民间习俗等。

作为语言系统中的一个分支，典故词语也承载着丰富的民族文化。

单从词语形式方面，典故词语以双音节和四音节形式居多且追求韵律和谐的特点就反映了中国传统文化讲求的对偶、匀称、和谐之美。

尤其是在意义方面，典故词语更蕴涵着丰富的文化色彩。典故词语的文化意义是前人研究典故词语的重点所在，是聚焦最多的一个方面，不管是在专著中还是单篇的文章中，基本上是只要提及典故词语，就少不了文化分析，至少会提到语义的文化内涵。由此也出现了一些成果，如王玉鼎的《典故词语与历史文化》，唐雪凝、丁建川的《典故词语的文化内涵》，张晓宏的《论典故熟语中的民族文化色彩》等。

或许是典故词语文化色彩太浓厚，以至于有的学者如王光汉先生（1997）

认为典故词语只有文化意义。我们认为，认识到典故词语文化内涵的丰富性是对的，但是不能将典故词语作为词汇存在的最根本的依据——词汇意义否认掉，文化意义比重很大，但仍是词汇意义的附属部分，这也是典故词语较之于一般词语的一个特点。

曹炜先生（2004）比较客观地对典故词语的文化性进行了定位和分析，他认为典故词语既有理性意义，也有文化意义，"典故词的词义在理性义之外均具有浓郁的文化色彩，即均具有内涵丰富的文化色彩义"①。

典故词语内容上包含的丰富文化特色是其他任何一种词语系统都不能比拟的，曹炜先生（2001）在谈到汉语很多词语除了具有理性意义之外还具有独特的文化内涵时提道："其中最典型的莫过于具有传承性的成语及典故词语了。"②

曹炜先生（2004）对典故词语语义文化性的分析主要从三个方面入手：一是具有文化色彩的词语多，几乎每个典故词语都有文化意义；二是涉及文化领域多，建筑、宗教、伦理、习俗等，无所不包；三是主体的审美取向复杂多元。

的确，典故词语以面广、量大的特点反映着中华民族几千年的文化精髓，涉及面既有诸如孝敬父母、兄弟友爱、尊师重教、忠君爱国、诚实守信、勤奋上进等传统儒家文化，如"老莱衣""仰事俯畜""连棣""对床夜雨""忘帝力""不磷不缁"等；也有归隐避世、练道成仙、逍遥自在的道家文化，如"秦客""乘龙""丸泥""乾马"等。既有传统的婚俗文化，如"李郭仙舟"；也有待客接物的礼仪文化，如"刬荐"；又有科举文化，如"东堂桂"等。

【仰事俯畜】《孟子·梁惠王上》："是故明君制民之产，必使仰足以事父母，俯足以畜妻子。"后因以"仰事俯畜"谓对上侍奉父母，对下养育妻儿。亦泛指维持全家生活。

【东堂桂】《晋书·郤诜传》载：郤诜以对策上第，拜议郎。后迁官，晋武帝于东堂会送，问诜曰："卿自以为何如？"诜对曰："臣举贤良对策，为天下第

①　曹炜：《现代汉语词汇研究》，北京大学出版社，2004年，第143页。
②　曹炜：《现代汉语词义学》，学林出版社，2001年，第141页。

一，犹桂林之一枝，昆山之片玉。"后因称科举考试及第为"东堂桂"。

总之，典故词语蕴涵了深厚的物质文化、精神文化、制度文化等传统文化，可以说每个词语都折射出了不同的文化内涵。

典故词语广泛反映文化的特点，在现实生活中也留有印记。比如中国城市邯郸，就因出典多而被称为"典故之都"，典故文化源远流长。此外中国许多地名、城市名也来自一些典故词语。如广州的别名"羊城"就来自于典故：

【五羊城】广州的别名。相传古代有五仙人乘五色羊执六穗秬而至此，故称。见《太平寰宇记·岭南道一·广州》引《续南越志》。

现代人们熟知的许多词语，其实也有深厚的典故内涵，如"杏林"用来指代医学界，"梨园"指称戏剧界，都是有典故的：

【杏林】相传三国吴董奉隐居庐山，为人治病不取钱，但使重病愈者植杏五株，轻者一株，积年蔚然成林。后因以"杏林"代指良医，并以"杏林春满""誉满杏林"等称颂医术高明。

【梨园】唐玄宗时教练宫廷歌舞艺人的地方。《新唐书·礼乐志十二》："玄宗既知音律，又酷爱法曲，选坐部伎子弟三百教于梨园，声有误音，帝必觉而正之，号'皇帝梨园弟子'。宫女数百，亦为梨园弟子，居宜春北院。"

归根结底，典故词语的形成和存在实际就是对林林总总的社会现实的语言反映，也正是因为生活有五彩缤纷，所以才铸就了典故词语语义的社会性。

七、语义的灵活性

灵活性和稳固性是不矛盾的，稳固性是从语义和词语形式之间的关系角度而言的，是对二者关系的一种静态描写，既包括词汇化过程中一词一义、多词一义、多词多义等，也包括词汇化完成之后词和义的相对稳定不变性。

而灵活性主要是针对词汇化过程中典故词语语义的形成和典源之间的动态关系而言的。对同一个典源来说，可以从不同侧面生成意义、形成词语。如"夸父追日"既生成出了"持久有恒心、向着目标努力不舍"之义，也有"自不量力"之义。

对于不同的典源来说，语义相关的多个典源之间，也可以互相融合生成出合典词语。合典词语的存在是对典故词语语义灵活性的最好体现。不同的典源，相近的意义，尽管时代不同、背景不同、典源情节不同，但是，因为意义上的相近，所以也可以互相组合成词语。如"画荻丸熊"来源于两个都表示母亲教育有方的近义典源。

【画荻丸熊】宋欧阳修幼时，母郑氏以荻画地教子读书。唐柳仲郢幼嗜学，母韩氏用熊胆和制丸子，使郢夜咀咽以提神醒脑。后以"画荻丸熊"称赞母教有方。

一般词语中，也存在类似的合成，只不过合成之后意义往往偏向一方，词语演变成为偏义复词，如"窗户""妻子""国家"等。而典故词语不同，合典形成的典故词语在意义上往往是表达二者融合以后的派生意义，是二者意义的综合，很少偏向哪一方。如"积雪封霜"分别取不同诗句中的"积雪"和"封霜"，合起来表示形容操守高洁坚贞；"爱素好古"取《老子》中的"见素"和《论语》中的"好古"，指爱好朴质，不趋时尚；"补天浴日"取女娲炼石补天和羲和浴日甘渊的神话，比喻力挽世运功勋卓著或挽回危局。其他如"陨霜飞霜""天与人归""春风化雨"等都是形成于两个意义并重的典源。

【陨霜飞霜】汉王充《论衡·感虚》："邹衍无罪，见拘于燕，当夏五月，仰天而叹，天为陨霜。"《太平御览》卷八七八引《晋书》："武帝时五月霜，伤禾

177

麦坏屋，时王濬有大功被陷，帝不断。"后以"陨雹飞霜"指遭受冤枉和诬陷。

【春风化雨】《孟子·尽心上》："有如时雨化之者。"汉刘向《说苑·贵德》："吾不能以春风风人，吾不能以夏雨雨人，吾穷必矣。"后遂以"春风化雨"比喻良好教育的普及与深入。

当然，典故词语语义的灵活和生成性是通过使用主体的语用来实现的，和前面讲到的偶然性和主观性特点密不可分。

八、语义的语体色彩总体以典雅的书面语为主，偶有通俗的口语形式

典故词语的色彩意义方面，感情色彩褒贬皆有，没有明显的泾渭差别，但是语体色彩方面，典故词语则偏向典雅的书面语色彩，通俗的口语形式则比较少。

吴金华先生在研究中指出："典故词，即历代文人利用古代典籍中的词语或故实所创造的新词，是特定时代所流行的经典文化的产物。跟共时的通俗易懂的'俗语词'相比，它显得典雅含蓄，我们曾经称之为'雅言词'。"①

一般来说，出自语典的典故词语更是侧重文雅，极少口语性，而出自事典的典故词语则有可能出现通俗白话形式。

之所以如此，是因为典故词语来源于典故，典故则是由典籍传承记载下来的人物、事件或经典话语充当的，读典籍者多文人，识典故者亦多文人，用典故者多诗文，平常百姓的日常生活交际中使用典故较少。但是也有世代口耳相传下来的经典人或事，这类则容易形成通俗的典故词语。例如"老莱子""老莱衣"就偏向口语，"斑衣戏彩"则偏向书面语。

此外，在汉语口语和书面语发展历史中，口语与书面语曾经一度脱节，这也是导致典故词语偏向文人、偏向书面语的一个原因。

总之，典故词语的语义是典故词语中最重要的一部分，我们总结的八个特点是一种宏观上的把握。对典故词语来说，把握语义是关键，只有了解了语义

---

① 吴金华：《略说古汉语复音词中的典故词》《语言研究》2008 年第 1 期。

特点，才会在具体的语义分析、语用过程中做到具体问题具体分析。

第二节　典故词语的静态语义组合

本部分由典故词语的形式即典形入手，对典故词语词汇化过程中对语义的提取特点进行分析。所谓的语义组合是指结合典故词语的词语形式，从语义角度来解读典故词语形式的语义构成。

关于这个问题，许多研究者称之为"典故词语对典故因素的提取"，如李景新、王吉鹏（1999）把事典词语从典故中提取因素的方式总结为：人与事合、人与物合、人与地合、人加上对人的描述、取人、取人最富特征的某部位、取事、事与地合、取地、地与物合、取物、取语共 12 种，作者自称是从典故词语形成方法的角度而命名为"典故词的形成之研究"，实际并没有涉及具体词语形式的形成方法，而更侧重于对典故词语形式的语义分解，将典故词语的语义和形式糅合在了一起。

王丹（2004）开始将这个问题归入到典故词语的意义研究部分，并把事典词语对典故因素的提取总结为取人、取处所、取物、取事、取人的某一部位或特征、取衣着、取特定地点的特定事物或事件、取语共 8 种方式，语典词语对典故因素的提取为取典籍专名、取经典之句、取经典文句加以组合共 3 种方式。

典故词语的词汇化过程中，不管是来自于名典的词语、来自事典的词语，还是来自语典的词语，都是遵循着"篇章或句子→词"的词汇化路线发展而来的。在这个过程中，语义起着主导作用，不管哪种典故词语，在语义上都有一个潜在的共同原则，那就是：形成的词语形式要尽可能地代表和概括典源。

那么，不同类型的典故词语各自是如何遵从这个原则的呢？这就需要我们通过词语形式来解析语义组合。

对来自名典的词语来说，是由名称直接而来的，也就是说在词语形成过程中，由相关名称来直接充当典故词语，是最能代表和概括典源的方法。如"嫦娥"（代仙女）、"宓妃"（指美女）、"山甫"（代指贤臣）等。这类词语在语义上没有所谓的组合，所以也就不再进行语义解析了。

对来自语典的词语来说，语典中的要素大多只是言语，其意义平面性较大，不像事典典源那样包含人、事、物等多种因素，意义立体性强，人们形成典故词语时要根据意义需求权衡取舍，意义的提取具有多维性。由语典典源得来的组合形式，不管是通过直接截取、提取还是改造而来的，其意义已成于典源，之所以有不同的形式，由使用主体的习惯或喜好或随意决定，只涉及形式问题，基本不涉及语义重组问题，同一个语典里换一个形式也很难改变原义，所以由语典形成的同典异形异义词语也较少。比如词语"明扬侧陋"，其形式的形成只是或许因为音节、韵律、文本需要等比典源中的语言少了一个字而已，根本没有语义的组合问题。

【明扬侧陋】明察荐举出身微贱的人。语本《书·尧典》："明明扬侧陋。"

所以，从语义组合角度解析语典词语也是没有必要的。

排除了来自名典和语典的词语之后，我们要进行的分析就只有来自事典的词语了。这类词语来源于有背景、有情节的故事，故事的要素自然要多于语典典源。王光汉先生（1997）讨论典故词语的词义特征时，就针对来自事典的词语进行了说明，"事典一般由人、地、物、事四大要素构成。事典词语在具体的语言环境里取义具有多维性"①。

从事典中取不同因素以成词，在最能概括典源的原则下，又有不同的复杂情况。在借鉴和吸收前人成果的基础上，我们对事典词语从典源中提取语义指向的情况进行了简单分类和分析，主要有以下几种情况。

（1）取人

指取典源中的人作为典故词语，包括人的名、字、身份等。如"乌获""正被妻""冉季"等。

---

① 王光汉：《论典故词的词义特征》，《古汉语研究》，1997年第4期。

【正被妻】晋皇甫谧《高士传》:"黔娄先生,齐之高士也。没而衾不蔽体。曾子曰:'邪其被则敛矣。'其妻曰:'邪而有余,不若正而不足。先生以不邪之故能致于此,死而邪之,非先生意也。'"后因称黔娄妻为"正被妻"。亦泛指贤妻。

（2）取物

物包括很多,既包括动物、植物等有生命的个体,也包括无生命的事物;既有具体可感的物件、东西,[①] 如"全牛""条狼""南冠""不龟手药""太仓稊米""故剑""一大钱";也有抽象的制度、官职、习俗、称号等,如"石尉""留候""米家船"。

【故剑】汉宣帝即位前,曾娶许广汉之女君平,及即位,封为倢伃。时公卿议立霍光之女为皇后,宣帝乃"诏求微时故剑"。群臣知其意,乃议立许氏为皇后。见《汉书·外戚传上·孝宣许皇后》。后因以"故剑"指元配之妻。

【太仓稊米】大谷仓中一粒小米,喻极渺小。语出《庄子·秋水》:"计四海之在天地之间也,不似礨空之在大泽乎? 计中国之在海内,不似稊米之在大仓乎?"

【一龙】《三国志·魏志·华歆传》"议论持平,终不毁伤人"裴松之注引三国魏鱼豢《魏略》:"歆与北海邴原、管宁俱游学,三人相善,时人号三人为'一龙',歆为龙头,原为龙腹,宁为龙尾。"后用作典实。

（3）取事

取事既包括对整个事件的总结,如"歧路亡羊",也包括某些动作行为。来自一个典源中的动作行为的如"一沐三捉发""一去不复返""一笔勾"等,来自几个典源中动作行为的如"积雪囊萤""春风化雨"等。

【歧路亡羊】《列子·说符》:"杨子之邻人亡羊,既率其党,又请杨子之竖追之。杨子曰:'嘻! 亡一羊何追者之众?'邻人曰:'多歧路。'既反,问:'获

---

① 下文的"物"亦如此。

羊乎？'曰：'亡之矣。'曰：'奚亡之？'曰：'歧路之中又有歧焉，吾不知所之，所以反也。'……　心都子曰：'大道以多歧亡羊，学者以多方丧生。'"后用"歧路亡羊"比喻因情况复杂多变而迷失方向，走入迷途。

（4）取地

取典源中相关的地名为典故词语。如"武陵源""三神山""十洲""蓝桥"等。

【三神山】传说东海中仙人所居之山，即蓬莱、方丈、瀛洲。《史记·秦始皇本纪》："齐人徐市等上书，言海中有三神山，名曰蓬莱、方丈、瀛洲，仙人居之。"

（5）人＋物①

从语义关系上来说，人和物的关系可以是支配、所属，也可以只是相关，如"司马青衫""向笛"（向秀和笛音）。

【向笛】嵇康被杀，其好友向秀过其宅，闻邻人吹笛，感音而叹，乃作《思旧赋》。见《晋书·向秀传》。后以"向笛"表示悼念故人、追思往事之意。

（6）物＋事

取典源中的物和相应的动作、事情而成典故词语。如"兔死狗烹""堕驴""吴牛喘月"等。

【堕驴】宋王偁《东都事略·隐逸传·陈抟》："〔陈抟〕尝乘白驴欲入汴，中涂闻太祖登极，大笑坠驴，曰：'天下于是定矣！'"后因以"堕驴"为典。

---

①　这里的符号"＋"只表示"和"，连接项之间不分前后次序和位置。下文同。

（7）地＋物

地名一般是表示事物的所属。如"武城鸡""箧扇""秦火""甓社珠"。

【甓社珠】相传宋孙觉在甓社湖边夜坐，忽窗明如昼，循湖求之，见一大珠，其光烛天。当年孙觉登第。

（8）人＋事

取自典源中的人和动作行为或人和相关事情而成典故词语。如"司空见惯""文通残锦""吏部眠""樊迟稼"等。

【司空见惯】孟棨《本事诗·情感》："刘尚书禹锡罢和州……李司空罢镇在京，慕刘名，尝邀至第中，厚设饮馔。酒酣，命妙妓歌以送之。刘于席上赋诗曰：'……春风一曲《杜韦娘》。司空见惯浑闲事，断尽江南刺史肠。'"后因以称事之常见者。【文通残锦】比喻剩下不多的才华。典出《南史·江淹传》。南朝梁江淹，字文通，年轻时就很有才华。传说他晚年梦见晋张协对他说："前以一匹锦相寄，今可见还。"江淹把几尺残锦奉还，张大怒说："那得割截都尽。"江淹的文才从此大不如前。

【樊迟稼】《论语·子路》载："樊迟请学稼。"后因以"樊迟稼"为弃仕务农之典。

（9）人＋地

取典源中的人和地方而成典故。如"秦女""壁中叟""夹袋中人物"等。

【壁中叟】晋葛洪《神仙传·孙博》："山间石壁，地上磐石，博入其中，渐见背及两耳，良久都没。又能吞刀剑十数枚，及壁中出入如孔穴也。"后因以为典，称"壁中叟"。

（10）事＋地

取典源中的事和地成典故词语，如"奔月""奋北""吐车茵""山阴道上，应接不暇"等。

【奋北】《庄子·逍遥游》："北冥有鱼，其名为鲲，化而为鸟，其名为鹏。鹏之背，不知其几千里也；怒而飞，其翼若垂天之云……《谐》之言曰：'鹏之徙于南冥也，水击三千里，抟扶摇而上者九万里。'"言鲲鹏自北冥奋飞，扶摇直上，一举九万里。后以"奋北"喻人青云得志，大展宏图。

以上对典故词语语义组合的分析，是按照典故中人、事、物、地四个要素的排列组合而分的，是大体的分类，和前人的某些研究有相通之处。

典故词语多样化的语义组合模式反映了主观使用者对典源中不同意象的把握，体现了人类认知心理对语义构造所发生的主观能动性。"语义结构是以意象为基础的，意象的形成（概念的形成过程）反映人们具有以不同的方式构造感知到的同一情景的能力，不同意象的形成取决于注意力对认知域的选择、注意焦点（或突显）、视角及抽象程度。以上参数的变化使得人们对同一情景构成不同的意象。"[1]比如前文说到的同典异义词语，就很典型地说明了人们选择典源意象时角度的不同，选择焦点的不同，影响和决定着典故词语语义组合时要素及要素间的顺序和排列。

第三节　典故词语的动态语义变化

词汇是语言的要素之一，汉语典故词语是汉语词汇系统中的组成部分，随着汉语的发展，人们使用环境的变化等等，词汇系统也会发生相应的演变。就典故词语来说，意义的演变也值得关注。

---

① 赵艳芳《认知语言学概论》，上海外语教育出版社，2001年，第134页。

在考察了典故词语的静态语义特点和语义组合之后，下面将对典故词语在人们的使用传承过程中所发生的变化进行分析。

一、典故词语语义的演变

本节要从动态角度考察典故词语语义的历史发展情况，指的是典源词汇化成词的过程之中和词汇化完成之后两个阶段语义变化的情况，这也是从动态角度对典故词语语义特点的一个把握。

王光汉先生（1997）曾从典故词语语义属于修辞义和语义不是表达概念这两个角度简单分析了典故词语语义引申的单一性。

王丹（2004）将典故词语意义的发展轨迹分为四种情况：一是典故词语与典源意义相同；二是典故词语意义与典源意义密切相关，但由于取意角度不同而一形多义；三是词形固化后，意义发生一般性转移；四是典故词语意义演化出与典源意义具有明显差异甚至相反的意义。虽然研究有新意并对典故词语语义研究进行了补充，但是，没有明确词汇化前后两个不同阶段，不利于从语义角度把握词汇化的脉络。

其他如丁建川（2004）也从动态角度对典故词语的语义进行了考察，但是更侧重于典故词语语义变化的条件，如语义随着用典方式、用典角度、语境等发生变化，没有从语义自身的角度进行挖掘。

说到语义的动态考察，主要是针对语义产生之初、固定之后在使用过程中的演变和变化等角度以语义为中心进行研究。典故词语语义的动态考察和一般词语的语义考察既有共性，又有个性。李慧（2005）考察了现代汉语共时层面词组词汇化成词语的基本情况，通过考察发现，词汇化过程中，最常见的语义发展方式是比喻，其次是引申，转喻也较多，特指最少。"但是不管哪种语义发展方式，词组义和词义存在语义差别是现代汉语词组发生词汇化的重要语义条件。"①

但是总体上来说，典故词语的语义演变不如一般词语词汇化时的语义变化明显和普遍。原因有三：

一是典故词语的语义受制于典源，具有相对的稳固性，什么样的典故词语代表什么样的典故意义大部分都是相对应的，由典源词汇化成为典故词语之后，词语的意义也就相对固定了。

二是从根本上来说，如王光汉先生（1997）提到的，典故词语的语义从根本上来说不是表达某种具体事物或概念，而是用来形容或比喻某种情况，其意义抽象性很强。而且，在引申的空间和可能性方面不如表达具体概念的一般词语强。比如"包袱"本义是表示背负的事物，它可以给人以某种负重的感觉，因此，可以比较容易地引申为"累赘、负担"，人们理解和接受起来也很顺理成章。而典故词语的语义就没有这种优势，比如"吹尘"就是通过黄帝梦到大风吹尘而派生出"得良相之兆"义，这已经是其引申之义，所以从引申义再引申的可能性就很小了。

【吹尘】《史记·五帝本纪》"举风后、力牧、常先、大鸿以治民"张守节正义引《帝王世纪》："黄帝梦大风吹，天下之尘垢皆去。又梦人执千钧之弩，驱羊万群。帝寤而叹曰：'风为号令，执政者也。垢去土，后在也，天下岂有姓风名后者哉……于是依二占而求之，得风后于海隅，登以为相。'"后以"吹尘"为得良相之兆。

三是从词语的构成部件和意义的关系方面看，一般词语的词汇化是通过构词要素之间关系、意义的变化进行的，词语发生意义的变化时也和构词要素有很大关系。而典故词语的构词要素和其意义的关系并非那么息息相关，构词要素基本上是以典源意义的代表符号的身份参与构词的，其自身意义已经非常弱

---

① 李慧：《现代汉语双音节词组与词共存现象及词组词汇化考察》，北京语言大学 2005 年硕士毕业论文，第 39 页。

化，所以，典故词语通过构词要素意义的变化引起自身意义变化的途径相对来说比较狭窄。

尽管典故词语的语义变化不像一般词语的语义变化那样活跃，但是，没有一成不变的事物，典故词语的语义也是如此，作为一种参与语言运用的词语系统，其语义的变化肯定是或多或少地客观存在的。下面将对这些变化进行简单分析。

二、典故词语语义的具体动态考察

在对典故词语词汇化的语义问题进行研究时，我们以词汇化为分界，分词汇化过程和词汇化之后两个阶段来进行，之所以分阶段讨论，因为词汇化是由典源到典故词语的一个重要分水岭，典故词语形成过程中的语义情况和典故词语固定之后语义的变化是不同的，这样能够更好地了解词汇化前后语义的动态情况，有助于熟悉并掌握典故词语词汇化的发展脉络。

（一）形成时的语义情况

本部分主要是研究典故词语词汇化过程中典源派生出的语义的情况。这一部分在前文以典故词语形式为中心、辅以典源和意义进行研究时已分出了同源同义异形、同源异义异形、同源异义同形、异源同义同形等共七种情况。这些情况在本部分以意义为中心时会有顺序不同、但所指相通的情况，因此，本部分不再重复论述典故词语的形式问题，而是只以意义为中心简单列出典源和意义关系的三种情况：

1. 一源生一义

即一个典源派生出了一个意义。这个意义可能有不同的词语形式，但是我们这里研究的角度是典源和意义的关系，所以不考虑词形问题。一源生一义与典源自身意义的内涵和广度有关，比如某些语典，其意义相对简单和集中，所以容易只派生出一个意义，如"吉人天相""各自为政""行不由径"等。

【吉人天相】《左传·宣公三年》："石癸曰：'吾闻，姬、姞耦，其子孙必蕃。姞，吉人也。'"又《昭公四年》："晋楚唯天所相，不可与争。"后因以"吉人天相"谓天佑善人。

派生出的意义一般来说和典源意义是相同的，但是由于人们使用典故的手法和目的不同，也会出现派生义和典源意义相反的情况。如"李下无蹊"就是因反用手法而形成的词。

【李下无蹊】古谚有"桃李不言，下自成蹊"语，谓桃李成熟，人不期而至，树下自然踏成蹊径。唐时借李（李树）、李（李姓）同字，反用此古谚以称颂李至远、李义为人正直，秉公选举，无人敢走私门。

2. 一源生多义

指的是一个典源派生出了多个角度的意义，这些意义或相近、或相反，从词形上来说，不同意义往往有不同的词语形式。

一源生多义的原因有主观和客观两种。主观是指使用主体对典源意义的不同角度或不同目的的选取；客观是这个典源首先要具有可被人多层理解的条件，即这个典源内涵丰富，包含了多重意义。所以，客观存在是主观选取的前提。比如事典典源，其内容相对丰富，人们取义时具有多维性，因此容易生出多个语义。如"唾壶击缺"这一个词语本身就有两种相关意义："心情忧愤"和"感情激昂"，又如"吐车茵"和"醉吐相茵"：

【吐车茵】《汉书·丙吉传》："吉驭吏耆酒，数逋荡，尝从吉出，醉欧丞相车上。西曹主吏白欲斥之，吉曰：'以醉饱之失去士，使此人将复何所容？西曹地忍之，此不过屋丞相车茵耳。'"后因谓醉后过失为"吐车茵"。

【醉吐相茵】典出《汉书·丙吉传》："吉驭吏耆酒，数逋荡，尝从吉出，醉欧丞相车上。西曹主吏白欲斥之，吉曰：'以醉饱之失去士，使此人将复何所容？西曹地忍之，此不过屋丞相车茵耳。'遂不去也。"此驭吏为边郡人，熟悉边事，后来为防务工作提出切实有用的建议。后以"醉吐相茵"称这一典故。

两个词语出自同一典源，但是意义却不同，就是因为其典源是一个可供人们从不同侧面进行理解、剖析和采用的客观条件，使用主体可以根据相应的需求提取不同的语义因素，形成不同的词语。

3.多源生一义

多源生一义指的是意义相近的几个典源（一般是两个）合用派生出一个相对固定的语义的情况。合典形成的典故词语一般来说意义比较稳定，不易再发生语义变化。如"天与人归""龙虎营""春风化雨"等。

【天与人归】语出《孟子·万章上》："'然则舜有天下也，孰与之？'曰：'天与之。'"《谷梁传·庄公三年》："其曰王者，民之所归往也。"后以"天与人归"谓天命所属，人心所向。

【龙虎营】《后汉书·南匈奴传》："攻破京兆虎牙营。"李贤注："虎牙营即京兆虎牙都尉也。《西羌传》云：'置虎牙都尉于长安，扶风都尉于雍。'《汉官议》曰：'凉州近羌，数犯三辅，京兆虎牙、扶风都尉将兵卫护园陵'也。"《三国志·吴志·胡综传》："又作黄龙大牙，常在中军，诸军进退，视其所向。"后因以"龙虎营"指京都军营。明何景明《诸将入朝歌》之二："侍中独领嫖姚部，战马皆归龙虎营。"

以上三种情况是典故词语词汇化过程中的语义发展情况。不管是哪种情况，典故词语词义的派生是通过比喻、借代、引申等方法而进行的。如"吐故纳新"本是指"吐出浊气，吸纳清气"，后被比喻为"扬弃陈旧的，吸收新鲜的"；"龙虎营"本指具体的虎牙营和黄龙大牙，后借指军营；再如"固必"由"固执"引申为"必然"。

【固必】语出《论语·子罕》："毋必，毋固。"本指固执坚持，不可变通。后引申为一定，必然。

（二）形成之后的语义变化

这是以已有的派生义为基础向新的意义发展过程中语义的变化情况，属于词汇化完成之后典故词语语义的变化发展。在典故词语产生之初，一个典故词语就代表一个派生义。① 这是可以肯定的，因为每一个派生义都是从一个角度汲取典源意义而形成的。而我们所说的词汇化完成之后的语义变化，就是从同一个派生义的角度来考察的，指的是在一个派生义的基础上意义又发生变化，是针对同一个词语而言的。

葛兆光先生（1989）对典故词语语义的变化有一段精彩的论述："在辗转的使用、转述过程中，典故的意义被一代一代使用者们分化、综合、积累、变异，在一个典故中，意义的外延内涵越来越扩展变化，滚雪球似的在原来的意蕴上生出新的意蕴，添油加醋的结果是使它变得越来越复杂。"②

典故词语语义的变化除了扩大之外，还有其他情况。典故词语语义的变化也可以用一般词语语义演变时意义扩大、意义缩小、意义转移这三种情况来归纳。因为这个阶段意义已固化、典源已词汇化成典故词语并进入了汉语词汇系统，所以，其变化情况肯定也和一般词语的语义演变有相近之处，同时，由于仍是来源于典故的词语，所以在语义演变上肯定也会有不同于一般词语的情况。下面就进行具体分析。

1. 意义扩大

意义扩大是指典故词语在原有的派生义基础上语义外延扩大。意义扩大是典故词语语义演变中最常见的一种情况。意义之所以会扩大，一是因为不同使

---

① 一个词语一个派生义不包括出自不同典源、不同意义而形式偶然相同的情况。如词语"白云"，其"归隐"和"思乡"两个意义是来自于不同的典源，是词形的偶然重合。按现代汉语词义类聚的观点，这两个意义的"白云"应是两个词，是同形同音词。这一点前文已有论及。

② 葛兆光:《论典故——中国古典诗歌中的一种特殊意象的分析》,《文学评论》,1989年第5期。

用者所取信息角度不同，典故词语被不同的使用者使用，在使用过程中会被临时赋予相关的意义，长此以往，容易固定成为典故词语的意义。二是人们所要指称的客观事物越来越多，原有的典故词语语义也相应地扩大范围以适应日新月异的生活变化。比如在意义扩大的情况中，最常见的是由某个具体事物扩展到所有同类事物，由某种情况扩展到所有类似情况，在这种扩大变化中，泛指是一个重要手法。如"口碑"本来指颂扬，后来泛指人们的议论。"师出有名"由"出兵有理由"泛指行事有理。

意义扩大之后，原有的固化义有两种发展趋向：

一是固化义消失，人们用新的意义。如"功成名遂""如风过耳"等。

【功成名遂】原指成就了功业，才有名声。后指功绩和名声都已取得。《老子》："功成、名遂、身退，天之道。"《墨子·修身》："名不徒生，而誉不自长。功成名遂，名誉不可虚假。"

【如风过耳】汉赵晔《吴越春秋·吴王寿梦传》："富贵之于我，如秋风之过耳。"犹言富贵于我如浮云。后以"如风过耳"比喻不把别人的劝告放在心上。

二是固化义和新义共存。如"高山流水""崧生岳降"等。

【高山流水】1.《列子·汤问》："伯牙善鼓琴，钟子期善听。伯牙鼓琴，志在高山。钟子期曰：'善哉！巍巍兮若泰山！'志在流水。钟子期曰：'善哉！洋洋兮若江河！'"后以"高山流水"为知音相赏或知音难遇之典，或比喻乐典高妙。

2. 意义转移

意义转移的情况也较常见。转移的原因有使用者的原因，也有典故词语自身指代对象变化的原因，比如典故词语本来所指的事物或现象逐渐淡出人们视野，相反，有一种更接近生活的现象与之相近，那么典故词语的意义就会逐渐转向新事物。另外，事物与事物或情况与情况之间的相似性也容易使典故词语的语义发生转移，如"吞云吐雾"，就是因为人们吸鸦片或吸烟的样子与道家绝谷养气的特点有相似性，所以词语就被用来讥讽吸鸦片或吸烟。

【吞云吐雾】《梁书·沈约传》："始飡霞而吐雾，终凌虚而倒影。"形容道家的绝谷养气。后乃以"吞云吐雾"形容吸鸦片或吸烟，多寓讥讽。

意义的转移包括很多情况，可以是相近转移，也可能是相反转移，还可能是无关转移。如指称对象的转移：

【世讲】宋吕本中《官箴》："同僚之契，交承之分，有兄弟之义；至其子孙亦世讲之。前辈专以此为务，今人知之者盖少矣。"此谓两姓子孙世世有共同讲学的情谊。后称朋友的后辈为世讲。（事情→人）

【束缊请火】用乱麻搓成引火物，持之向邻家讨火点燃。《汉书·蒯通传》："臣之里妇，与里之诸母相善也。里妇夜亡肉，姑以爲盗，怒而逐之。妇晨去，过所善诸母，语以事而谢之。里母曰：'女安行，我今令而家追女矣。'即束缊请火于亡肉家，曰：'昨暮夜，犬得肉，争鬭相杀，请火治之。'亡肉家遽追呼其妇。"《韩诗外传》卷七亦有此说，"缊"作"蕴"。后用为求助于人之典。唐李德裕《积薪赋》："时束缊以请火，访蓬茨于善邻。"缊，一本作"蕴"。亦省作"束缊"、"束蕴"。唐骆宾王《上瑕丘韦明府君启》："是以临邛遣妇，寄束缊于齐邻；邯郸下客，效处囊于赵相。"宋林逋《和酬周寺丞》："门横野水席凝尘，束缊谁能问乞邻？"亦用为不出儿媳之典。唐白居易《得景娶妻三年无子舅姑将出之诉云归无所从判》："虽配无生育，诚合比于断絃；而归靡适从，庶可同于束蕴。"（由"求助于人"的事情之义转向"儿媳"）

【长枕大被】语出《北堂书钞》卷一三四引汉蔡邕《协初赋》："长枕横施，大被竟床。"谓共倚长枕，同拥大被，形容夫妇相爱。后用以喻兄弟友爱。（此人→彼人）

【夜雨对床】喻关系亲密。本用于朋友会晤，后转用于弟兄及亲属聚首。

（此人→彼人）

【君子好逑】原指君子的佳偶。逑，通"仇"。仇，配偶。语本《诗·周南·关雎》："窈窕淑女，君子好逑。"后遂用为男子追求佳偶之套语。（人→话语事物）

感情色彩的转移：

很多意义的转移不仅指称内容发生转移，有时感情色彩也会随之发生转移，这是人们在使用原义的基础上，因为使用方式不同而导致词的语义色彩发生改变，甚至是逆转。比如通过反用典故词语就经常发生这种情况。如：

【染指】1.《左传·宣公四年》："楚人献鼋于郑灵公。公子宋（字子公）与子家将见，子公之食指动，以示子家，曰：'他日我如此，必尝异味。'……及食大夫鼋，召子公而弗与也。子公怒，染指于鼎，尝之而出。"本谓用手指蘸鼎中鼋羹，后用为典故。泛指品尝某种食品。唐白居易《答皇甫十郎中秋深酒熟见忆》诗："未暇倾巾漉，还应染指尝。"2.比喻分取利益。多指分取非分利益。明陶宗仪《辍耕录·论秦蜀》："夫鼎足之说，始于蒯通。然通之说，韩信以此，犹有汉之一足。当三国时而为是说，则献帝无复染指之望矣。"3.比喻参与做某种事情。宋苏轼《次韵水宫》："高人岂学画，用笔乃其天……丹青偶为戏，染指初尝鼋。"（中性→贬义）

【天花乱坠】佛教传说：佛祖讲经，感动天神，诸天各色香花，纷纷下坠。《法华经·序品》："尔时世尊，四众围绕，供养恭敬尊重赞叹，为诸菩萨说大乘经……佛说此经已，结加跌坐，入于无量义处三昧，身心不动。是时天雨曼陀罗华、摩诃曼陀罗华、曼殊沙华、摩诃曼殊沙华，而散佛上及诸大众。"后以"天花乱坠"形容言谈虚妄、动听而不切实际。（褒义→贬义）

【每下愈况】《庄子·知北游》："庄子曰：'夫子之问也，固不及质。正获之问于监市履狶也，每下愈况。'"意谓估量猪之肥瘦，越近猪的脚胫越能显出它是否真肥。比喻越是从低微的事物上推求，越能看清"道"的真实情况。况，

由比照而显明。后用以指情况越来越差。（中性→贬义）

意义引申的转移：

这类转移多是由原固化义加以引申而发生的，引申之后的意义可能和原固化义关系明显直接，也可能隐晦间接或无关。如：

【东涂西抹】唐薛逢晚年宦途失意，曾策瘦马赴朝。值新科进士列队而出，前导责逢回避，逢笑，遣人答曰："报道莫贫相！阿婆三五少年时，也曾东涂西抹来。"见五代王定保《唐摭言·慈恩寺题名游赏赋咏杂记》。本以妇女装饰为喻，谓自己少年时亦曾凭文章取进士。后用为自己写作或绘画的谦词。

【胡天胡帝】1.语本《诗·鄘风·君子偕老》："胡然而天也！胡然而帝也！"原形容服饰容貌如同天神，后因以"胡天胡帝"表示极其崇高尊贵。

【丰亨豫大】《易·丰》："丰亨。王假之。"又《豫》："圣人以顺动，则刑罚清而民服，豫之时义大矣哉。"本谓富饶安乐的太平景象。后多指好大喜功，奢侈挥霍。

【口耳之学】语本《荀子·劝学》："小人之学也，入乎耳，出乎口。"谓只是耳听口说的学习。后用以指道听途说的肤浅之学。

反义转移：

指典故词语的形式意义和典源意义本来是相一致的，但是由于典故词语意义的发展变化，逐渐引申或扩大，由此产生出相反的意义，这种情况比第一种要多见。

【按图索骥】1.按照图像寻找良马。比喻拘泥成法办事。语本《汉书·梅福传》："今不循伯者之道，乃欲以三代选举之法，取当时之士，犹察伯乐之图，求骐骥于市，而不可得，亦已明矣。"2.用于比喻按照线索去寻找，易于获得。宋周密《癸辛杂识后集·向氏书画》："贾大喜，因遣刘诱以利禄，遂按图索骏，凡百余品皆六朝神品。"

【反汗】《汉书·刘向传》:"《易》曰:'涣汗其大号。'言号令如汗,汗出而不反者也。今出善令,未能踰时而反,是反汗也。"以汗出而不能反喻令出不能收。后因以"反汗"指翻悔食言或收回成命。

意义转移之后,原固化义也有两种情况:

一是原义消失,只用新义,如"天花乱坠""染指""燕尔新婚"等,色彩意义变得截然相反,一般情况下原义会消失,因为一个词语不可能承担截然相反的两种感情色彩。

【燕尔新婚】形容新婚的欢乐。语出《诗·邶风·谷风》:"宴尔新昏,如兄如弟。"陆德明释文:"宴,本又作'燕'。"孔颖达疏:"安爱汝之新昏,其恩如兄弟也。"原为弃妇诉说原夫再娶与新欢作乐,后反其意,用作庆贺新婚之辞。

二是原义和新义并存。如"国色天香""馔玉炊金"等。

【馔玉炊金】食品贵如玉,燃料贵似金。原形容物价昂贵,生活艰难;后形容生活奢华。语本《战国策·楚策三》:"楚国之食贵于玉,薪贵于桂。"

意义的转移不是单一孤立进行的,往往是多种转移相伴随的,比如反义转移的过程中一般会伴有感情色彩的同步相反转移,如"燕尔新婚"由贬义的弃妇哭诉丈夫新娶变为褒义的祝贺之辞;又如"桃僵李代",本指兄弟友爱,意义转移为代人受过,色彩也相应地发生变化。

【燕尔新婚】形容新婚的欢乐。语出《诗·邶风·谷风》:"宴尔新昏,如兄如弟。"陆德明释文:"宴,本又作'燕'。"孔颖达疏:"安爱汝之新昏,其恩如兄弟也。"原为弃妇诉说原夫再娶与新欢作乐,后反其意,用作庆贺新婚之辞。

元关汉卿《裴度还带》第四折："状元下马就亲，洞房花烛，燕尔新婚。"《金瓶梅词话》第八回："话说西门庆从娶玉楼在家，燕尔新婚，如胶似漆。"清孔尚任《桃花扇·辞院》："只是燕尔新婚，如何舍得。"

【桃僵李代】同"李代桃僵"。

原比喻兄弟友爱相助，后转用为互相顶替或代人受过。清钱谦益《遵旨回话疏》："复社自有周之夔之案，奕琛自有薛国观之案，奕琛又欲纽而一之，而曰复社操戈，縣臣指授，此所谓桃僵李代也。"清伤时子《苍鹰击·株连》："伤心极，恁桃僵李代，鱼网鸿雁。"参见"李代桃僵"。

3. 意义缩小

意义缩小的情况在典故词语中非常少见。

之所以如此，是因为典故词语的原固化义本来就是取自典源的整体或部分意义，意义固定之后，如果再缩小范围，就极易背离典源意义。但是有些典故词语逐渐进入现代汉语一般词汇系统，成了人们熟知的词语，如"斗胆""狗尾续貂""下榻"等，人们对这一类词语的使用中，经常对其语义进行改造，意义也常出现比词语的原义缩小的情况。与意义扩大时的泛指不同，意义缩小的情况多是在典故词语的语义特指时发生的，比如"下榻"本泛指主人礼遇宾客，现在却演变成特指客人住宿，且常常用在正式场合、重要客人身上，所指范围和语体都比原来缩小了。

【下榻】后汉陈蕃为乐安太守。郡人周璆，高洁之士。前后郡守招命莫肯至，唯蕃能致之。特为置一榻，去则悬之。后蕃为豫章太守，在郡不接宾客，唯徐穉来特设一榻，去则悬之。见《后汉书·陈蕃传》及《徐穉传》。后遂谓礼遇宾客为"下榻"。

又如：

【连珠合璧】语本《汉书·律历志上》："日月如合璧，五星如连珠。"后以"连珠合璧"比喻美好的事物汇聚一起。

"连珠璧合""珠联璧合"虽然在辞典中的释义都是指美好的人或事物汇聚到一起，但是在实际应用中，人们往往特指人或事物等关系搭配得和谐美满。笔者搜索了北京大学汉语研究中心现代汉语语料库，其中"珠联璧合"出现了121次，意义都是强调搭配和谐，这是其指称侧重点缩小了。

典故词语意义的变化和一般词语一样，并不是孤立进行的，很多情况下是相伴而生的。如房德里耶斯在讨论词义变化时所说，扩大和缩小往往是由转移引起的。①

4.语义整合

语义整合指的是很多典故词语在形成过程中，由于使用者的主观联想、升华或拓展，出现相近意义或相关或者本不相关的意义与原典意义的整合。比如"不痴不聋"本来指公卿的肚量，后来与"不成公姑"连用，意义整合变化为表达长辈要宽宏大量。

【不痴不聋】古代谚语。语本《太平御览》卷四九六引《慎子》逸文："谚云：不聪不明，不能爲王；不聾不聾，不能爲公。"本指公卿的度量，后常与"不成姑公"等连用，谓不故作痴呆，不装聋作哑，就不能当好阿婆阿公。意指长辈要宽宏大量。《宋书·庾炳之传》："不痴不聾，不成姑公。"

三、典源、形式和意义的变体研究

指的是同一个典故词语形式，由于偶然因素，成了两个或两个典源的共同符号，它们的意义大多是无关的，如"白云"有"思乡"和"归隐"两个无关

① 转引自张联荣：《古汉语词义论》，北京大学出版社，2000年，第228页。

意义，"题柱"有"对功名有所抱负"和"美郎官得到皇帝赏识"两个意思。用现代汉语的观点分析，它们实际不是一个词，而是两个同形同音词。

在追溯典源时，它们就是异义同形的多典源词语，这一点已在第二章典源研究部分中有详细分析。如"卧雪"：

【卧雪】《后汉书·袁安传》"后举孝廉"李贤注引晋周斐《汝南先贤传》："时大雪积地丈余。洛阳令身出案行，见人家皆除雪出，有乞食者。至袁安门，无有行路，谓安已死。令人除雪入户，见安僵卧。问何以不出。安曰'大雪人皆饿，不宜干人。'令以为贤，举为孝廉。"又三国魏焦先亦有"卧雪"故事。晋皇甫谧《高士传·焦先》："后野火烧其炉，先因露寝，遭冬雪大至，先袒卧不移，人以为死，就视如故。"后遂以"卧雪"为安贫清高的典实。

这种情况的出现是由于在从典源形成典故词语的过程中，对典故因素的提取和语义组合偶然相同造成的，虽然这种情况并不多，但是给典故词语的溯源和具体的语义理解、语言使用带来了一些困难。遇到此类典故词语时，往往会让人出现理解偏差。

关于典故词语固定化之后的语义变化，一般说来多发生在单典源词语中，而由几个典源合成的典故词语在意义上往往更稳定，不容易发生引申、转移等，比如"映雪囊萤"表示勤奋苦读，"弯弓饮羽"形容勇猛善射，一直都没有发生变化。这是因为当两个语义相同或相近的典源合成一个词语时，其派生义往往是对两个典源意义的凝练、融合，融合之后的意义相对于由一个典源而来的派生义，稳定性要强很多，这也是一种语义的钳制原则。

通过对词汇化前后两个阶段典故词语语义方面的发展变化研究，可以发现，语义的产生和发展是决定典故词语存在状态的灵魂所在，而典源，却又是语义存在的根本依据，所以，虽然典故词语在漫长的历史过程中意义要发生或多或少的变化，但是如前文我们所说，不管变化有多大，其意义都能从典源中找到踪迹。因此，可以说，典故词语语义的演变是在一个以典源意义为圆心的圆形语义场内进行的演变，我们所进行的探索和研究就是在这个语义场内展开的。

本章小结

语义，作为语言的三大核心要素之一，对任何词语来说，都是灵魂和根本，典故词语更是如此。但是典故词语的语义却有不同于一般词语的根本特点：它来自典源，是最有据可依的。同时，从典源到典故词语，这个过程也是一般词语没有经历过的，伴随着这个过程的语义问题，在特性、成长发展方面，也是与众不同的。因此，寻求典故词语的语义特点，展示典故词语词汇化的语义风貌，就要紧密结合典源，多角度、全方位地透视其不同凡响之处。

第一节对语义特点的总体分析，超出了以往的许多视角，发现了很多前人未发现的特点，这些特点不是凭空想出来的，而是在对词语意义进行深入分析、与一般词语进行比较之后得出的，是宏观的总结和指导。

第二节对语义组合的解析，打破了以往分事典词语和语典词语的常规，结合典故词语的形式和具体的语义指向，对从典源到典故词语这个过程中语义的形成和固定进行了细致的探索。

第三节又是对典故词语语义进行的一个总体把握，只不过不同于第一节的是，这部分侧重动态，从动态中总结出了典故词语语义的变化情况。

本章分三部分研究典故词语的语义，角度互补，有些新的发现，力图对汉语词义系统的研究作出补充和完善。

第五章　典故词语的语用研究

前面几章从词汇化角度对典故词语的来源、形式、结构和语义情况进行了全面考察，是典故词语的重心所在，也是文章的重要部分。通过上面的挖掘和总结，使我们对典故词语的历史来源、发展脉络和本体特点有了更深的了解，同时也补充了汉语词汇化的有关理论。研究一种词语，不仅要作针对本体的剖析，还要将这种词语置于广阔的语用背景之中，从功用看其存在价值，这样能给它们以更准确的定位，也才对这种词语的认识更有立体感，更饱满，不至于平面化，譬如描绘一个人，不仅要看其自身特点，还要看其社会角色。

我们下面要进行的就是典故词语在语言中的角色研究。题目定名为语用研究，从典故词语词汇化的进程角度看，本部分是针对典故词语词汇化完成之后的阶段，是典故词语固定成词之后的情况。

语言学上广义的语用研究包括语用特点、语用作用和具体的使用方式、过程等，涉及面很广。而本书的语用研究主要是从典故词语的语用效果和具体的使用特点这两个角度予以宏观的讨论。至于具体怎么使用典故词语，本书将不过多涉猎。之所以如此，主要是因为具体使用问题从根本上来说不是典故词语决定的，典故词语作为一种词语客观地存在于语言中，怎么使用，属于动态的用典范畴，是高于本书的典故词语本体研究的，也是由使用者决定和安排的事情。而且，关于用典的研究，国内已经有专家作了近乎完美的研究，比如武汉大学罗积勇先生的《用典研究》，堪称典故词语语用研究的力作，本书不再班门弄斧。

第一节典故词语的语用功效

典故词语是汉语词汇系统中一类有着与众不同个性的一个群体，这是我们对典故词语的定位。研究这样一个群体的语用功效，我们就要抓住这个定位，并以此为切入点，根据其自身特点，从静态和动态两个角度，分别从对汉语词汇系统以致整个汉语系统的作用和具体的使用功效两个方面来进行。

一、典故词语对汉语系统的作用

这是从静态角度，将典故词语置于汉语系统大环境之中，来探索典故词语的产生和存在对汉语起到了什么样的作用。从语言角度探索其功用，这是对典故词语作为汉语系统的一员所给予的肯定，也是最本质和最重要的。但是就是这最本质的功用，在以往的许多针对典故词语的研究中，常常被忽略，因为人们将更多的目光投向了其文化、艺术等作用。不过，王力先生（1980）在对成语和典故词语的有限分析中，却着重抓住了典故词语对语言的作用。"总而言之，成语和典故对语言发展能起一种调节作用，特别是在文学语言上，它们能增强语言的全民性。我们对于文言文，应该给予新的估价。特别是对于文言文中的富有生动、精练的优点的成语和典故，应该继承下来。"①

季羡林先生（2000）对语言中的成语和典故②也作了很高的评价："成语和典故是一种语言的精华，是一个民族智慧的结晶，是高水平文化的具体体现。"③

汉语中的典故词语数量庞大、独具特色，丰富了汉语系统，给人们的交际带来了调剂和不尽的韵味。具体来说有几个方面：

1. 丰富了汉语词汇系统

典故词语对汉语的最大作用就是其产生和发展极大地丰富了汉语词汇系统。典故词语数量庞大，有 7000 多条，在辞典编纂中也有自己的一席之地。典故词

① 王力《汉语史稿》，中华书局，1980 年，第 583 页。
② 作者所说的"典故"即本书的"典故词语"。上文王力先生的"典故"亦如此。
③ 季羡林《成语和典故》，《知识》，2000 年第 6 期。

语在收入辞典时，往往以一种不同于普通词语的标识来进行说明，比如《现汉》对出自事典的词语往往是简述故事梗概，对出自语典的词语则往往是抄录原诗文或以"语出"标识。《汉大》则往往以"典出""形容""象征""比喻"标识，或直接标注"后用为……的典故""以……为典"。如：

【元亮井】晋陶潜字元亮，辞职归隐后赋诗云："井竈有遗处，桑竹残朽株。"见《归园田居》诗之四。后以"元亮井"为忆归之典实。

典故词语数量庞大，但并不是全部都一成不变地作为一种特殊的词汇群体存在于汉语系统之中的，而是随着其不断发展，许多典故词语已经进入了汉语一般词汇系统之内，很多都成了现代汉语的常用词，被人们广泛理解和接受，如"口碑""步伐""功亏一篑""出尔反尔""夜郎自大"等，很多词语甚至已经看不出是典故词语了。

2. 典故词语为汉语的继承和发展起到了重要作用

不仅典故词语自身的存在丰富了汉语词汇，而且，典故词语的形成、结构、语义等也都对汉语各有贡献。比如在结构形式方面，典故词语就保存了大量的古汉语语法特点，如宾前式结构既增加了现代汉语的语法类型，又体现了古汉语语法，如"衣后穿""琵琶别抱""欲壑难填"等。另外，直接截取自典源的很多词语，也原汁原味地保留了古代的语貌，例如"求马于唐肆""一言以蔽之""乐以忘忧"等。这是继承方面的作用。

【求马于唐肆】谓到空无所有的市集去买马。比喻求非其所，必无所获。《庄子·田子方》："彼已尽矣，而女求之以为有，是求马于唐肆也。"

同时，典故词语的存在也从另一方面推动了汉语的发展。主要体现在典故词语的形成、结构和语义特点都扩展了汉语的语言理论。比如典故词语的形成——词汇化，由具体语境中的篇章或句子成词，这是以往没有人涉及过的，而且其词汇化的方法，比如提取、截取、改造等，都是以往对一般词语词汇化进行研究时没有挖掘到的，是典故词语独有的一种词汇化方法。这是从典故词语的形成角度而言的。

典故词语的存在对汉语词汇的演变和发展，比如复音词的产生，也起了巨大的推动作用。不同角度地提取典源意义形成新词，也促进了汉语词汇系统的完善，"甚至创制新词也可以利用典故"①，典故词语中双音节词是最多的一类，双音词的存在推动了复音词的发展和稳固。比如典故词语"屏号"又作"号屏"，这种形式上的自由不固定性和汉语复音词发展过程中词素排列上的逆序性相似，典故词语形式的固定有利于复音词的顺利发展。

3. 典故词语是连接语言和意象的符号

与表达思维概念的一般词语不同，典故词语代表了特定的典源，其字面形式只是一种符号，而这种符号又完美地连接了所指和能指。所以典故词语不但有一般词汇所具有的交际功能，同时还担负着中介符号的作用，正是这种符号，充分调动和展现了汉语"言有尽意无穷"的绵延悠长。如"倚门"一词生动形象，有代表性地体现了父母盼子归来的迫切心情和真挚感情，一个词语"雪溪"就将故事的背景——雪夜乘船访行，感情的深厚等都蕴涵其中，给人以无限的回味和遐想。

【雪溪】指晋王徽之雪夜至剡溪访戴逵事。南朝宋刘义庆《世说新语·任诞》："王子猷居山阴，夜大雪……忽忆戴安道，时戴在剡，即便夜乘小船就之，经宿方至。造门不前而返。人问其故，王曰：'吾本乘兴而行，兴尽而返，何必见戴？'"

---

① 王力:《汉语史稿》，中华书局，1980年，第582页。

二、典故词语在具体语用中的功效

接下来进行的是探讨典故词语在具体的语言运用中能够起到什么样的作用。这一部分是研究典故词语功用者都着重施墨的地方，许多学者从修辞、美学、文学批评等角度对典故词语的功能进行过研究，如唐启运（1981）从语言的艺术效果角度，葛兆光（1989）从文学接受的角度，陈学祖（2000）从诗美学的角度等论述了典故词语的具体作用，杨玉东、刘彬、朱雪里（2002）还以"渐入佳境""无弦琴""梦蝶""对牛弹琴"四个典故词语为例，深入挖掘了典故词语所包蕴的美学意境和美学思想。

不能否认，使用典故词语会使文本创作、语言交际等大放异彩。我们将典故词语的具体作用归为典故词语的修辞作用，具体体现在：

1. 使用典故词语能增强艺术表现力，生动形象，意象深刻

使用典故词语，隐藏在词语背后的经典言语、故事，能够增强语言的表现力和说服力，使文本语言意味无穷。"善于运用典故，增强语言的艺术效果，精练性、形象性和生动性往往是统一的。"[1]比如"孝"是中国传统文化观念之一，古人主张孝敬父母，许多经典的人物和故事被流传下来经久不衰，因为人们在宣扬孝道时，榜样的力量是无穷的，树立典型供人们参考学习，一来可以更加生动感人，二来可以增强说服力，比空洞的理论描述要有渗透力。譬如来自原型又富有神话色彩的典故词语"噬指""室内江流""寒林笋出"等，都让人过目不忘，有深刻的启迪作用。

【噬指】典出《后汉书·周磐传》："磐同郡蔡顺……少孤，养母。尝出求薪，有客卒至，母望顺不还，乃噬其指，顺即心动，弃薪驰归，跪问其故。母曰：'有急客来，吾噬指以悟汝耳。'"

【寒林笋出】三国孟宗哭竹生笋事。相传孟宗母嗜笋，值隆冬，笋未生，宗入竹林哭泣哀叹，笋乃生，归奉母。后以为孝子之典。

---

① 唐启运：《成语谚语歇后语典故概论》，广东人民出版社，1981年，第119页。

【室内江流】《后汉书·列女传·姜诗妻》载：姜诗与妻庞氏事母至孝。母嗜饮江水，庞氏辄沂流而汲；母嗜鱼，夫妇力作以供。后舍侧忽涌出甘泉，味如江水，且每日有双鲤鱼跃出，人以为纯孝之报。后遂以"室内江流"为孝感之典。

2. 使用典故词语能使语言表达含蓄委婉，既有含蓄之美，又不失魅力

生动形象性和含蓄性并不矛盾。生动形象是从典故词语背后蕴涵的经典故事和言行角度而言的，含蓄委婉则指典故词语作为生动形象内涵的符号代表，字面形式的含蓄既传达了悠远韵味，又使语言不至于突兀直白、尖锐露骨。比如古人对生育之事比较避讳，用"梦兰"代指怀孕。重男轻女思想严重也在典故词语中有内涵生动表面却含蓄的表现，比如对生男生女的不同看法有不同的词语，"弄瓦""诞瓦"为生女孩，"弄璋""梦熊"为生男孩，用价值截然不同的事物来代指男女地位的不同，形象地体现了古人的思想观念，使用这些词语时，也必将既含蓄委婉，又富有形象性。

【梦熊】古人以梦中见熊罴为生男的征兆。后以"梦熊"作生男的颂语。语本《诗·小雅·斯干》："吉梦维何？维熊维罴。"又："大人占之，维熊维罴，男子之祥。"郑玄笺："熊罴在山，阳之祥也，故为生男。"

诗词之中多见典故词语，这与诗词自身的审美取向和典故词语的修辞作用有关。"诗从本质上来说是对经验世界的想象性虚构与呈现，抒情色彩极其浓厚的词尤其如此。"ª典故词语表义的含蓄性和经典性，给接受者以巨大的想象空间，创造了对语义理解的无限的主观建构和回旋余地。这样典故词语被使用起来，首先可能是不着痕迹、意味无穷，只有那些熟识典故词语的人才能了解使用者的目的和动机，达到文本创作与接受的心理共鸣。而且，即使熟识典故的人在解析典故词语时也要随着创作者的思路展开想象和解析，一千个读者就有

① 陈学祖:《典故内涵之重新审视与稼轩词用典之量化分析》,《柳州师专学报》,2000年第3期。

一千个哈姆雷特，典故词语就是创造了这样的审美意境和交流空间。这些都恰好迎合了诗词的表达需要，因而被广大诗词创作者"屡试不爽"，比如伟大的现实主义诗人杜甫，就非常善用典故，宋黄庭坚如是评价："子美作诗，退之作文，无一字无来历。"

诗词多用典故词语还因为典故词语能使有限的诗词包含更宽泛的内容。如唐杜甫《同豆卢峰贻主客李员外贤子棐知字韵》："梦兰他日应，折桂早年知。"仅用了两个典故词语"梦兰"和"折桂"，就把期盼生育子嗣和科举及第的美好愿望都含蓄而尽致地表达出来了。又如"名落孙山"一词，无论是从其最初的产生来说，还是从被后人广泛接受反复使用来说，它的存在都显示了中华民族委婉、曲折的表达喜好。

【名落孙山】宋范公偁《过庭录》："吴人孙山，滑稽才子也。赴举他郡，乡人托以子偕往。乡人子失意，山缀榜末，先归。乡人问其子得失，山曰：'解名尽处是孙山，贤郎更在孙山外。'"后以"名落孙山"谓投考或选拔未中。

典故词语确实有很好的表现力，符合语言力求简明、用较少的词语表达丰富的内容的经济原则。

但同时也应该意识到，正是这种凝练、含蓄的表现力，会使用典文本陷入难以理解的境地。葛兆光先生（1989）在《论典故——中国古典诗歌中的一种特殊意象的分析》①中曾把典故当作一种艺术符号进行了一个"二律背反"式命题的分析，我们不妨抄录以领会：

正题：
作为艺术符号的典故，乃是一个个具有哲理或美感内涵的故事的凝聚形态，它被人们反复使用、加工、转述，而在这种使用、加工、转述过程中，它又融摄与积淀了新的意蕴，因此它是一些很有艺术感染力的符号。它用在诗歌里，

———————————
① 作者的"典故"即本书的"典故词语"。

能使诗歌在简练的形式中包容丰富的、多层次的内涵，而且使诗歌显得精致、富赡而含蓄。

反题：

这些符号，正因为它有古老的故事及流传过程中积累的新的意义，所以十分复杂晦涩，就好像裹了一不溶于任何液体的外壳的药丸子，药再好，效果也等于零，因此它是一种没有艺术感染力的符号。它在诗歌中的镶嵌，造成了诗句不顺畅，不自然，难以理解，因而造成了诗歌的生硬晦涩、雕琢造作。

针对这种大相径庭的针锋对决，葛先生从文本解读的角度提出了一种折中的看法："显而易见，典故作为一种艺术符号，它的通畅与晦涩、平易与艰深，仅仅取决于作者与读者的文化对应关系。"[①]

第二节　典故词语的语用特点

典故词语进入到汉语系统中，也承担着语言交际的作用，但是，典故词语在使用环境、使用方法和使用对象等方面又有不同于一般词语的特点。管锡华先生（1995）认为典故词语比一般词语在使用上具有明显的特点，主要体现在关联、形式和意义三个方面。关联特点是指典故词语的使用必须和相应的典源结合起来才能准确地达到使用目的；形式特点是指典故词语的使用形式可以与典源字面相合，亦可以有多种变化；意义特点指的是典故词语的意义不会脱离典源的意义。管先生的论述将语用和形式、意义结合起来，视角全面。而本书则拟从以下几方面总结典故词语的语用特点：

---

① 葛兆光：《论典故——中国古典诗歌中的一种特殊意象的分析》，《文学评论》，1989 年第 5 期。

一、典故词语有特定的使用要求

特殊的使用要求主要是从使用主体和使用环境的角度而言的。

首先，典故词语有不同于一般词语的使用特性和接受对象，这和典故词语的形成来源有关。典故词语虽然也有个别来自口耳相传的神话故事或历史事件等，但大多数是产生于有书面记载的言语或故事。因此，接触典故的主体就必须是一些有一定文化水平的人，典故词语是文人笔下的专属，有特定的使用者和接受者。所以，尽管典故词语经历了漫长的历史过程，虽然有些词语已经成为人们耳熟能详的一般词语，不需要查阅典源就知其意义，如"推敲""文质彬彬""叹为观止""腰缠万贯"等，但是典故词语并没有大规模地进入到人们交际用语的主流，很多词语是处在边缘状态，如"毳饭"（无实物之酬答）、"挂鳞"（修炼成仙）、"拄笏看山"（在官而有闲情雅兴）、"拊背搤吭"等，经常被认为是一种文化词语而存在于语言的某个角落。

【拊背搤吭】按住脊背，扼住咽喉。比喻控制要害。语本《史记·刘敬叔孙通列传》："夫与人斗，不搤其亢，拊其背，未能全其胜也。今陛下入关而都，案秦之故地，此亦搤天下之亢而拊其背也。"按，亢，同"吭"。

其次，大多数典故词语有不同的文本要求。典故词语多来自书面语，是一类具有一定文学基础、不透过典源很难理解的的词语，如"折足覆𫗧"（力不胜任，必至败）、"扣盘扪烛"（不经实践，难得真知）、"犁庭扫穴"（彻底摧毁敌对势力）等。从语体色彩上来说，典故词语偏重于书面语语体，口语中较少用到。

【扣盘扪烛】宋苏轼《日喻》："生而眇者不识日，问之有目者。或告之曰：'日之状如铜盘。'扣盘而得其声。他日闻钟，以为日也。或告之曰：'日之光如烛。'扪烛而得其形。他日揣籥，以为日也。日之与钟籥亦远矣，而眇者不知其异，以其未尝见而求之人也。"后因以"扣盘扪烛"喻不经实践，认识片面，难以得到真知。

这样一类不"平民"化的词语，使用的文体多是在诗词骈文之中，散文、杂文中就相对较少。诗词善用典故词语来表情达意，一是因为典故词语的丰富内涵能够在诗词这么短的言语限制内表达出作者无尽的思绪，二是许多文人喜爱用典以此来炫耀文采，比如魏晋南北朝时期骈文兴盛，文人争相用典以求奇求彩，很多就是出自这样的心理。郭焰坤（2006）曾经专门研究诗歌、骈文对历史典故和成语的使用，称其变通用法为"藏词"，并认为，藏词是典故词语词化的重要方法，"骈文诗歌整齐而简短的句子要用典，势必要采用一些变通之法，那就是裁割文句，将事典词汇化。之所以如此说，是因藏词的形成几乎全采用了复音节的词汇形式"①。

在使用典故的过程中，不仅仅有语义方面的限制，在语言形式方面，亦有主观创作方面的内在要求。例如：

【拥鼻吟】《晋书·谢安传》："安本能为洛下书生詠，有鼻疾，故其音浊，名流爱其詠而弗能及，或手掩鼻以效之。"后以"拥鼻吟"指用雅音曼声吟咏。

在最初使用这个典故的唐朝诗人唐彦谦的《春阴》诗"天涯已有销魂别，楼上宁无拥鼻吟。"中，"拥鼻吟"和"销魂别"是以对仗的形式出现的，词语形式一旦固定以后，后人在使用过程中很多是直接接受，不加改变，这一部分是同典同义同形，如清代金农的《新编拙诗四卷杂题》诗之二："钟声断处攒眉想，日影趁时拥鼻吟。"中尚使用"拥鼻吟"。但是由于文本要求，宋代诗人欧阳修的《和应之登广爱寺阁寄圣俞》："旧社更谁能拥鼻，新秋有客独登高。"里便作为"拥鼻"。

而有的使用者则还会进行适合自己的加工，这就是同典同义异形的原因。如"牛山叹"牛山泪""牛山下涕"等。

---

① 郭焰坤：《藏词的产生及其词汇化》，《修辞学习》，2006 年第 6 期。

【牛山歎】《晏子春秋·谏上十七》："景公游于牛山，北临其国城而流涕曰：'若何滂滂去此而死乎？'"后以"牛山歎"、"牛山泪"、"牛山悲"、"牛山下涕"喻为人生短暂而悲叹。晋陆机《齐讴行》："鄙哉牛山歎，未及至人情。"唐李白《古风》之二三："景公一何愚？牛山泪相续。物苦不知足，得陇又望蜀。"唐李白《君子有所思行》："无作牛山悲，恻怆泪霑臆。"清顾炎武《齐祭器行》："牛山下涕何悲苦，岁久光华方出土。"

在现代，随着近体诗词这种文体的淡化，现实的创作要求直白易懂。因此，典故词语的使用空间就变得狭窄了许多。

但是，尽管受众范围有限，使用范围有限，现代语言系统中，典故词语还是有一定的群众基础和语言环境，所以这类特殊词汇并没有退出历史舞台。王力先生（1980）曾说过："就语言来说，这种典故是有它的群众基础的，群众基础对于它们相当熟悉，所以它们能和现代词语水乳交融。"①

二、典故词语的形成与最初使用是同步进行的

典故词语的形成是后人在使用之前存在的名人轶事、名人名言等有代表性的言行时，通过提取、截取、拼接等方式形成了一个新的词语，这个词语代表着特点的含义，在其初次出现时，形成过程也是其使用过程。

在最初使用时，由于受文本、文体等条件的限制，同一个典故所出词语可能会有不同形式。比如：

【三遶鹊】1. 绕树三匝之鹊。语出三国魏曹操《短歌行》之一："月明星稀，乌鹊南飞。绕树三匝，何枝可依？"唐吴融《雪十韵》："夜迷三遶鹊，昼断一行鸿。"2. 喻无所依靠者。宋真山民《李修伯山居》诗："昔作三遶鹊，今爲五藏龟。"

---

① 王力：《汉语史稿》，中华书局，1980年，第582页。

【魏鹊无枝】喻贤才无所依存。语本三国 魏曹操《短歌行》："月明星稀，乌鹊南飞，绕树三匝，何枝可依。"宋李曾伯《临江仙·甲寅中秋和刘舍人赏月》词："我有芳尊供酧事，从渠魏鹊无枝。"

"三迁鹊"出现在五言律诗中，"魏鹊无枝"则出现在七言绝句中。

三、典故词语的使用是建立在人类认知心理的共通性基础上的

典故词语之所以从典源中形成并凝固成特定的意义被后人传承使用，从根本上来说，是人类认知共通性发生作用的结果。人们对语言的理解和交流是建立在人类具有共通的心理机制基础之上的，对客观事物的认知，形成思维概念，投射到语言之中，尽管人类有不同的语言，但是，思维是相通的，因此对语言表达的内涵都能从人类普遍思维共性那里找到原型，所以人们可以进行交流。沈家煊先生（1998）在讨论人的认知心理对实词虚化的作用时指出："人同此心，心同此理，人的认知心理不仅古今相通，而且中外相通。"① 对典故词语来说，"援用故实，一般都是作者为了以古讽今，以古证今，以古明今，以古人之际遇，表今人之心迹"②。尽管典故词语从表面上看是一些有特殊背景的语言符号，给人们的直面感受带来一定影响，但是，对典故词语背后的典源的理解，可以寻到心理共鸣，所以，使用了典故词语的文本仍然能够得到解读。

同时，使用典故词语从本质上来说就是用一种情况去比喻、比拟另一种情况，符合人类语言使用的共通心理需求。

丁金国先生（2007）对汉语用比喻手法进行感情表达的语言特色进行了精彩的论述："用喻的手段来言事说理，是人类言语交际的普遍规律，其本质是人类为解脱语言的'空缺和贫乏'而采用的一种方式或策略，通过对不同事物之间的相似性特征的比较，寻找它们之间的联系，进而利用已知事物的某些特征

---

① 沈家煊:《实词虚化的机制》,《当代语言学》, 1998 年第 3 期。
② 戴长江、周向华:《典故语辞释义探析》,《辞书研究》, 1998 年第 6 期。

去表达暂时还难以表达的概念，以便破解那些已知活跃在思维里'神秘'的、难以言状的东西，以譬形况义的描摹是其基本的运行特征。汉语与西语之'独特'在于喻不仅生存于动态语用中，更广泛存在于静态语言体系里。其方式之众、频率之高，是其他语言所难以企及的。"①

虽然作者没有针对典故词语进行分析，但是我们可以看到，后人运用历史上已经发生过的、有专指并被奉为经典的事件或言语来表达自己的所见所闻所想所思，就是巧妙地利用了这种"移花接木"的手法，由此达到胜于空头叙述百倍的艺术效果。如表达文人时运不济的意象时，既要表达得不那么露骨无情，又要更直观有说服力感染受众，此时，人们首先想到的就是找一个合适又典型的例子，以他喻我，增强说服力，就可以使用典故词语"打穷碑"：

【打穷碑】相传范仲淹镇鄱阳时，有一书生来献诗，自称是世上最贫寒的人。当时风行欧阳询的字，他的《荐福碑》很值钱。范想给书生拓一千本，纸墨都已备好。不料前一天夜里，碑被雷击碎。事见宋惠洪《冷斋夜话》卷二。后因以"打穷碑"比喻文士时运不佳。

不仅操汉语者会用典故词语，其他语言的人们也经常适时巧妙地使用典故词语，比如英语中会用"Achilles' heel(阿基里斯的腿)"来形容"唯一的致命弱点"，而汉语中则有"智者千虑，必有一失"等。尽管典故词语的语言形式不同，但透过现象看本质，能够选择典故词语来表达自我，体现了人类语言和思维的共性。

四、典故词语的使用应该有原则

虽然典故词语有形象性、含蓄性、言简意赅等优点，但是使用典故词语也不能违背语言发展规律，比如堆砌典故词语就是一种不当的现象。这一点，语

---

① 丁金国：《汉语特质说略》，《汉字文化》，2007年第2期。

言大师王力先生就曾经对不当的使用方法给予了指正："在汉语文学语言史上也曾经有过反动的潮流，就是尽量脱离人民口语而句句用典。"①堆砌典故的确曾是六朝时期文人们的一个通病。"他们作文往往一句一典或一句数典，以炫耀他们的'博学'。实则这种文章是表达不出什么真实的思想感情来的。"②典故词语使用文体适合于书面语，而很少在口语中使用。诗词散文用典故多，所以正确使用典故词语应该是有的放矢、使用有度，不可违背语言交流的规则。

五、典故词语的使用主观性极强

典故词语使用的主观性体现在主体可以根据自己的表达需求在典故词语中找到合适的"代言"者，选择什么样的典故词语，表达什么样的意图，完全取决于主体。以晚唐诗人李商隐为例，他极其喜欢诗中用典，而且他所使用的典故，大多有他一直钟爱的宋玉、司马相如、曹植三人的故事，因为这三个人都是才华横溢却怀才不遇、多情善感却爱情失意、地位卑微寄人篱下无法主宰自己命运，三人的共性李商隐最能体会，因为他也有此遭遇。所以诗人使用大量相关典故词语，委婉含蓄又悲悯无限地表达出了自己郁郁寡欢的心境。③如在李商隐《可叹》诗："宓妃愁坐芝田馆，用尽陈王八斗才"中，"宓妃"本是传说中的洛水女神，因曹植作过《洛神赋》，所以作者就用"宓妃"的典故来代指陈王曹植空有一腔才情却施展不得的凄凉心境。

【宓妃】传说中的洛水女神。《楚辞·离骚》："吾令丰隆乘云兮，求宓妃之所在。"王逸注："宓妃，神女。"《文选·司马相如〈上林赋〉》："若夫青琴、宓妃之徒，绝殊离俗。"李善注引如淳曰："宓妃，伏羲氏女，溺死洛，遂为洛水之神。"

---

① 王力:《汉语史稿》，中华书局，1980年，第583页。
② 王力:《汉语史稿》，中华书局，1980年，第584页。
③ 李商隐的用典分析详细参见王夏《从典故的选用看李商隐的心理特征》《郧阳师范高等专科学校学报》2001年第1期。

此外，使用典故词语时方法的多样化也体现了主体对典故词语的灵活把握。比如典故词语从典源中形成之后，后人们在用到典故时，可能会直接使用已经形成的典故词语，这样为典故词语的固定和完善起到了很重要的作用。但是也有很多人会推陈出新，即使选用的典故已经有了对应的词语形式，主体也有可能不使用，而是根据自己文本编排再从典故中选取代表性的符号，这样的符号很有可能只是临时的、个人的，不能形成典故词语。比如关于神话传说中鲛人流泪成珠以报恩的典故，其对应的典故词语"泣珠"已成为稳定的代表，很多人用到这个典故时会使用"泣珠"，但是也有人另辟蹊径，如李商隐。

【泣珠】指神话传说中鲛人流泪成珠。亦指鲛人流泪所成之珠。旧题汉郭宪《洞冥记》卷二："〔吠勒国人〕乘象入海底取宝，宿于鲛人之舍，得泪珠，则鲛所泣之珠也，亦曰泣珠。"晋张华《博物志》卷九："南海外有鲛人，水居如鱼，不废织绩，其眼能泣珠。从水出，寓人家，绩日卖绡。将去，从主人索一器，泣而成珠满盘，以与主人。"后用为蛮夷之民受恩施报之典实。

用"泣珠"的有：唐王维《送李判官赴东江》诗："遥知辨璧吏，恩到泣珠人。"明王世贞《送刘比部恤刑云贵》诗："泣珠恩自远，祝网面仍开。"

独辟蹊径的如李商隐《锦瑟》诗："沧海月明珠有泪，蓝田日暖玉生烟。"唐·李群玉《病起别主人》诗："益愧千金少，情将一饭殊。恨无泉客泪，尽泣感恩珠。"，李商隐的诗句中并没有再形成典故词语，而李群玉诗中又形成词语"感恩珠"。

典故词语在使用时，在形式上，多音节形式的词语内部结合相对松散，人们使用时会相对灵活，可以拆开或加入成分，或改变词语里的相关对象，但是典故词语的意义不变。如"有其父必有其子"，人们会根据不同的语言环境改用为"有其母必有其子""有其子必有其父""有是父必有是子"等，这都是主观性的体现。

此外，主观性的另一个表现是使用典故词语方式的多样性，包括明用、暗用、正用、反用等多种，这一点有许多学者已经进行了详尽细致的分析，如罗积勇先生（2005），戴长江先生（1996）、周向华先生（1998）等，本书不再赘述。

六、典故词语在具体使用中有不同于一般词语的语法限制

典故词语受其自身结构形式和形成特点影响，出现在言语组合中的语法面貌和规则不同于一般词语。比如用来形容或比喻某种情况的典故词语在使用时一般不能再加副词或形容词修饰了，如形容生活清苦的"无鲑菜"，比喻生活落魄的"乌裘"、形容不忘旧恩的"炙鸡渍酒"等，都不能用"很""非常"等修饰。

【无鲑菜】《南史·庾杲之传》："〔庾〕清贫自业，食唯有韭菹、生韭杂菜。任昉尝戏之曰：'谁谓庾郎贫，食鲑常有二十七种。'"按，鲑，泛称鱼类菜肴，"韭"、"九"谐音，三"九"故称二十七。庾食三种韭而无鲑菜，任昉反戏语说他食鲑多种。后因以"无鲑菜"为生活清苦之典。

又如，典故词语具有时代性，在使用时只能用其代表意义，所以只能充当句子成分，不可能孤零零地使用，因为没有语言环境或者说和当前话语环境不符。如"只许州官放火，不许百姓点灯"（形容统治者为所欲为，却限制人民自由。亦泛指自己任意而行，反而严格要求别人），没有人单独用这句子，而是将其用在语句中，见《红楼梦》第七十七回："袭人笑道：'可是你"只许州官放火，不许百姓点灯"，我们偶然说一句略妨碍些的话，就说是不利之谈，你如今好好的咒他，是该的了？'"

七、典故词语被使用时有不同的熟识度。

典故词语有成千上万条，仅被词典固定下来收录的就有七八千条，可以说，汉语的典故词语非常丰富。但是，不是所有的典故词语都能被人们熟知，都能在人们的语言生活中被使用，特别是对现代人来说，有些词语甚至是作为一种

历史词语存在于语言系统之内，倘若不去翻看其所出典故，人们很难从字面意义上了解其真正含义，例如"三纸无驴""箪醪投川""弯弓饮羽""塞人上天""等书面语色彩非常强的词语，人们对其认知和熟识度就比较低。

【三纸无驴】北齐颜之推《颜氏家训·勉学》："问一言辄酬之数百，责其指归，或无要会。邺下谚云：'博士买驴，书券三纸，未有驴字。'"后因以"三纸无驴"谓文辞繁冗，连篇累牍而不得要领。

但是也有些词语能够成为人们的常用词语，进入到人们的日常交际范围。例如"鸿毛泰山""咏絮""巫山云雨""背信弃义""文人相轻""一手遮天"等，由于人们使用频率高，或者出现环境较晚，或者已成为常见成语等原因，而被人们了解的程度就高一些。

【鸿毛泰山】汉司马迁《报任少卿书》："人固有一死，或重于泰山，或轻于鸿毛，用之所趋异也。"后即以"鸿毛泰山"比喻人死的价值轻重悬殊。章炳麟《〈敢死论〉跋语》："若必选择死所，而谓鸿毛泰山，轻重有异，则虽值当死之事，恐亦不能死矣。"亦作"鸿毛泰岱"。郭沫若《战声集·〈归国杂吟〉之三》："四十六年馀一死，鸿毛泰岱早安排。"

"鸿毛泰山"虽然出典于汉代，历史久远，但由于其使用多在近现代，尤其是毛泽东的文章中出现过，对于现代人就比较熟悉，成为含义明晰的典故词语。一般来说，能够被人们熟知，有两种情况下可以实现：

第一是语义所指适用普遍，接近生活而不生僻，这是最根本的一点。不管是哪个时代，典故词语的语义能够符合其时代条件，方能有用武之地。人们使用典故的目的在于用委婉的手法、用内在的暗指意义来表达对现有生活的看法和观点，那些意义代表性强、与生活密切相关的词语，更容易被人们了解和掌握。例如"惊弓之鸟""盲人摸象"等，其意义非常具有代表性且生活化，更容易被百姓大众接受和熟知。

二是典故词语的形式要符合人们的语言要求。比如汉民族的偶数文化和民族认同心理就使得许多双音节词和四音节词语更为广大群众接受，而三音节词语，在双音词和四音词风行的情况下，就不容易被人们接受。在这一点上，我们从同一个典故所出的不同形式的词语熟识度上也可以看出来。比如"江州司马"比"抱琵琶"熟识度高，"魏鹊无枝"比"三绕鹊"熟识度高。

笔者根据导师唐子恒先生对《现代汉语词典》（2005 版）中典故词语数量的统计①，与《汉大》中的典故词语进行了对照比较，分析了已经融入现代人们语言交际中的典故词语情况，大体上将已进入现代汉语交际系统的词语归为三类：

一是典故词语的语义扩大或转移之后能够以"古"指"今"，并具有普遍性的词语，如"问鼎""久违""乔迁""涂鸦""救民水火""敝帚自珍""戒色""成仁"等。很多词语所指的事物或现象在现代生活中已经很少见，语义内容远离人们生活，则这类词语就容易被冷落，如"放桃"（赋牛）、"猗那"（祭祀祖先的颂歌）、"杨穿三叶"（形容射技高超）、"椎轮大辂"（喻事物由简到繁，由粗到精、不断完善）、"椒举班荆"（思念故国友人）等。

【放桃】《书·武成》："王来自商，至于丰，乃偃武修文，归马于华山之阳，放牛于桃林之野，示天下弗服。"后以"放桃"为赋牛之典。

二是语义内容不落后，能够与时俱进且同时形式上近于成语的四字格典故词语，如"胸有成竹""梁上君子""望梅止渴""因噎废食"等。语义上符合条件的情况下，形式上四字格的词语优先被人们选择，这一点可以从同典同音异形词语被人们的接受度来看，如"嗟来之食""嗟来食""嗟食"三个词语都来自同一个典故，意义相同，但是现代人们常用的形式是"嗟来之食"，后两个词语使用得则相对较少。

---

① 本成果尚未发表。

【嗟来之食】原指悯人饥饿，呼其来食。后多指侮辱性的施舍。《礼记·檀弓下》："齐大饥，黔敖为食于路，以待饿者而食之。有饿者蒙袂辑屦，贸贸然来。黔敖左奉食，右执饮，曰：'嗟！来食。'扬其目而视之曰：'予唯不食嗟来之食，以至于斯也！'从而谢焉，终不食而死。"

三是一些直接取自语典的经典语句，如"既来之，则安之""天网恢恢，疏而不漏""成也萧何，败也萧何""善有善报，恶有恶报""君子之交淡如水"等。

【成也萧何，败也萧何】宋洪迈《容斋续笔·萧何绐韩信》："韩信为人告反，吕后欲召，恐其不就，乃与萧相国谋，诈令人称陈豨已破，绐信曰：'虽病强入贺。'信入，即被诛。信之为大将军，实萧何所荐，今其死也，又出其谋，故俚语有'成也萧何，败也萧何'之语。"后以"成也萧何，败也萧何"比喻事情的成败都出于同一个人。

相对来说，典故词语的使用比典故的使用要简单，因为人们使用典故可以有更多方式，有的形成了典故词语，有的没有形成典故词语，而且，即使在典故词语产生之后，人们也不一定非要使用固定的词语形式，还可以灵活地对原典故进行各种各样的改造和灵活使用，还有可能形成更多的典故词语，而典故词语的语用，我们针对的是对固定的词语形式的使用情况，所以除了以上六个特点之外，典故词语的用法更趋同于一般词语的使用。

语用问题是高于研究本体特性的动态研究，属于言语系统，涉及文本环境、社会环境、时代背景、语用心理等多方面因素，这样看来，本章内容就显得非常不足。但是本书的研究重点是偏向于典故词语本体的客观存在，所以简单的语用分析，对了解典故词语，还是有一定帮助的。

八、典故词语被使用时往往采取同义或近义的对举，以加强语义

　　典故词语因其意义具有独特的内涵和所指，意义相同或相近的典故很多，后人在使用时常常引经据典，出现同一文本中几个典故对举和并存的现象，以增强语言表达效果。例如"鲁酒薄而邯郸围"这个典故词语的最初形成和使用时，就同时出现了"斗鸡""笑嫔""羊羹"三个意义相近的典故词语的并列。在后来的使用中，又与"城门失火殃及池鱼"的典故对用，增强了诗文的表达效果。这四个典故在意思上都有"因不相关的因素而遭殃、产生了不良后果"之义。

　　【鲁酒薄而邯郸围】语出《庄子·胠箧》："鲁酒薄而邯郸围。"陆德明释文："许慎注《淮南》云：'楚会诸侯，鲁赵俱献酒于楚王，鲁酒薄而赵酒厚。楚之主酒吏求酒于赵，赵不与。吏怒，乃以赵厚酒易鲁薄酒奏之。楚王以赵酒薄，故围邯郸也。'"后因以喻事情的展转相因，互相牵连。北齐 刘昼《新论·慎隙》："鲁酒薄而邯郸围，羊羹偏而宋师败，邱孙以鬪鸡亡身，齐侯以笑嫔破国。"唐刘知几《史通·惑经》："《春秋》捐其首谋，捨其亲弑，亦何异鲁酒薄而邯郸围，城门火而池鱼及。"

　　【笑嫔】春秋时，晋使郤克至齐，齐顷公使宫中嫔妇隔帷观看。郤克跛，登阶，妇人笑于房。克怒，出而誓曰："所不此报，无能涉河。"后郤克以晋、鲁、卫之师伐齐，大败齐师于鞌。事见《左传·宣公十七年》、《成公二年》。后用以为典。

　　【羊羹】以羊肉制作的羹。《战国策·中山策》："中山君飨都士大夫，司马子期在焉。羊羹不遍，司马子期怒而走于楚。"《南史·毛修之传》："修之尝爲羊羹荐魏尚书，尚书以爲绝味。"

本章小结

　　语用问题是在典故词语本体研究之上的一个动态考察，是一个涉及诸多因素的综合问题，应该结合使用者因素和典故词语因素将其全面展示。但是针对这个问题的研究在本书中的比重却比较小，文章只是从宏观上把握了一下典故词语的使用效果和使用特殊性，较之于相关专家的研究，做得还远远不够。希望得到专家的指正和提升。

第六章　典故词语的词汇化研究

前文从典故词语作为静态的语言材料角度对典故词语的音节形式、结构类型、语义特点和语用功能等各个方面进行了比较详细和深入的探索。前面的研究是共时角度的探索，接下来，我们将从典故词语的形成这一历时的、动态的角度进行深入挖掘其形成机制和理论基础。

第一节　语言发展与理论探索

语言是人类的交际和思维工具，语言又随着社会变化而变化，新的语言材料产生，或旧的消亡，都体现出语言的社会属性。研究语言，不仅仅是立足于静态的描写，也要有动态的历史研究。既要有本体的解读，也要有理论的挖掘。

就汉语的发展和研究历史来说，传统的语言学，是附属于经学的小学，缺乏理论的指导，以讲经解义为目的的传统训诂学、音韵学和文字学，往往对语言的系统性注意不够。随着西学东渐和大批语言学家留学归来，西方的语言学理论开始进入到国内，用国外的理论来探索汉语的规律，一方面能够提升人们对汉语自身发展的认识高度，也能够将汉语系统起来，便于汉语的传承和学习。马建忠的《马氏文通》开创了现代意义上的语法研究先河，我们的语法研究才系统起来。

就词汇部分来说，真正意义上的词汇学学科的建立也是从 20 世纪崭露头角，20 世纪五六十年代大批具有国外先进理论武装的语言学家开始思考学科的发展和建立，比如王力先生，陆志韦先生，吕叔湘先生等等。20 世纪七八十年代，词汇学兴盛发展起来，出现了如葛本仪先生、符淮青先生、武占坤先生、刘叔新先生等研究词汇学学科、将汉语词汇与理论相结合的学者，成果斐然。近年来，国外语言学先进理论不仅影响到国内的外语教学，也影响着汉语本体研究，许多新的学科如认知语言学、社会语言学、心理语言学等带着新的理论工具，来给我们的传统研究注入新鲜血液。

就典故词语来说，诚然，典故词语来自古老的、典雅的、有悠久源头的典故文化，是一种书面语性非常强的词汇系统。就这种"不时髦"的"老古董"似的词汇，它们代表着我们祖先的智慧，传承着我们的文化和文明，时间久远，不能说明其没有理论支撑。

将新鲜的、充满思辨的、适用性广泛的先进理论运用到我们的典故词语研究中，挖掘出典故词语形成过程中的人类心理机制，为我们汉语词汇系统的研究开创全新的局面，注入新生力量，这是本书的研究主旨。

第二节　典故词语的形成是语篇词汇化过程

典故词语的形成，不是三言两语可以概括清楚的。而是要通过对所有典故词语细致入微的研究分析、宏观的把握，才能见微知著，总结其形成。

一、词汇化理论

关于词汇化 (lexicalization)，学术界有不同认识，Packard 先生（2000）认为，词汇化这一术语主要是用来表示某一语言形式发展成或被吸收来构成词项的状态。这是一种静态的理解。

严辰松先生（1998）认为"用各类形式表达语义是语言的词汇化过程"[①]，包

[①]　严辰松：《运动事件的词汇化模式——英汉比较研究》，《解放军外语学院学报》，1998 年第 6 期。

括用语素、词或词组等各类形式表达语义。

董秀芳先生（2002）认为词汇化是指"从大于词的自由组合的句法单位到词的一种变化"，比一些语言学文献中 lexicalization 的含义宽泛。

本书基本遵从了董秀芳先生的观点，即词汇化是由短语等非词单位演变成词的历时动态过程。董秀芳先生（2002）还提出了词汇化的三个途径：短语词汇化、语法成分参与组成的句法结构词汇化和本不在同一句法层次上而只是在线性顺序上相邻接成分的词汇化。

目前针对词汇化的研究中，董秀芳先生的著作《词汇化：汉语双音词的衍生和发展》是最为翔实和全面的，主要从历时角度讨论了古代汉语中双音节词组的词汇化历程。此外北京语言大学李慧的硕士论文《现代汉语双音节词组与词共存现象及词组词汇化考察》也比较系统和科学，从共时角度讨论了现代汉语双音节词组的词汇化情况，并将古今汉语词组词汇化的情况进行了比较研究，对现代汉语词组词汇化的研究颇有贡献。但二者多着眼于词组的词汇化，而且是重点分析了双音节词组的词汇化过程。

除此之外，还有很多角度不一的词汇化相关研究，比如吴晓峰（1998）从新词新义产生的角度分析了修辞现象词汇化的特点、过程和意义，董秀芳（2002）主要讨论了由句法结构词汇化成词的历时过程，赵红梅（2002）基于新词新语语料库探讨了修辞造的词汇化现象，钱韵、余戈（2003）侧重研究四字成语的词汇化，徐时仪（2004）将词汇化与词典释义结合起来进行了研究，刘大为（2004）讨论了比喻词汇化的四个阶段，王灿龙（2005）通过两个实例的分析揭示词汇化的机制和规律，并讨论了汉语语法化和词汇化的关系问题，刘晓然（2006）研究了汉语数量短语的词汇化现象。

二、典故词语的形成是一个语篇词汇化的过程

根据词汇化的定义，任何一种由非词成词的语言变化过程，都可以被认为是词汇化的过程，典故词语是通过漫长的历史演变，由典故凝固而成的具有特

定意义的词语，从而成为汉语词汇系统中的成员，这个历时的变化过程也是词汇化的过程，只不过词汇化的过程是一个从短语、句子或篇章段落等文本材料演变为词语形式的过程。我们称由典源形成典故词语的过程为"典故词语的词汇化"，需要注意的是，其逻辑顺序是典源经过词汇化之后形成典故词语，而不是典故词语词汇化形成别的词语形式，也不是典故词语形式固定之后是词组还是词的纷争问题。如：

【束缊请火】用乱麻搓成引火物，持之向邻家讨火点燃。《汉书·蒯通传》："臣之里妇，与里之诸母相善也。里妇夜亡肉，姑以为盗，怒而逐之。妇晨去，过所善诸母，语以事而谢之。里母曰：'女安行，我今令而家追女矣。'即束缊请火于亡肉家，曰：'昨暮夜，犬得肉，争斗相杀，请火治之。'亡肉家遽追呼其妇。"后用为求助于人之典。

我们所说的词汇化过程是指由《汉书·蒯通传》中记载的相关典源形成词语"束缊请火"的过程，并不是指"束缊请火"这个形式是词组还是词抑或是词组变为词的过程。

关于典故词语的词汇化问题，相关研究较少，郭焰坤（2006）将藏词定性为用典的词汇化，并对其进行了阐释；武汉大学王丹（2005）的硕士论文曾以《典故词语的词汇化》为题，进行了一些尝试，但不够全面，仍有许多值得深入研究的地方。其余很少有人专门提及典故词语的词汇化问题，这大抵与典故词语自身形式、结构的复杂性有关。

我们选择"词汇化"而非"藏词"作为典故词语形成的过程描述，是因为"藏词"这一说法不能从总体上涵盖所有的典故词语的形成过程，仅用"藏词"来代指所有的典故词语的词汇化，是不够准确的，因为有的典故词语的形成并不是如陈望道先生《修辞学发凡》所定义的"藏词"那样单一，"要用的词已见于习熟的成语，便把本词藏了，单将成语的别一部分用来在话中来替代本词的"①。典故词语的词汇化内容复杂，形式多样，有的照搬而成，如"众口铄金"：

【众口铄金】众人的言论能够熔化金属。比喻舆论影响的强大。亦喻众口同声可混淆视听。《国语·周语下》："众口铄金。"

有的是藏一部分加一部分而成，如"成政"：

【成政】成就政绩。语本《论语·子路》："子曰：'苟有用我者，朞月而已可也，三年有成。'"朱熹 集注："有成，治功成也。"《旧唐书·宣宗纪》："贞元 年中，屡下明诏，县令五考，方得改移。近者因循，都不遵守，诸州或得三考，畿府罕及二年，以此字人，若爲成政……自今须满三十六箇月，永爲常式。"

有的则是调整词序而来，如"错枉"：

【错枉】摈斥邪恶。错，通"措"。语本《论语·为政》："举直错诸枉，则民服；举枉错诸直，则民不服。"唐皇甫湜《赋四相诗·李岘》："进贤黜不肖，错枉举诸直。"《辽史·列女传·耶律氏常哥》："错枉则人不敢诈，显忠则人不敢欺。"

下文词汇化的途径部分将有详细阐述。

董秀芳先生（2002）在论述短语词汇化的原因时提到，创造性的用典也是短语词汇化的一个因素。但作者同时也认为"因用典而引起的词汇化不是语言自然发展的结果，而是包含了语言使用者的自觉选择在内"。②可见，作者把用典当做了词组词汇化过程中主观参与性极强的一种方式，但并没有明确提出用典成词其实是词汇学史上一个很值得挖掘和研究的课题。

---

① 陈望道：《修辞学发凡》，上海教育出版社，2001 年，第 162 页。
② 董秀芳：《词汇化：汉语双音词的衍生和发展》，四川民族出版社，2002 年，第 100—101 页。

我们认为，从词汇化的界定角度和典故词语自身的特殊性两个角度来看，都可以将典故词语的形成归入词汇化范畴。词汇化，简而言之就是非词成分变成词的过程，只要符合这一界定的，都可视为词汇化，而不能仅仅因为典故词语的使用和形成涉及的主观因素强烈而排斥在外。语言是人类的交际和认知工具，每种语言形式的形成、存在和使用，无一例外都是人类主观行为的表现，都体现出主观性。从典故词语角度来看，因为用典成词的方式有很多，所成的词语形式有很多，独特性又很强，因此，用典成词不仅仅是短语词汇化的一个因素，而是词汇化范畴内的一种特殊情况，从典故词语入手，进行词汇化的专项研究，不失为一个很好的研究词汇化的突破口。

我们认为，典故词语的来源多样，形式多样，虽然也有从诗文中截取的，也有跨层结构形成的，这样的多是语典成词，仅用短语词汇化成词和跨层结构词汇化成词，不能涵盖所有的典故词语的形成过程，特别是那些从事典中而来的词语。往往是从一个语篇中提取关键信息而成。

因此，我们独辟蹊径，将典故词语的词汇化归为"语篇词汇化"，拓展了大家共识的"词汇化"范畴。

下面将对典故词语的这种特殊"语篇词汇化"现象进行剖析。

（一）典故词语的词汇化不同于简缩法造词

简缩法造词是产生新词的一种方法，是"把词组的形式，通过简缩而改变成词的造词方法"。[①]有人称为"缩略法"，由此产生的词叫"缩略词"，比如"土改"（土地改革）、"博导"（博士生导师）、"支书"（支部书记）等。

简缩法造词是语言经济性原则的一个突出表现，随着社会的快速发展，语言也追求便捷、经济，简缩造词也日益增多。

简缩法是使繁杂的组合简单化，典故词语也是从复杂的语言信息中提炼凝聚而来的，二者从表面上看都是一个简化的过程，看似有共性，因此会有人把典故词语的形成简单地归为简缩法成词。但实际上，典故词语的词汇化不同于简缩法造词，原因有二：一是二者基础形式不同，简缩法的基础形式通常是词

---

① 葛本仪：《现代汉语词汇学》，山东人民出版社，2001年，第103页。

组，而典故词语的基础形式则是由词组、句子、篇章段落等充当的典源。二是二者在意义和基础形式的关系方面有所不同。简缩法所成词语的意义和原词组的意义完全相同，不存在意义的引申、扩大等情况；而典故词语的意义往往是在典源意义的基础上进行延伸，或比喻，或借代，意义经典化，才能够被人广泛用来指代相似或相关情况。

（二）典故词语词汇化的动因

关于典故词语的词汇化动因，王丹（2005）曾列出了四点：词汇系统内力的驱动、语用的需要、人的心理与认知基础和中国文化精神的推动。我们认为，这四个方面总结得比较完整，作者的某些分析也颇有见地，但是在用典动因和词汇化动因这两者之间又有所混淆，譬如作者分析的中国文化精神中"国人尚古，强调历史传承"这一个原因，其实并不是典故词语词汇化的直接原因，而是人们喜欢用典的原因。所以，在分析典故词语的词汇化动因时，一定要分清研究对象。

典故词语的词汇化既然属于词汇化范畴，就有词汇化动因的共性，同时，典故词语的词汇化又不同于一般词语的词汇化，即词汇化之前的基础形式有非常大的差别，典故词语的基础形式即典故是一种文本材料，是一种包含了复杂情景的语段。由语段成词，从本质上来说是寻找一种符号来替代语段的过程。因此，影响典故词语词汇化的因素，除了作用于词汇化的共同因素之外，又有独特之处。

1. 高频率的使用是典故词语词汇化的一个重要条件

典故之所以成为典故，一是因为其意义具有典型性，二是因为其典型性促使人们不断使用，如此循环，越被人广泛使用，意义越典型，也越能成为人们熟知的典故，才可能成为后人语言运作的工具。人们对典故的广泛运用使典故具有了变成典故词语的可能性和得以实现的前提条件。

这一点和一般词语词汇化的动因有相通之处。

关于词汇化的动因，钱韵、余戈（2003）认为使用频率和意义固化的匹配是影响词汇化的重要因素，"词汇化是汉语构造新词的一个特别来源。自然语言中构造新词的主要方式之一就是一个句法形式凝固成一个词汇单位。影响这个过程的因素有多种，其中最重要的则是该形式在言语中的使用频率和其意义的变化"①。Bisang 先生 (1998) 曾经将造成语法化的因素归纳为三个方面：一是语言习得，二是语用，三是社会语言学。其中以语用因素最为重要。

王灿龙先生（2005）认为："一种新的变体（包括语义、语用的）形式最初肯定只出现于个别人的口中或笔下，但它后来为什么能迅速传播并扩散开来呢？这其中有一个重要的原则在起作用，这一原则可以称之为'人云亦云'原则。这是因为语言活动并不是一个纯粹的个人或少数人的活动，当人们进行语言表达时，不仅要使自己的话让他人听懂，而且还希望他人从社会身份上予以认同和接受。为了达到这个目的，说话人除了遵守他所处的那个社会的一些语言规约之外，还必须随时关注一些新出现的形式，当一个新的表达形式出现的时候，特别是当这个新形式来自某个（些）权威人士或强势言语社团，人们会即时调整自己的语言表达，尽可能与新形式保持一致。"② 作者认为，词汇化和语法化动因一致，"人云亦云"的原则对词汇化过程来说，同样重要。

对典故词语的形成来说，人们对典故的不断使用同样也是诱发词汇化的因素。

高频率使用是促使典故形成典故词语的一个重要条件，但并不说明词汇化之后所有的典故词语都会被人们常用，而是有所差别。随着社会的发展，文化制度和人们语用心理取向的变化，有些词语会被人们熟知，如"跨下之辱""望梅止渴""闻鸡起舞"等，也有些词语会逐渐成为生僻词语，如"鹢飞""封胡羯末"等。常用与否，不是绝对的，而是因人、因时、因地而异。

2. 典故自身特点的制约推动着典故词语的形成

人们的广泛使用让典故形成典故词语有了可能性，但是典故自身条件的限制，却在某种程度上成了典故词语形成的一种催化剂。

典故自身内容繁复、语句长短不一，不管是事典、语典还是名典，人们在使用时不可能搬用整个典故，因为不符合语言交际的经济原则，也会与文本之

① 钱韵、余戈：《现代汉语四字格成语的词汇化研究》，《语言科学》，2003 年第 6 期。
② 王灿龙：《词汇化二例——兼谈词汇化和语法化的关系》，《当代语言学》，2005 年第 3 期。

间产生矛盾。比如偏好用典的诗歌、骈文，句式多整齐简短，所以照搬典故特别是事典，非常不切实际，由此人们便想方设法以一种"以点带面"的形式来使用典故，这就是典故词语词汇化的最初模式。如典故词语"丁令威"是由丁令威学道成仙的典故而来，后用此词来代指人世的变迁。

【丁令威】传说是汉辽东人，学道于灵虚山，后成仙化鹤归来，落城门华表柱上。时有少年，举弓欲射之，鹤乃飞，徘徊空中而言曰："有鸟有鸟丁令威，去家千年今始归。城郭如故人民非，何不学仙冢累累。"见晋陶潜《搜神后记》卷一。

后人在用这个故事来表情达意、感慨世事变迁时，自然不会再把丁令威的故事重复一遍，而是采用故事中的典型人物"丁令威"来代指，逐渐地，"丁令威"这个名称就有了特殊的含义，固定成词，人们就会逐渐地见此知典。

此外，中国传统的艺术观念也作为外部因素影响着典故词汇化形成典故词语。在用典方面，传统的艺术创作观要求行文作诗一要精当，二要含蓄，既要文中有事，又要事隐文中。宋·周紫芝《竹坡诗话》有言："凡诗人作语，要令事在语中而人不知。"南朝·梁·刘勰在《文心雕龙·事类》中也提到，"是以综学在博，取事贵约，校练务精，捃理须核，众美辐辏，表里发挥"。真正的文人不是堆砌典故，而是知其源、解其义，巧妙地化为己用，不露痕迹。这必然会促使人们在用典时自觉地选择典故中最具代表性的部分来代替典故，以达文意，久而久之，最能代表典故的部分就会固定下来，约定俗成为典故词语。

所以，可以假设，倘若典故本身就是简练的语言符号，能够很容易地被人们记忆识别，就可能不会产生典故词语这种代表性很强的语言符号。所以，从根本上来说，典故自身条件的限制是典故词语形成的最根本的动因，因为人们使用典故时不可能搬用典故的全部，而是必须要创制一种符号来代替典故。

3. 人类的认知心理对典故词语的形成具有很强的调控作用

在语言符号和客观世界的对应问题上，传统语言学认为语言符号和客观世界之间直接由大脑中的概念连接，没有认识到人的认知在概念形成中的作用。所以，他们认为语言符号和客观世界之间是直接的对应关系。

而认知语言学在承认客观世界的现实性及对语言形成的本源作用的同时，更强调认知的参与作用，认为语言是认知对世界经验进行组织和整合的结果。"语言不能直接反映客观世界，而是由人对客观世界的认知介于其间，'心生而言立'"，① 具体的模式是：

客观世界→认知加工→概念→语言符号

典故词语作为一种不同于一般词语的语言符号，它所反映的客观世界就是典故及典故自身所反映的社会现实和思想内涵，概念就是由典故所固化而成的意义，它们之间对应的模式就是：

典故→认知加工→固化的意义→典故词语

我们认为，典故形成典故词语的历时过程，比任何语言形式的变化都要准确地反映人们的认知心理对语言的建构。

这是因为典故词语的形成不同于一般词语的词汇化，其主观参与性极强，用典本身就是一个主观参与的过程，在这个过程中，使用典故表情达意是主要动机，使用什么样的典故，选择什么样的语言形式及如何使用等，都是认知心理在发生作用。具体来说，影响典故词语形成的心理机制共有以下几种：

（1）隐喻心理

隐喻是认知心理中一种重要的模式，在认知语言学看来，隐喻是产生新的语言意义的根源。人们基于概念之间的"相似性"（similarity），通过认知领域的联想方法，将两种相似的概念关联起来，进而实现用一种概念表达另一种概念的语言使用方法，也可以通过这种方法，将已知的、具体的信息投射到未知的、抽象的认识之中，以达到运用语言表达心理的目的。隐喻有主动和被动两种情况。被动隐喻是主体由于自身思维能力限制或临时性的言语贫乏，无法选择恰当的词或表达方式时，不得已而使用另一种相似的情况来完成当前的表达需求。主动隐喻则是主体根据需求自行选择合适的相似对象来实现预期目的。

① 赵艳芳：《认知语言学概论》，上海外语教育出版社，2001年，第35页。

束定芳先生（2000）认为主动隐喻有两方面原因：一是"因为所要认识的事物过于抽象，为了将抽象的事物具体化，更好地理解和传达所要谈论的事物的特征"；二是对熟识事物来说，"为了揭示该事物尚未为人所认识的某一特征，使用者有意识地用一个相对陌生的事物来说明它"①。

用典更多地体现了人类认知的主动隐喻心理，这种主动参与的隐喻心理又影响着典故词语的形成。"隐喻不仅是词义发展的催化剂，也是语言结构组成的动因之一。"②"从认知的角度看，'通过长期建立的常规关系而无意识进入语言的隐喻才是最重要的。'"③，这就使常规隐喻（conventional or dead metaphors）成为人们首选的隐喻方式，按照赵艳芳先生（2001）的观点，常规隐喻不仅丰富了语言，而且是简化语言的手段。一个词可以用于不同的范畴，同样，由典故而成的典故词语也可以比典故更为广泛地运用于相似范畴。

而且，"隐喻不仅是根据对具体事物的认知模式来认识和构造对其他事物的认知模式，而且是将整个认知模式的结构、内部关系转移，这种转移被称为源模式向目标模式结构的映射。这种映射是经验和理解的结果。"④

典故形成典故词语、典故词语被使用，就是实现了两重模式的转换。首先是使用者根据典故原型，进行内部语义和形式的整合，形成典故词语；继而是运用典故词语形式，将典故的意义进行相似事物的投射。比如"吞毡"本是苏武在恶劣环境下啮雪吃毡的行为，但后人对苏武在极度艰苦环境中不失节的行为和精神予以升华，赋予"吞毡"以新的含义，比喻坚贞不屈。

【吞毡】汉苏武于武帝天汉初出使匈奴，匈奴欲降之，武不屈，被幽大窖中。断饮食，武啮雪，与毡毛并吞之。后徙北海，杖节牧羊十九年。及还，须发尽白。事见《汉书·苏武传》。后以"吞毡"为坚贞不屈之典。

---

① 束定芳：《隐喻学研究》，上海外语教育出版社，2000年，第32—33页。
② 赵艳芳：《认知语言学概论》，上海外语教育出版社，2001年，第104页。
③ 赵艳芳：《认知语言学概论》，上海外语教育出版社，2001年，第105页。
④ 赵艳芳：《认知语言学概论》，上海外语教育出版社，2001年，第105页。

清陈康祺《燕下乡脞录》卷六：“纪文达吊以七律二章，有云：‘延陵挂剑心相许，属国吞毡志竟成。’”诗中使用“吞毡”一词将不畏艰难终成志愿的精神表达得完美又不露痕迹。

（2）组块心理

认知心理学研究发现，当人们接受外部信息特别是以句子或篇章形式出现的信息时，从心理本能上会对信息进行抽取组合，以最易于接受的模块形式来进行处理和认知，这就是组块心理。组块心理在语言的运用和词汇的产生过程中都有很重要的影响。董秀芳先生（2002）在研究双音词产生的心理机制时就提到这一点，“句法单位变为复合词的过程实际上可以看作一个由心理组块造成的重新分析过程”[①]。推而广之，不仅双音词的衍生受人们组块心理的影响，由篇章段落句子发展到词语，这更是人们组块心理需求的体现。典故词语由典故到词语形式的过程，很大程度上受组块心理影响。比如，以事典为例，一件具有典型性的事件会不断被口耳相传或文本传承，在传承过程中，参与者会逐层地进行信息的整理和提取，意义也不断整合凝固，以最易于接受的词组或片段相互传承，最后，事件就可能会成为一个来自事件原型的、凝聚了事件意义指向的代表符号，这个符号就变成了典故词语。

组块心理对词汇化的影响还体现在，人们接受语言信息时，往往是对越熟悉的事物，越容易忽略其细节，保存主要信息。比如由古代经典言语而成的语典词语，很多就是受此影响产生的。《论语》中的语言可谓经典传世，许多人铭记于心、张口即是，所以在利用《论语》名言表达意义时，人们可以取句子中的词语进行重组，组合后的形式不会影响交流。如“后生可畏”就是截取了句子“后生可畏，焉知来者之不如今也”中的一部分组成词语。

（3）不同个体的心理需求

前面的隐喻和组块心理都是从人类认知心理的共性角度来谈的。典故词语的形成，除了这些共性心理的作用之外，还有用典者的个体心理影响。不同的个体有不同的思想倾向，当所有的心理需求合起来时，会形成一种合力，推动

[①] 董秀芳：《词汇化：汉语双音词的衍生和发展》，四川民族出版社，2002年，第44页。

典故词语的词汇化。比如含蓄的表达心理就是一种，用典作为深受文人墨客赏识的一种修辞手法，使用者从主观上更倾向于用一种含蓄的、婉约的方式来实现思想和感情的表达，自然不会直接运用原典，而是选择可以代表原典的符号。又如追求新奇、不想被人识破的心理会促使使用者主观上只取典故中的一"点"带"面"，比如魏晋时期骈文盛行，文人以用典多和艰深为荣，这就促成了不同角度、不同组合的典故词语的出现，同时一个典故在不同的笔下也会出现不同的词语形式。

此外，人们的标新立异心理、寄情寓意心理、迫于社会和政治压力不得已而为之的心理等等，都会从客观上促使人们以含蓄、典雅的方式来表达思想，从而影响人们对典故的选择和使用，进而影响典故词语的词汇化。

董秀芳先生（2002）讨论语言演变中主体意识的有无时提到，不论是短语的词汇化还是句法结构或跨层结构的词汇化，都不是语言使用者有意识发起的革新。

诚然，从语言整体上来说的确如此，但就典故词语的词汇化来说，作为主观参与性极强的语言变化，虽然整体上是缓慢的、无意识的语言演变，但是具体到典故词语的个体形成，则无疑带有使用者有意识的参与和改造行为。因此我们可以认为，典故词语的词汇化是主观有意识和无意识共同作用下的语言发展。

总之，典故词语的形成和发展，是在多种心理因素的制约和影响下进行的，这也体现了语言是人类创造的，同时，人类又在不同程度地改造着语言。

（4）语言系统的影响是典故词语词汇化的大环境

典故词语是词汇系统的一部分，典故词语的发展变化隶属于语言系统的变化范畴。词汇化是语言系统自身发展的一种必然现象，王灿龙先生（2005）就曾指出："同语法化一样，词汇化也不仅仅局限于个别语言，可以说它是人类语言演变的一个较为普遍的现象。"①

在词汇化的大环境中，人们的用典行为或多或少地会受其影响，结果就是促进了典故词语的形成。

---

① 王灿龙：《词汇化二例——兼谈词汇化和语法化的关系》，《当代语言学》，2005年第3期。

同时，语言符号的离散性（discreteness）特点也为典故词语的形成提供了理论上的可行性。语言的离散性是指人们的话语体系中可以自由切分出边界明确、非延续的语言单位，这些单位具有自主功能，既可以作为语言结构体系中某一平面的单位独立存在，又具有与其他单位组合成新的单位的能力。"语言符号既能'拆卸'又能'组装'，这种自由'拆装'的特点我们称为离散性。"① 典故词语可以从由篇章、句子、词语组合等充当的典源中分离出来单独成词，具备了词的造句、交际等功能，成为汉语词汇系统中不可缺少的一部分。

此外，语言系统对典故词语形成的影响，还体现在语言的经济性原则会促使那些形式繁复、意义经典的典故不断整合、固化，形成一系列简练而又内容丰富的语言符号，典故词语应运而生。

（三）语篇词汇化的特点

论及词汇化特点，主要有两个角度：一是从高于词汇化自身的角度整体把握典故词语的词汇化特点，这是静态的，宏观的分析视角。二是着眼于词汇化过程中的特点，运用比较方法，从动态和微观具体的角度进行分析。

1. 典故词语的词汇化也是词语衍生的重要方式

语言的发展是伴随着语音的系统化、词汇的产生和丰富、语法的不断完善而发展起来的。词汇丰富发展的方式，有的学者称为"造词法"（孙常叙，1956），有的叫作"构词法"（王力，1980），有的则叫作"构辞法"（徐通锵，1997），这里的"构词法""构辞法"是从词汇学角度而言的，不同于语法分析中的"构词法"。李如龙先生（2002）则称之为"词汇衍生"，并认为从古至今，汉语词汇衍生的方式大体上可以归为四大类，即音义相生、语素合成、语法类推、修辞转化。

李如龙先生（2002）在分析修辞转化产生词语时，分析了四字成语、惯用语、缩略词和半音半义的外来合璧词通过修辞手法转变成词的过程。但作为因用典修辞成词的典型例子——典故词语的形成，却没有引起人们的注意。

从本质上来说，典故词语的词汇化产生了一系列有来源、意义固定的特殊

---

① 丁金国：《语言问题的理论思索》，《烟台大学学报》，2002年第1期。

词语，丰富了汉语词汇系统，这也是词语衍生的一种重要方式。

2.典故词语的词汇化有着不同于一般词语词汇化的特点

典故词语的形成是词汇化历程，但也必须看到，典故词语的词汇化与一般词语的词汇化有很多不同。下面按照词汇化的动态顺序，从词汇化之前的基础形式、词汇化过程和词汇化之后所形成的典故词语形式等几方面来看一下典故词语词汇化的独特之处：

（1）基础形式不同

关于成词的基础形式，葛本仪先生（2001）认为有两种：一是以词为基本形式，二是以词组为基本形式。董秀芳先生（2002）提出了词汇化的三种途径，基础形式实质上都可以归为词组。

但是，典故词语的基础形式既不是词也不是词组，而是一些有出处的句子、段落或篇章，因此，我们可以归纳出成词的第三种形式：语段。这里的语段是一种笼统概括的说法，包括有来历的语句、有出处的事件等。

语段成词，补充了成词的基础形式，也扩充了词汇化的范围，为研究汉语词语的衍生发展提供了更丰富的素材。

（2）形成方法不同

典故词语的形成方法不同于人们熟悉的音义任意结合法、摹声法、音变法、说明法、比拟法、引申法、双音法和简缩法等常见的造词方法，也不同于一般词组的词汇化，譬如双音词组的词汇化一般是词组的语音形式不变，语义通过比喻、引申、转喻或特指等方式发生变化，"但是不管哪种语义发展方式，词组义和词义存在语义差别是现代汉语词组发生词汇化的重要语义条件"①。不仅现代汉语，古汉语亦如此。语法方面，词组词汇化后语法属性可能会发生变化，或动词性词组名词化，如"教授"，或是形容词词组副词化，如"干脆"。而典故词语的词汇化由于是由句子、段落等篇章而来的，所以语音形式大多发生变化，语义方面多是由特指转向泛指，所以典故词语的意义和典源的意义一般不

---

① 李慧：《现代汉语双音节词组与词共存现象及词组词汇化考察》，北京语言大学硕士毕业论文，2005年，第39页。

会有很大不同，而语法上，则更不存在转化。

具体的形成方法将在下一节中讲述。

（3）形式变化不同

从词形上看，典故词语的词汇化是由句子篇章等而来，在形式的变化上不同于一般词语的词汇化。一般词语的词汇化其形式通常有：形式不变，如"教授""提纲"等；形式紧缩，如由句法或跨层结构而来的词语多为句法和语义的紧凑缩小，如"所以"等。而典故词语的词汇化，其形式较之于典源来说，变化主要是形式紧缩的情况，特别是事典，几乎全是在基础形式的基础上凝聚而成的，如"刻棘""丸泥"等。

【刻棘】语本《韩非子·外储说左上》："宋人有请为燕王以棘刺之端为母猴者，必三月斋，然后能观之，燕王因以三乘养之。右御、冶工言王曰：'臣闻人主无十日不燕之斋。今知王不能久斋以观无用之器也，故以三月为期。凡刻削者，以其所以削必小……'王因囚而问之，果妄，乃杀之。"韩非本用以讽刺说客。后以"刻棘"比喻治学的艰辛。

部分语典是照搬原语言，词形没有变化，如"不在其位，不谋其政"出自《论语·泰伯》："子曰：'不在其位，不谋其政。'"。但大多都是基础形式紧缩成词的情况，如"从井救人"：

【从井救人】语本《论语·雍也》："仁者，虽告之曰：'井有仁（仁人）焉。'其从之也？"意谓跟着跳到井里去救人。原用以比喻对别人并无好处而徒然危害自己的行为。后亦用以比喻冒极大危险去拯救别人。

王丹（2005）认为，典故词语的词形变化由于合典而存在词形扩大的情况，举例为"鱼来雁往"较之于"鱼书"，词形扩大。我们认为，所谓的词形扩大与缩小，是针对词语与典源比较而言的，并不是典故词语之间的比较，"鱼来雁往"和"鱼书"都是两个典故词语，它们较之于各自的典源，都属于形式缩小的情况。

（4）主观参与程度不同

除前文讲到的受认知心理作用影响之外，在典故词语的词汇化过程中，主观参与性极强，因此典故词语的形成过程中会出现不同的词形，信息提取过程中主体不同、角度不同、信息侧重不同，所以会有不同的形式，会有一个典故用不同的语素符号来编码组合。如"饭蔬饮水""曲肱"和"乐在其中"就出自同典；"衣马轻肥""肥马轻裘"同典，后者更符合原文结构，意义也相同，但因使用者所取角度不同而产生了两个典故词语；"武城鸡"和"牛刀"取自同一个典故，但两者却表达了两种相反的事物，"武城鸡"指微小事物，"牛刀"则喻指大材器；另外"调弦理万民"也和"武城鸡""牛刀"同典，但意义又不同于二者。

【武城鸡】《论语·阳货》："子之武城，闻弦歌之声。夫子莞尔而笑曰：'割鸡焉用牛刀。'"朱熹集注："因言其治小邑，何必用此大道也。"后以"武城鸡"喻微小之物。

【牛刀】宰牛的刀。语出《论语·阳货》："子之武城，闻弦歌之声。夫子莞尔而笑曰：'割鸡焉用牛刀。'"后常以喻大材器。

【调弦理万民】谓以礼乐治民。典出《论语·阳货》："子之武城，闻弦歌之声。夫子莞尔而笑曰：'割鸡焉用牛刀。'"元石子章《竹坞听琴》第三折："你可甚端冕临三辅，调弦理万民。"

（5）典故词语的词汇化主观随意性和规律制约性并存

典故词语的成词，看似零散、主观随意性很强，其实内在有很多汉语自身的规律在制约着。比如在截取音节组合成词的过程中，有些词语音节位置不同于在典源中的位置，如"枉错"按照典源中的位置和语义，应该是"错枉"，但之所以形成"枉错"可能受汉语构词中"短调居前、长调居后"韵律规则的制约。①

又如，典故词语组合形成时有时可以脱离典源的制约，根据词语自身的韵律需求或意义需求，自主地改变成分位置，体现了著名的"词汇完整性"或"词汇自主假设"理论（Lexical Integrity Hypothesis），即"短语（句法）规则不能影响到（适用于）词汇内部的任何部分"。②③

（6）典源之外的语言要素参与比较积极

一般词语的词汇化，不管是短语成词、句法结构成词还是跨层结构成词，其词汇化过程往往都是在本词语的使用环境内部展开的，很少涉及文本之外的其他词语的参与。如"所以"一词在由"所……以……"或"所以……"等跨层结构词汇化的过程中，并没有加入其他成分，只是这两个词的意义凝聚和词法组合。

而典故词语的词汇化过程中，就有很多典源文本之外的其他成分参与成词。④ 如"腹载五车"就是加入了"腹载"，使典源意义更明白地彰显了出来。

【腹载五车】语出《庄子·天下》："惠施多方，其书五车。"后因以"腹载五车"喻读书甚多，学识极富。

典源之外的成分之所以较多地参与到典故词语词汇化的过程之中，一是因为这个过程本身主观参与性强，使用者可以根据需要进行支配，二是典故词语的词汇化是一个历时性很强的过程，很多词语形成过程中会发生同义合成、意义分化等各种情况，词语的形式也会随之受影响。

以上几点是从总体上对典故词语词汇化这一语言变化现象的特点进行的简单总结。其实，从广义上来讲，本书围绕词汇化所展开的一系列研究比如形式、动因、方法、途径、结构、语义和语用等诸多方面，都是典故词语词汇化所独

---

① 详细参见冯胜利：《汉语韵律语法研究》，北京大学出版社，2005年，第73页。
② 冯胜利：《汉语韵律句法学》，上海教育出版社，1992年，第81页。
③ 冯胜利：《汉语韵律语法研究》，北京大学出版社，2005年，第111页。
④ 注：下文关于词汇化方法部分将有详细论述。

有的特色，都属于特点范畴。此小节是大概的略说。

（四）语篇词汇化的步骤

典故词语词汇化的步骤是从使用者用典的行为开始的，狭义上讲是一个词语固定的过程，而从广义上来讲，则是一个包括了信息提取、信息加工和信息传递的认知过程。

1. 关键信息的提取

信息的提取是在具体的运用中实现的，主要在个体行为中进行，既包括字面信息的提取，也包括所指意义的提取，意义的提取决定字面信息的提取。作者要使用典故而不能照搬原典，就必须根据自己的表达意图从典源中提取相关信息，从语典中提取关键词语，从事典中提取相关的时间、人物、事件等，名典则主要是提取名称。在信息提取时，由于使用主体不同、时代不同、言语习惯和动机等不同，因此，提取的信息也会出现不同，由此典故在形成典故词语时会出现同典异形、异典合形等现象。比如：

《论语·微子》："楚狂接舆歌而过孔子曰：'凤兮凤兮！何德之衰？往者不可谏，来者犹可追。已而，已而！今之从政者殆而！'"邢昺疏："接舆，楚人，姓陆名通，字接舆也。昭王时，政令无常，乃被发佯狂，不仕，时人谓之楚狂也。"

同一个典故，由于信息提取角度不同，由此形成了四个典故词语："歌凤"和"陆通歌凤"仅从接舆歌颂凤的行为角度而言，为避世隐居之典；"批凤"则是从接舆借歌凤而讽孔的动机角度而言的，故指对有德者的批评；而"凤歌"只是从接舆所唱之歌的角度而言，故借指狂人之歌。

又如出自同一个典故的"一丘之貉""一丘貉""貉一丘""貉同丘"等词语是意义相同的情况下，主体对字面信息提取有所不同而造成的同典异形同义词语。

2. 信息的加工整合

信息的加工整合一方面指使用者在从典源中提取词语过程中进行的整合，还包括典源信息在被不同个体提取形成了诸多典源代表符号之后的比较整合，即从各个角度提取的信息组合会接受历史的考验，在后人的反复使用过程中优胜劣汰，把一些不易被接受的形式剔除掉，保留认同度比较高的形式，再通过意义的固化，固定成为被广泛认同的典故词语。

这一步包括两小步：一是将提取的信息进行顺序的组合。二是信息组合后意义的固定。

信息的顺序组合指使用者根据自己的需求从典源中提取信息以后，会在大脑中有一个信息的重组过程，这个过程一般来说是按照提取的先后顺序，但也会出现反复、共存、和固定的一个过程，所以也会有同素异序现象，这种情况在语典成词中比较常见。比如出自《诗·秦风·无衣》"修我戈矛，与子同仇"和《左传·文公四年》"诸侯敌王所忾，而献其功"的词语"同仇敌忾"亦作"同仇敌慨"，还作"敌忾同仇"，字面信息组合顺序不同，但意义相同，都指抱着无比仇恨和愤怒共同一致地对付敌人。

意义的固定，对那些出自同典且信息提取时意义和所指都一直相同的词语来说，这一小步在信息提取时就完成了；但对于那些在信息提取阶段所指和意义就各不相同的词语来说，意义的固定则需要经过历时的变化。一般来说典故词语的意义和典故自身的意义是一致的，但也会出现意义不一致、意义引申、意义转移等各种情况。如"鲁二生"一词本指保持儒家节操、不与时俗同流合污的代表人物，同时也用来指迂腐不知时变者，不但意思不同，而且感情色彩也完全不同。

【鲁二生】《史记·刘敬叔孙通列传》："叔孙通使征鲁诸生三十余人。鲁有两生不肯行。曰：'公所事者且十主，皆面谀以得亲贵。今天下初定，死者未葬，伤者未起，又欲起礼乐。礼乐所由起，积德百年而后可兴也。吾不忍为公所为。公所为不合古，吾不行。公往矣，无污我！'叔孙通笑曰：'若真鄙儒也，不知时变。'"清钱谦益《戊辰七月应召赴阙车中言怀》诗之二："长吟颇惜齐三士，抚卷谁知鲁二生！"李光《赠稗兰》诗："知君不为鲁二生，知君不为汉四皓。"亦作"鲁两生"。清谭嗣同《咏史》之一："遐哉鲁两生，韬修谢干羽。"

典故词语意义固定的过程是典故词语词汇化过程中的一个重要方面，因为语义对典故词语来说，是存在的灵魂，也最能体现典源意义。

3.信息的传递

这个步骤是一个历时性很强的过程，是典故词语的形式和意义都固定之后，作为一个词语在词汇系统中存在并发生作用，成为传承典故文化的代表符号。比如人们在弘扬中国传统文化中的"孝"文化时，一个盛传不衰的典故要比空洞的道理更容易被接受，关于孝子的典故词语就会作为一种特殊的词语被人们使用，如王祥卧冰求鲤以孝继母的"卧冰求鲤"，老莱子穿上彩衣博母开心的"班衣戏采"等词语都生动传达出了情节丰富、感人至深的经典孝行，给后人以心灵的巨大启迪。

董秀芳先生（2004）在研究词库和词法理论时提到，"一些由词法规则生成的本不用在词库中储存的词，由于构成这些词的词法规则在语言发展过程中变得模糊，这些词的内部形式也随之模糊化了，最后变得完全不透明，不可分析，结果这些词就进入了词库"。[①] 其实这就是对词汇化从词库和词法理论角度进行的另一种阐释。典故词语形成之后，一部分会进入人们常用的交际语料库，也有一部分会进入汉语词库，成为历史词语承载典故文化。

就这样，典故词语通过自身固有的意义把承载的典故文化历代传递下来，一方面完成了其文化承载使命，另一方面也丰富了汉语语言的灵活性和人文内涵。

（五）语篇词汇化的途径

了解如何从典源中形成典故词语，采用什么样的具体方法，能帮助我们更全面地掌握典故词语词汇化的特殊性。如典故词语"如坐春风"出自宋朝朱熹《伊洛渊源录》卷四："朱公掞见明道于汝州，踰月而归。语人曰：'光庭在春风中坐了一月。'"该词语是通过抽取补充组合而来的。

从成词的历时过程来看，典故词语就像一个无所不包的小群体，虽然使用范围小、频率低，人们的认知度也低，但是其内在的形成过程却复杂多样，不仅包括短语成词、句法结构成词，还包括了大量的跨层成词。但我们所指的跨

---

① 董秀芳:《汉语的词库与词法》，北京大学出版社，2004 年，第 14 页。

层结构成词，不同于董秀芳先生（2002）所界定的"跨层结构是指不在同一个句法层次上而只是表层形式上相临近的两个成分的组合"①。确切地说，本书的跨层结构比董秀芳老师所指的范围广，既包括由表层形式上相临近的两个或多个成分的组合，如"盍各""盍彻"：

【盍各】《论语·公冶长》："颜渊、季路侍。子曰：'盍各言尔志？'"后以"盍各"指各抒其志。亦指志趣。

【盍彻】《论语·颜渊》："哀公问于有若曰：'年饥，用不足，如之何？'有若对曰：'盍彻乎？'"谓何不用周代十分抽一的税率。有若认为薄赋则民足，民足则君亦足。后因以"盍彻"指施行仁政。

两个词语都是由句首疑问词"盍"与本无语法关系的成分跨层组合而成。

又包括不在同一句法层次上、表层形式上也不相临近的成分的组合，如词语"狂斐""荣哀""鞠躬屏气"等。

【狂斐】《论语·公冶长》："子在陈，曰：'归与！归与！吾党之小子狂简，斐然成章，不知所以裁之。'"朱熹集注："狂简，志大而略于事也。斐，文貌。成章，言其文理成就，有可观者。"后以"狂斐"谓立意高远，文采斐然。

【鞠躬屏气】《论语·乡党》："摄齐升堂，鞠躬如也，屏气似不息者。"后以"鞠躬屏气"指弯腰曲体，屏住呼吸，一副恭谨畏葸的样子。

此外，还包括由不同典源中的成分组合而成典故词语的情况，如"天与人归""爱素好古""积雪封霜"等。

【天与人归】语出《孟子·万章上》："'然则舜有天下也，孰与之？'曰：'天与之。'"《谷梁传·庄公三年》："其曰王者，民之所归往也。"后以"天与人

---

① 董秀芳：《汉语的词库与词法》，北京大学出版社，2004年，第273页。

归"谓天命所属，人心所向。

在由短语、句法结构和跨层结构三种形式形成典故词语的过程中，有各种各样的方法，有的方法出现在某一形式中，如照搬语句成词只出现在短语或句法结构中，跨层情况中就没有。而有的方法则三种情况都会出现，比如截取成词，所以下面我们在讨论典故词语词汇化的具体方法时，不是对三种形式成词的情况进行分类描写，而是本着"以方法为纲"的原则，用形成方法将三种情况串联起来。

虽然曹炜先生（2004）谈到典故词时涉及了典故词的语音形式，并认识到了其多样性，但并没有就这种多样性形式的形成方法进行分析。

丁建川（2004）将典故词语的形成方法列为概括式、缩合式、截取式、复合式、藏词式、飞白式和序换式共七种。我们认为，虽然作者也是本着"探究典故词语与其典源材料之间的关系，即一个典词构成的方法"的宗旨，展开了对典故词语构成方法的分析，但是，严格来说，概括式、藏词式和飞白式其实并不是真正着眼于典故词语和典源的关系，而是从人们使用典故词语的语用动机角度来说的。因此，虽然某些结论和观点有一定的道理，但是作者将不同角度的结论放在一起的写作方法值得商榷。

必须承认，典故词语是在人们使用典故的过程中形成的，使用典故的语用动机会影响典故词语的形成方法，使之多样化。

因此，在研究典故词语词汇化途径时，我们要从两方面入手。一是成词动机，即什么样的语用动机、如何促使典故词语形成，这是宏观上的成词手法；二是具体而微的成词方法，即从典故词语的形式和典源之间的关系分解中得出的直接方法。

由典源形成典故词语并不是随意无规律的，而是一个具有内在制约的复杂过程。总的说来，有两个原则：一是所成典故词语必须能够代表整个典源，二是典故词语能够满足使用者表达需要。下面所列出的各种方法都是在这两个原则制约下存在的。

1. 动机成词的手法

本部分是从使用者的使用目的和心理角度来窥探典故词语形成的途径的，可以说是目的途径。从根本上来说，典故词语之所以成为典故词语，就是因为具有了特殊的含义，能够代表和泛指一种相似情况。而人们在使用典故以成典故词语时，又有不同的目的和手段，或是比喻，或是借代，或是反用等等，不同的使用动机会有不同的成词手法，简而言之主要有以下几种：

（1）比喻成词

即运用把甲比做乙的手法形成典故词语。由比喻形成典故词语的本质特点在于被使用的典故和作者要比喻的对象之间有某种相似性。具有相似性的事物之间可以在人们交际过程中实现"以已知喻未知、以有形喻无形、以常见喻生僻、以具象喻抽象"的交际功能，从而提升语言的使用功效。

关于比喻手段在人类语言中的运用，丁金国先生（2007）这样诠释："用喻的手段来言事说理，是人类言语交际的普遍规律，其本质是人类为解脱语言的'空缺和贫乏'而采用的一种方式或策略，通过对不同事物之间的相似性特征的比较，寻找它们之间的联系，进而利用已知事物的某些特征去表达暂时还难以表达的概念，以便破解那些已活跃在思维里'神秘'的、难以言状的东西，以譬形况义的描摹是其基本的运行特征。"①

典故的形成和使用，在很大程度上就是比喻手段的作用，丁金国先生（2007）认为比喻手段对于汉语构词的影响在于"喻合"成词，如"轨迹""腐败""电脑""雷同"等，而且在这些词的整体意向中，仍或多或少、或深或浅地存在着比喻成分的暗含之义。

丁先生的研究对我们分析典故词语的形成有很好的启发作用，典故词语中有很多即是"喻合"而成的。在具体的比喻成典故词语过程中，又呈现出不同的形式：

①典故词语出自同一典源，构词要素本就出现在典源中。

这一类是比喻成词最多的一类。也就是说，典源中的符号信息直接充当比

---

① 丁金国：《汉语特质说略》，《汉字文化》，2007年第2期。

喻意义的载体而成典故词语，如"朝三暮四""螳臂当车"等。

【朝三暮四】《庄子·齐物论》："狙公赋芧，曰：'朝三而暮四。'众狙皆怒。曰：'然则朝四而暮三。'众狙皆悦。"本谓只变名目，不变实质以欺人。后以喻变化多端或反覆无常。

【螳臂当车】《庄子·人间世》："汝不知夫螳蜋乎？怒其臂以当车辙，不知其不胜任也。"

②典故词语出自不同的典源，由几个比喻合成一词的，构词要素或出现在典源中，如"晖光日新"；或未出现在典源中，而是由人们主观意合取其相关义的要素而成，如"算沙抟空"。

【晖光日新】《易·系辞上》："日新之谓盛德。"《礼记·大学》："苟日新，日日新，又日新。"《孟子·尽心下》："充实而有光辉之谓大。"后因以"晖光日新"谓进德修业不懈，日日更新。

"晖光"出自《孟子》，"日新"则出自《易经》，后人将两个相近的比喻合在一起，表达同一个意思。

【算沙抟空】《太平御览》卷七四引《鲁连子》："淄渑之沙，计儿不能数。"《庄子·逍遥游》："鹏之徙于南冥也，水击三千里，抟扶摇而上者九万里。"后以"算沙抟空"谓驾御繁难，能人之所不能。

"算沙抟空"这个典故词语，也是由出自两个文献的词语组合而成，从字面上来看，只有"沙"在典源中出现，其他几个构词要素甚至未出现在典源中，而是后人根据两个典故的意思（计算沙子和飞上高空两件事均难以企及、非常人能做到）主观意合而成了"算沙抟空"，用来比喻做别人做不到的事情。

在所有典故成词的情况中，比喻成词是最多的一种，这也是我们判断词语之所以是典故词语的标识之一。

从喻体和主体的内容关系角度来看，比喻成词可以分为以物喻人、以事喻事、以人喻人、以言喻事等多种情况。

以物喻人（包括事物和动物）就是把物的特点和人的行为结合起来，寻找一种共性，加以联想。

【箧扇】汉班婕妤《怨歌行》："常恐秋节至，凉风夺炎热。弃捐箧笥中，恩情中道绝。"后因以"箧扇"喻被弃的妇女。

【附骥蝇】《史记·伯夷列传》："附骥尾而行益显。"司马贞索隐："按，苍蝇附骥尾而致千里，以譬颜回因孔子而名彰也。"后以"附骥蝇"比喻依附他人而成名的人。

以事喻事则是以生活中的具体事情来比喻某一类事情由此而形成一些典故词语。比如由得到鱼忘记筌、得到兔子忘记兔罝的事情来比喻人们达到目的却忘记凭借，形成了典故词语"得鱼忘筌""得兔忘蹄"，富有生活气息且形象易懂。

【得鱼忘筌】比喻已达目的，即忘其凭借。"筌"亦作"荃"。《庄子·外物》："荃者所以在鱼，得鱼而忘荃；蹄者所以在兔，得兔而忘蹄。"

【得兔忘蹄】犹言得鱼忘筌。蹄，兔罝。语出《庄子·外物》："蹄者所以在兔，得兔而忘蹄。"

以人喻人指选取典型人物的独特之处用来比喻具有这一特点的所有人，作为喻体的人就具有了某种共性，相应地，人名或称呼或官衔就会成为具有特殊含义的词语，如：

【石季伦】晋石崇字季伦，以生活豪奢著称。后世诗文中每用以喻指富豪。

以物喻事指选取特定环境下的某种事物来比喻相似的情景和事件。如：

【白云】喻思亲。《旧唐书·狄仁杰传》："其亲在河阳别业，仁杰赴并州，登太行山，南望见白云孤飞，谓左右曰：'吾亲所居，在此云下。'瞻望伫立久之，云移乃行。"

自古以来，托物言志、借物抒情，是中国文学中的一种常见表现手法，被人们赋予某种情怀的事物，容易被定格和记忆，从而被后人沿用。例如"梅兰竹菊"四君子用来比喻高尚的情操。许多典故词语就是在这样的文学意境中形成和传承下来的。

(2) 借代成词

借代，是修辞学中常见的手法。借代的主体和被借代者之间存在相关性，用相关的事物来代指所表达的内容，可以达到委婉的艺术效果，在某些场合也可以实现避讳的功能。

借代而成典故词语指通过以甲代乙的手法形成典故词语的方法，包括以物代人、以物代物、以人代事、以人代行为、以特点代事物、以部分代整体等各种类型。专有名词做典故词语的情况通常就是运用借代的修辞手法形成的，如以"吴鸿"代宝剑，以"学而"代《论语》等。具体来说包括：

以物代物：以可以代表总体特点的某种事物来代指事物总体，或部分代整体，或事物代所属，类型多样。如以"米家船"借指米芾的书画，以《论语》的首篇"学而"来代替《论语》整体，以各民族的特点代指民族：

【鞮译象寄】《礼记·王制》："五方之民，言语不通，嗜欲不同。达其志，通其欲，东方曰寄，南方曰象，西方曰狄鞮，北方曰译。"后因以"鞮译象寄"借指四方少数民族。

以物代事：以事件中某事物来代指相关事务。如以潘岳种的花来代指官吏的勤政善治。

【潘花】据晋潘岳《闲居赋》载，潘岳曾为河阳令，于县中满种桃李，后因以"潘花"为典，形容花美，或称赞官吏勤于政事，善于治理。

以事代事：

【归沐】回家洗发。《诗·小雅·采绿》："予发曲局，薄言归沐。"后用以指官吏休假。唐刘禹锡《浙西李大夫述梦四十韵并浙东元相公酬和斐然继声》诗："五日思归沐，三春羡众邀。"宋苏轼《与子由饮清虚堂感念存没》诗："天风浙浙飞玉沙，诏恩归沐休早衙。"

【熟羊胛】《新唐书·回鹘传下》："骨利干处瀚海北……其地北距海，去京师最远，又北度海则昼长夜短，日入亨羊胛，熟，东方已明，盖近日出处也。"后用以比喻光阴快速流逝。

用回家洗头发来代指休假，用烹调羊胛这件事来指代时间飞快，生动形象易解。

陈望道先生在《修辞学发凡》讲到成语的使用时把"要用的词已见于习熟的成语，便把本词藏了，单将成语的别一部分用在话中来替代本词"的行为称作"藏词"，王希杰（1983）称之为"割裂式借代"，郭焰坤（2006）认为"藏词"是"裁割文句，使事典词汇化"。我们认为，"藏词"的提法有其合理性，但更倾向于词形和典源的关系，其指称范围和包容性远不如"借代"。

(3) 反用成词

反用指使用者将典源的意义"反其意而用之"，由此形成的典故词语的意义和典源意义存在一种相反或偏离的关系。这种情况非常少见。比如反用古谚而成词者：

【李下无蹊】古谚有"桃李不言，下自成蹊"语，谓桃李成熟，人不期而至，树下自然踏成蹊径。唐时借李（李树）、李（李姓）同字，反用此古谚以称颂李至远、李义为人正直，秉公选举，无人敢走私门。

【水湄蓝桥】相传唐裴航在蓝桥驿遇仙女云英，求得玉杵白捣药，终结为夫妇。见《太平广记》卷五十引唐裴铏《传奇·裴航》。后以"水湄蓝桥"。比喻男女欢会之事不成。

(4) 总括成词

指使用者通过对典源意义的内容进行总结归纳而形成典故词语的方法。常见于事典成词。比如以两个人的姓氏合称来概括发生在二者身上的故事，从而形成典故词语"龚隗"，比喻生死相隔的知交。

此外，人们对人、事、物等特点的比较和概括也促成了典故词语的形成，多典源合成的典故词语也是典型的总括成词，如冉求和仲由（字季路）的合称"冉季"表示为政者的楷模，冉耕和颜回的合称"冉颜"指有德者，"遗簪绝缨"是对两件相仿之事概括合成的词语。

【遗簪绝缨】《史记·滑稽列传》："若乃州闾之会，男女杂坐，行酒稽留，六博投壶，相引为曹，握手无罚，目眙不禁，前有堕珥，后有遗簪，髡（淳于髡）窃乐此，饮可八斗而醉二参。"《韩诗外传》卷七："楚庄王赐其群臣酒。日暮酒酣，左右皆醉。殿上灭烛，有牵王后衣者，后挖冠缨而绝之，言于王曰：'今烛灭，有牵妾衣者，妾挖其缨而绝之。愿趣火视绝缨者。'王曰：'止！'立出令曰：'与寡人饮，不绝缨者，不为乐也。'于是冠缨无完者，不知王后所绝冠缨者谁。于是王遂与群臣欢饮，乃罢。"后合二事为"遗簪绝缨"，谓男女杂坐，不拘形迹，欢饮无度。

(5) 夸张成词

夸张成词指后人利用某些具体的事件或言辞来夸张形容相似情况。如：

【令人发指】《庄子·盗跖》："谒者入通，盗跖闻之大怒，目如明星，发上指冠。"后以"令人发指"形容使人愤慨到了极点。

上面所列的各种使用手法之间并不是互相割裂不能共存的，相反，往往是几种手法共同发生作用，比如人们在总括事件成词时，同时也伴随着比喻、借代等手法。如：

【别剑】喻夫妻生离死别。语本南朝宋鲍照《赠故人马子乔》诗之六："双剑将别离，先在匣中鸣。烟雨交将夕，从此遂分形。雌沈吴江里，雄飞入楚城。吴江深无底，楚阙有崇扃。一为天地别，岂直限幽明？"按，晋干宝《搜神记》卷十一谓，楚人干将、莫邪曾造雌雄之剑。

以上几种使用方法虽然不是促成典故词语形成的最直接的因素，但是，也一定程度上客观地促进了典故词语的产生，是间接形成典故词语的方法。

2. 具体成词的方法

本部分是将语用心理和成词手法综合起来从典故词语的音节形式和典源之间的关系角度来探讨典故词语词汇化的方法。

典故词语字面形式和典源之间的关系主要有三种：完全不变地来自典源、全部来自典源但有所调整、不全部来自典源。根据这三种关系，我们将典故词语词汇化的方法分为截取法、提取法和改造法三大类，每类下又分不同情况。

(1) 截取法

截取法指的是通过截取典源中相邻部分来充当典故词语的方法，即典故词语的形式本来就存在于典源中，未加改变直接把截取部分照搬而成典故词语。截取成词多出现在语典成词中，其次是名典成词，偶尔出现在事典成词中。

截取法根据截取典源的不同部位可以分为：

专名截取：

主要是指利用典源中的一些人名、地名等专有名词作为典故词语，使其获得了整个典故的意义，并且意义专门化，从而可以代指整个典故，主要出现在事典成词和名典成词中。专名截取成典故词语的情况通常是运用借代或特指的修辞手法。如以"吴鸿"代宝剑，以"郭细侯"借指有政绩者等。

【吴鸿】春秋时吴人。其父杀之，以其血涂金，铸成钩，进献吴王。故亦以为钩名。后泛指宝剑或利器。汉赵晔《吴越春秋·阖闾内传》："〔阖闾〕复命于国中作金钩，令曰：'能为善钩者，赏之百金。'吴作钩者甚众，而有人贪王之重赏也，杀其二子，以血衅金，遂成二钩，献之阖闾，诣宫门求赏。王曰：'为钩者众，而子独求赏，何以异于众夫子之钩乎？'……于是钩师向钩而呼二子之名：'吴鸿、扈稽，我在于此，王不知汝之神也。'声绝于口，两钩俱飞著父之胸。"

整句①截取：

截取典源中某一整句或分句而成典故词语，有一些是不加调整完全照搬，比如前文提到的五音节、六音节等多音节形式，大部分都是照搬句子而成，如"名不正，言不顺""差之毫厘，谬以千里""食不厌精，脍不厌细"等。

【食不厌精，脍不厌细】粮食不嫌舂得精，鱼和肉不嫌切得细。《论语·乡党》："斋必变食，居必迁坐。食不厌精，脍不厌细。"后用以形容饮食极其讲究。

有一些在截取时，会对句中词语顺序进行变换，这一类严格来说并不属于

---

①　为研究方便，这里的"句"并不是严格语法意义上的完整句子，而是主要针对语典而言的。除整句截取中所提到的句子如"差之毫厘，谬以千里"等可以为复句或一个完整的句子之外，文中其他部分所提到的句子都是指典源中以标点符号为分界的小分句，如《汉书·律历志上》："日月如合璧，五星如连珠。"按本书界定就是包含了两个句子。下文同。另外，所谓的句首、句中、句尾，也不是以字或句法规则为据的，而是以句子中的位置为依据的，只要是位于句子开头的部分就是句首，位于句子中间的部分就是句中，位于句子末尾的部分就是句末。如"文章憎命达"中所成的典故词语"文章憎命"我们认定是截取句首成词，"憎命"就是截取句中成词，取自"人之云亡，邦国殄瘁"中的"邦瘁"就是提取句首句尾合而成词。

照搬，而属于下面的提取类型。如：

【纳新吐故】犹吐故纳新。吸入新鲜的吐弃陈旧的。语出《庄子·刻意》："吹呴呼吸，吐故纳新。"

句首截取：

截取句首词语形成典故词语，这种情况并不多见。当句首部分语义信息比较丰富时，会截取句首成词，如"当仁不让""犁牛之子"等。

【当仁不让】《论语·卫灵公》："当仁不让于师。"泛指遇到应该做的事主动去做，绝不推诿。

截取句首的部分还有很多是本来毫无语义联系的词语，截取之后负载起了整个典故的意义。这充分体现了典故词语形成过程中的主观随意性。如"盍徹""盍各"等。

【盍徹】《论语·颜渊》："哀公问于有若曰：'年饥，用不足，如之何？'有若对曰：'盍徹乎？'"谓何不用周代十分抽一的税率。有若认为薄赋则民足，民足则君亦足。后因以"盍徹"指施行仁政。

句中截取：典故词语由截取句中的词语充当。截取句中成词多出现在四字以上的较长句子中，但总体来说截取句中成词的情况并不多。如"憎命""出一头地"等。

【憎命】憎恶命运（亨通）。语出唐杜甫《天末怀李白》诗："文章憎命达，魑魅喜人过。"

【出一头地】宋欧阳修《与梅圣俞书》："读轼（苏轼）书，不觉汗出。快哉快哉！老夫当避路，放他出一头地也。"谓当避开此人让其高出众人一头之地。后以"出一头地"喻高人一着。

句尾截取：

典故词语由截取自句尾的词语充当。截取句尾的情况非常之多，比如以《诗经》句子为典源所出的典故词语大都截取自句尾，如"同云""同裘""同穴"等。

【同云】《诗·小雅·信南山》："上天同云，雨雪雰雰。"因以为降雪之典。
【绕指柔】《文选·刘琨〈重赠卢谌〉诗》："何意百炼钢，化为绕指柔。"吕延济注："百炼之铁坚刚，而今可绕指。自喻经破败而至柔弱也。"后因以"绕指柔"比喻坚强者经过挫折而变得随和软弱。

董秀芳先生（2002）认为，受句子中句首韵律严格、句尾韵律宽松的韵律特征制约，跨层结构发生词汇化一般位于句首，位于句尾的跨层结构一般不发生词汇化，"当句首位置的跨层结构形成一个音步时，由于一个音步内的成分结合紧密，形式上具备了成词的条件，因而在合适的情况下就有可能词汇化。"[①] 这是一般词语词汇化的情况。

据统计，典故词语的形成过程中，截取句首或句尾的情况占绝大多数，且截取句尾成词的情况比截取句中和句首成词的情况都要多。实验心理学研究表明，人类的认知记忆效果最好的部分往往位于符号序列的开头和结尾，对人们交际过程中的句子或语段来说也是如此，"一个句子的语义重点一般也是放在句首或句尾，目的是为了引起听话人更多的主意。"[②] 这是因为，在一句话中，句子的重心往往位于句末，特别是很多语典中，如《诗经》之语多以四字为一句，

---

① 董秀芳:《词汇化:汉语双音词的衍生和发展》，四川民族出版社，2002 年，第 291—292 页。
② 沈家煊:《认知心理和语法研究》，载《语法研究入门》吕叔湘等著，马庆株编，商务印书馆，1999 年，第 235 页。

句子中心意义也都集中在句末，因此，使用者在获取典源的关键信息以成词时，很自然地会截取句尾。这是典故词语词汇化过程不同于一般词语词汇化的一个特点。

我们不否认韵律构词在典故词语的词汇化过程中有一定的影响和作用，但我们同时也认为韵律节奏不是制约典故词语形成的唯一因素，这一点可以从典故词语音节形式的多样性特点中看出。对典故词语形成来说，最重要的因素是对典源意义的获得和汇总，典源中哪一部分承担了主要意义，哪一部分就有可能被汲取以成词。如：

【成仁】成就仁德。后指为正义事业献出生命。《论语·卫灵公》："志士仁人，无求生以害仁，有杀身以成仁。"

通过"成仁"二字就可以看出典源的主旨是成就仁德，截取其他部分，相对来说就不容易显示典源主旨。

(2) 提取法

提取法指的是通过提取典源中不相邻的部分或不同典源中的部分，并重新组合形成典故词语的方法。

提取法和截取法形成的典故词语，其组成部分都全部来自典源。二者的最大区别则是截取而成的典故词语形式未加改变地来自典源，其构成成分在典源中是相邻的；而提取法形成的典故词语，其字面形式虽然也全部来自典源，但有所变动，即各成分之间本不相邻，是跨越了空间的，有的跨越句法结构，有的甚至是跨越了典源。也正因为有这种差别，所以，截取法成词都出现在单典源成词中，而提取法则可以出现在单典源成词中，也可以出现在合典成词中，只要提取的部分都来自典源即可。

提取法成词，从形成顺序上来说，是先提取典源中的相关部分，然后将这些部分合成典故词语。

使用者在提取时，往往根据信息的需求采用比较自由的方式，所以在提取典源中的哪个部位组合成词上，没有严格的规律可以遵循，有提取句首部位合成的，有提取句中部位的，有提取句尾部位的，还有互相搭配进行的，类型多样。对语典成词来说，使用者主要提取语句中的关键词语；事典成词中，使用者主要提取施事、受事和动作行为等关键信息。

提取句首句中句尾合成的如：

【民胞物与】宋张载《西铭》：“民吾同胞，物吾与也。”意谓世人，皆为我的同胞；万物，俱是我的同辈。后因以谓泛爱一切人和物。

提取句首句中合成的如：

【咫尺万里】《南史·萧贲传》：“〔贲〕能书善画，于扇上图山水，咫尺之内，便觉万里为遥。”谓在短小的画幅内，能画出寥廓深远的景物。后亦形容在短小的篇幅内，能表现出深远的意境。

提取句首合成的：

指提取两个或多个句首的词语并合成一个典故词语的方法。提取句首词语所合成的典故词语词序有的与典源一致，有的则进行了调换，如：

【咨尔】《论语·尧曰》：“尧曰：‘咨，尔舜！天之厤数在尔躬。’”邢昺疏：“咨，咨嗟；尔，女也……故先咨嗟，叹而命之。”后常以“咨尔”用于句首，表示赞叹或祈使。

【逶迤退食】谓从容谦退，公正廉洁。语本《诗·召南·羔羊》：“退食自公，委蛇委蛇。”

提取句尾合成的：

指典故词语由提取句尾的词语组成，主要是语典成词。通过句尾提取而成的典故词语有的词序和典源中词序一致，如：

【白衣苍狗】唐杜甫《可叹》诗："天上浮云如白衣，斯须改变如苍狗。"后以"白衣苍狗"比喻世事变化无常。

有的则进行了词序调换，如：

【连珠合璧】语本《汉书·律历志上》："日月如合璧，五星如连珠。"后以"连珠合璧"比喻美好的事物汇聚一起。

提取句首句尾合成的：

指提取典源中句子的首尾并联合成词。这种情况非常常见，这是因为，按照汉语句法规则，句首往往提供状态或行为主体等被描述或说明的对象，而句尾则通常提供具体的状态行为等描述内容。二者联合起来所成词语的信息包含量较之单独的句首或句尾一般要大，所成典故词语更能充当承载整个典源意义的重任。

【续貂】晋赵王司马伦专朝政，封爵极滥，冠饰所用貂尾不足，至以狗尾代充，时人谚曰："貂不足，狗尾续。"见《晋书·赵王伦传》。

【周规折矩】本谓行礼时步趋合乎规矩。后引申为拘泥于成法、准则。语出《礼记·玉藻》："周还中规，折还中矩。"

除了提取位置有各种各样的不同之外，提取方式也有不同，简单来说有两种方式值得注意：

①换序提取

换序提取是指典故词语的形式是由相邻词语经过调换词序而成的。如"胶折"等。

【胶折】语本《汉书·晁错传》："欲立威者，始于折胶。"颜师古注引苏林曰:"秋气至,胶可折,弓弩可用,匈奴常以为候而出军。"后因以"胶折"指秋高气爽,宜于行军之时。

②减字提取

减字提取是指通过删减同一句中的部分字词而成典故词语的提取方法。之所以有所删减,一是因为被删减掉的成分往往是连词、语气词、副词等在语义承载上不很重要的成分;二是为了达到韵律和节奏的和谐,删减之后形成的词语形式往往是双音节或四音节等比较规整的结构。

在删减时,大部分是对一些不影响语义的词语进行简单的删减,继而成为典故词语。如:

【求生害仁】谓因谋求活命而有伤仁德。语本《论语·卫灵公》:"志士仁人,无求生以害仁,有杀身以成仁。"(剔除了目的连词"以")

【是可忍,孰不可忍】假如这个都可以容忍,还有什么不可以容忍的呢。意谓绝对不能容忍。语出《论语·八佾》:"孔子谓季氏,八佾舞于庭,是可忍也,孰不可忍也!"(去掉了两个语气词"也")

【和光同尘】《老子》:"和其光,同其尘。"后以"和光同尘"指随俗而处,不露锋芒。(去掉了两个代词"其")

也有些词语在删减过程中同时进行了调换词序或临时调整,改变了在典源中的结构形式,如:

【手足无措】手脚无安放处。喻动辄得咎,不知所从。语出《论语·子路》:"刑罚不中,则民无所措手足。"

上述对提取法的简单分类是从不同角度而言的,因此,在分析一个典故词语的形成方法时,可以有不同角度的归属,但这些归属并不矛盾。比如"求生害仁"，从提取典源中的部位来说，是由句中和句尾部分合成的；从提取方式上来说，又属于删减了字面的减字提取。

　　提取法是典故词语词汇化过程中最常见的方法，较之于截取法，提取法更为常见的最根本的原因有两点：一是典故词语的形成过程是一个从形式多样的典源中凝结固化的过程，在这个过程中，截取一部分有代表意义的词语作为典故词语，固然是一种经济又便捷的方法。但是，典故词语的形成过程中，人为的参与因素也很重要，人们更多的是根据所取信息的不同、使用语境的不同等，自主地提取典源中适当的部分，并可灵活调整，这更符合人们接收信息时的组块心理。二是因为提取法既适用于语典成词，也适用于事典和名典成词。但截取法则多适用于语典成词，事典成词要求所成词语能够概括代表事典的全义，而截取一部分成词显然不如提取关键部分成词具有广泛的代表性。由此，提取法成为典故词语形成时最常用的方法也是必然。

　　特别值得注意的是，人们从同一个事典中会有不同角度的提取对象，也因此会形成不同的典故词语形式，但大体意思和所指都相近。例如有关秦王之女弄玉和丈夫萧史成仙的典故里，有人提取萧史之箫，成"秦箫"，有人提取秦王为弄玉所建之楼，成"秦楼""秦家楼"，有人则侧重男主人公，成"秦客"，有人侧重女主人公弄玉，而成"秦女"。但不管哪个词语，人们在使用时都是联想和使用二人成仙的佳话。因此，这些词语也是同典近义异形的典故词语。

　　提取角度、提取对象和提取方式的不同，都是典故词语使用时主观性的体现。这是不同于普通词语通过造字法约定俗成的一个很大特点。

　　(3) 改造法

　　改造法指典故语的字面形式不完全由典源而来，而是通过增字、换字、谐音等方式改造形成典故词语的方法。改造法形成的典故词语形式中虽然会有一部分字面是从典源而来，但是词语的大体框架已经和典源中的形式相差较远，已经不是简单的提取，而是增添了更多的人为操作，是使用者根据典故意义进行的概括和改造，由此形成了不同于典源中形式的典故词语。如：

①加字

典故词语由提取自典源的一部分和使用者增加的字词联合而成。

前文讲过，减字一是因为所减部分语义不重要，二是求韵律和谐。同样，增加一定的字词，也是出于这两方面的目的，一是语义需求，二是音节需求。这一点也可以通过加字成词的具体情况得知。

加字而成典故词语主要有三种情况：

一是作者根据上下文义为了补充和完善语义信息而加入一些关键性的实词，如：

【成政】成就政绩。语本《论语·子路》："子曰：'苟有用我者，暮月而已可也，三年有成。'"朱熹集注："有成，治功成也。"

典源中没有出现"政"这个字面，倘若所成词语中不加入此字，那即使形成了别的词语，也不会完整表达孔子要成就政绩的思想。

添加一些意义关键的字词还可以升发典故的意义，从而构造出不同的同源异义词语，最大限度地达到典源信息的有效利用。如：

【连棣】【棣华】《诗·小雅·常棣》："常棣之华，鄂不韡韡。凡今之人，莫如兄弟。

同一句话可以因为有不同的组合而形成不同的典故词语，"棣华"喻兄弟，"连棣"指结为兄弟，结成至亲。

又如《论语·子罕》中"有美玉于斯，韫匵而藏诸？求善贾而沽诸？"这则典故，也是因为在成词过程中分别加入了不同的关键词语，才形成了意义截然不同的两个典故词语：加"椟"成"韫椟"比喻隐居；加"价"成"韫价"指"待价而沽"，比喻怀才待用。

第二种加字的情况是添加一些语义作用不大但有结构作用的连词、助词等，如"如""之""于"，在所有加字而成的典故词语中，添加"之"字的情况是最多的，经常用来组成"××之×"四字结构，其作用或有"的"义，或补足语气，如"在陈之厄""兔怀之岁""六尺之讬""冉耕之疾"等，体现了韵律节奏在典故词语词汇化过程中的作用。如：

【犬马之养】《论语·为政》："今之孝者，是谓能养。至于犬马，皆能有养；不敬，何以别乎？"后因以"犬马之养"为供养父母的谦辞。

②换字

一般来说，是通过改换和典源中字词同音或同义的词语来形成典故词语。之所以换字成词，主观和客观因素都有可能。或是受时代语言的取向制约，用此字不用彼字；或受使用典故时的语境制约，韵律和谐平仄要求等；或受文献传承中文字变迁影响，比如有很多是利用汉字发展进程中通假字、同义字等特殊情况而成典故词语。如：

【走犬亨】犹言走狗烹。比喻天下已定，功臣遭戮。语本《史记·越王勾践世家》："蜚鸟尽，良弓藏；狡兔死，走狗烹。

【谩藏诲盗】谓收藏东西不谨慎而招致盗贼。谩，通"慢"。语出《易·系辞上》："慢藏诲盗，冶容诲淫。"

以上换字主要是由于"亨"和"烹"、"谩"和"慢"的通假，"犬"和"狗"的同义造成。又如：

【诞瓦】生育女孩。语本《诗·小雅·斯干》："乃生女子，载寝之地，载衣之裼，载弄之瓦。"

【弄瓦】《诗·小雅·斯干》："乃生女子，载寝之地，载衣之裼，载弄之瓦。"

瓦，纺砖，古代妇女纺织所用。后因称生女曰弄瓦。

由于"诞"在"出生"意义上比"弄"更容易理解，所以有人将"弄"换作"诞"组成同义新词。

换字成词的过程中，有的也会同时伴随着词序的互换。如：

【脐噬】语出《左传·庄公六年》："亡邓国者，必此人也。若不早图，后君噬齐，其及图之乎！"齐，同"脐"。此谓自噬腹脐，喻不可及。后因以"脐噬"喻后悔难追。

③利用汉字谐音

谐音成词是指使用者采用谐音方式从典源中形成典故词语的方法，这种情况较少。如"羊雍"就是谐"杨伯雍"之名而成。

【羊雍】传说中的人名，即杨伯雍，相传曾于田中种玉。事见晋干宝《搜神记》卷十一。

同时，"羊田"一词的得来也是由于杨伯雍之"杨"亦作"羊"。

【羊田】传说杨伯雍种玉的田。事见晋干宝《搜神记》卷十一。南朝梁简文帝《东宫上掘得慈觉寺钟启》："将郭令鄙其开金，羊田陋其产玉。"按，杨伯雍之"杨"，亦写作"羊"。

很多典故词语的形成与汉字的读音有关系，即使表面看不出来，挖掘典源也能知其所以然。比如形容生活清苦的典故词语"无鲑菜"，就辗转曲折地和汉字读音有关。

【无鲑菜】《南史·庾杲之传》："〔庾〕清贫自业，食唯有韭菹、生韭杂菜。任昉尝戏之曰：'谁谓庾郎贫，食鲑常有二十七种。'"按，鲑，泛称鱼类菜肴，"韭"、"九"谐音，三"九"故称二十七。庾食三种韭而无鲑菜，任昉反戏语说他食鲑多种。后因以"无鲑菜"为生活清苦之典。

④利用汉字字形

有些典故词语是使用者根据汉字字形上的一些特点巧用得来的，比如拆"鲁"而成的"鱼头参政""豕亥鲁鱼"，拆"鳳"而成的"凡鸟"，利用形近字形成的"木本之谊"等。

如："鱼头参政"是拆分"鲁"字，用"鱼头"代指鲁宗道。

【鱼头参政】宋鲁宗道任参知政事，刚正嫉恶，遇事敢言，因其姓鲁(鱼字头)，且秉性耿直，故被称为"鱼头参政"。《宋史·鲁宗道传》："〔鲁宗道〕参知政事……自贵戚用事者皆惮之，目为'鱼头参政'。"

"豕亥鱼鲁"也是利用形近字易出错的现象来代指文字的书写错误。

【豕亥鱼鲁】《吕氏春秋·察传》载有"己亥"误作"三豕"的故事。晋葛洪《抱朴子·遐览》："书字人知之，犹尚写之多误。故谚曰：书三写，鱼成鲁，虚成虎。此之谓也。"后以"豕亥鱼鲁"谓书籍传写或刊印中的文字错误。

"木本之谊"则是利用了"木"和"本"两个字的形近来形容关系亲近的宗族情义。

【木本之谊】《左传·昭公九年》："我在伯父，犹衣服之有冠冕，木水之有本原，民人之有谋主也。"喻事物之根本，这里指血统关系。又谓宗族情义。《歧路灯》第一回："合族公议，续修家牒……祈将灵宝公以下四世爵秩、名讳、行次，详为善写，即付去力南携，以便编次。并将近日桂兰乳讳，各命学名开示，庶异日不致互异。木本之谊，情切！情切！"

还有利用汉字字形作为隐语以成词语的，如"丘八"即"兵"的隐语。

【丘八】"兵"的隐语。《太平御览》卷四〇〇引《续晋阳秋》："苻坚之遣慕容垂，侍中权翼谏不听。于是翼乃夜私遣壮士要路而击之。垂是夜梦行路，路穷。顾见孔子墓傍愤有八。觉而心恶之。召占梦者占之，曰：'行路穷，道尽也，不可行。孔子名丘，"八"以配"丘"，此兵字，路必有伏兵。'"

⑤讹误成词
典故词语有因后人在传抄过程中的讹误而形成的，这样的典故词语形式和典源里常有字形不同，如"熊飞""两楷"。

【熊飞】《宋书·符瑞志上》："〔文王〕将畋，史编卜之曰：'将大获，非熊非黑，天遣汝师以佐昌。'"《史记·齐太公世家》作"非虎非黑，所获霸王之辅"。文王卜此吉兆，后遇吕尚于渭之阳。后人讹"非"为"飞"，因以"熊飞"谓隐士出山佐世之典。

【两楷】《太平御览》卷三九六引汉应劭《风俗通》："陈国张伯喈弟仲喈妇炊于灶下，至井上，谓喈曰：'我今日妆好不？'伯喈曰：'我伯喈也。'妇大惭愧。其夕时，伯喈到更衣，妇复遂牵其背曰：'今旦大误，谓伯喈为卿。'答曰：'我故伯喈也。'"后遂以"两喈"比喻孪生兄弟状貌极其相似，难以辨认。楷，当为"喈"之误。

⑥概括成词
这一类主要是针对事典成词而言的，作者对典源之事进行意义的概括，通过加字、换字、结构整合等多种方法并用，重新组合成典故词语。这是对前文

各种方法的一种综合利用。如：

【太公钓鱼，愿者上钩】《武王伐纣平话》卷下："姜尚因命守时，直钩钓渭水之鱼，不用香饵之食，离水面三尺，尚自言曰：'负命者上钩来！'"后以"太公钓鱼，愿者上钩"比喻心甘情愿地上圈套。

概括成词和前文的总括成词二者有一定的相通性，但是作为词汇化的途径，其本质归属不同。总括成词强调作者使用典故时的一种综合使用动机，侧重于使用前的心理取向；而概括成词强调成词的具体方法，侧重于形成过程。

不管是加字、换字还是谐音等，这些使典故词语的形式不完全来自典源的方法，都不可避免地使典故词语的形成过程中伴随着词语结构的重组和改变。如：

【游响停云】形容响亮的歌声，高入云霄，能使流云受阻而停下来。语本《列子·汤问》："抚节悲歌，声振林木，响遏行云。"

【道傍之筑】喻无法成功的事。语出《诗·小雅·小旻》："如彼筑室于道谋，是用不溃于成。"

但这里的改变结构不同于提取法中的换序、减字等，这是因为改造法的前提是典故词语的形式不完全由典源中而来，因此，虽然提取法中也有换序等改变结构的情况，但二者还是有本质的区别。如：

【畏后生】《论语·子罕》："子曰：'后生可畏，焉知来者之不如今也？'"后用作称颂青少年之典。

"畏后生"一词虽然词序和结构均和典源有所不同，但其字面形式都来自典源，所以我们将其归为提取法，而不是改造法。

通过以上分析，我们可以发现，由短语、句子或篇章段落形成典故词语的词汇化过程中，词汇化的方法多样、自由灵活，显示了典故词语形成过程中主观作用之强。同时，也正是由于主观的参与作用，才导致词汇化方法各式各样、复杂多变，二者互相促进。

尽管典故词语形成的途径和方法多样灵活，但作为一种代表典源意义的语言符号，典故词语的形成不违背语言符号的组合原则。谢信一先生（1991）曾指出语言符号的组合可以根据两种原则，"我们可以把感知或概念上促成的规则称为临摹原则（iconic principles），把以逻辑——数学为基础的规则称为抽象原则（abstract principles）"[①]"在前者，成分的组合和排列比较密切地反映现实世界的情景，而后者则否。"[②] 由典源到典故词语的词汇化过程就是语言符号的组合过程，从词语的形式、结构到语义组合，都体现了临摹原则，更真实明确地反映了典源中所要表达的信息。

典故词语的词汇化过程，不像双音词的词汇化过程那样是一个不间断的历史过程，可以根据不同历史时期的语言材料勾勒出演变轨迹。典故词语的词汇化过程，由于受众接受范围小，只发生在使用典故的有限群体之中，而且有时还会跨越时空界限，因此其演变轨迹不容易从各个时代的语料中勾勒出来。这也是典故词语词汇化的一个特点。

第三节　典故词语形成的其他理论动因

典故词语的形成从词汇化的角度来说，是一种语篇词汇化过程。虽然前文已经分析了一些心理动因，但是我们在分析典故词语的形成时，还发现了典故词语形成过程中体现出了非常明显的一些理论，接下来将分别研究。

---

① 谢信一:《汉语中的时间和意象》，叶蜚声译，《国外语言学》，1991 年第 4 期。
② 转引自蒋绍愚:《"抽象原则"和"临摹原则"在汉语语法史中的体现》，载《汉语词汇语法史论文集》，商务印书馆，2000 年，第 264—265 页。

一、符号学理论：典故词语是一种符号

典故词语的形成是一种符号的形成过程，而不是命名的过程。

这个符号的形成是一种语篇词汇化。第六章在研究典故词语的语用时，我们提到，典故词语是连接语言和意象的符号。典故词语是代表典故的符号，人们看到某个词语，就能联想到词语内在蕴含的典故。

符淮青先生（1985）在《现代汉语词汇》中提到，词有语音形式也有书写形式，语音形式和书写形式对其所代表的对象来说，就是符号。典故词语是词汇系统的一部分，有自己的语音形式，也有独特的意义，而且其意义代表着典型的事件或人物或事物，虽然词语形式的最初形成有一定的主观性，但是其含义是不能被人随便更改的，从这一点来看，典故词语比一般词语更具有符号特性。就符号性这点而言，典故词语体现了符号学理论的以下特点：

（一）符号所代表含义在人们的认知观念里有程度不一

有些符号可以被人们熟知，而有些符号则相对陌生，这与符号的产生和含义与人们关系密切与否有关。

就典故词语来说，按照前文从来源角度对典故词语的分类，出自名典的典故词语比出自事典的符号性强，而事典词语又比语典词语符号性更强。但无论哪种词语，都是一种符号，体现了人们使用语言时的最大关联心理。举例来说，"梁苑隋堤"这个词语，本是两种古代的建筑，后来代指游览名胜，成了一个具有特殊所指的符号。又如用聚会和聚会的地点山阳合而为典故词语"山阳会"来代指朋友聚会，非常具有概况性和典型性，"管鲍交"用管仲、鲍叔牙二人的姓和二人有交情这件事组合而成，代指知己之交，这都是一种很有代表性的符号体系。

【管鲍交】春秋时管仲、鲍叔牙二人相知最深，后因称朋友间的交谊为"管鲍交"。《北史·李彪传》："彪虽与宋弁结管鲍交，弁爲大中正，与孝文私议，犹以寒地处之，殊不欲相优假，彪亦知之，不以爲恨。"

相对于名典，语典而成的词语就不那么容易被人们熟记，特别是一些佶屈聱牙的形式，如"山崩钟应""札闼洪休"等。

【山崩钟应】南朝宋刘敬叔《异苑》卷二："魏时，殿前大钟无故大鸣，人皆异之，以问张华。华曰：'此蜀郡铜山崩，故钟鸣应之耳。'寻蜀郡上其事，果如华言。"后因以"山崩钟应"比喻事物互相感应。

【札闼洪休】《宋稗类钞·文苑》："宋景文修唐史好以艰深之句，欧公思所以讽之。一日大书其壁曰：'宵寐非祯，札闼洪休。'宋见之曰：'非夜梦不祥，题门大吉耶？何必求异如此。'"后以嘲人作文用语故作艰深古奥。

熟识与否只是相对而言，有些语典词语可能被人们熟知，如"口碑""玉不琢不成器""城门失火""未雨绸缪"等。

【口碑】1.《五灯会元·宝峰文禅师法嗣·永州太平安禅师》："劝君不用镌顽石，路上行人口似碑。"刻碑为纪功颂德，故后以"口碑"喻指众人口头的颂扬。2.清赵翼《喜晤耘松兰谷话旧》诗："往事俄成泥爪幻，均徭犹颂口碑长。"

总的来说，典故词语能否被人们熟知，还是要看其所代表的含义与人们生活关系的远近、后人使用的频率偶然性等。

（二）符号的提取还是离不开人们的主观性

典故词语作为典故的符号，其形成还是受制于人们的主观。人们最初用什么样的词语形式来代表典故，是有主观能动性和随意性的，比如"管鲍交"，取两个人的姓和核心行为"交"组成词语，这是符合人们交际客观现状的，即姓比名更有代表性，倘若换做"仲牙好"或者其他词语形式，典型性就不那么强，当然，由于人们的主观性影响，或许后者使用得足够多，"仲牙好"成为典故词语也不是没有可能。

二、主观化理论：典故词语使用者的主观参与过程

典故词语的形成，不同于普通的词语形成，运用造词法就能将形成脉络梳理清楚和分类。典故词语的形成，有着很强的偶然性和主观性，因此其形成方法和过程也不能一概而论。

董秀芳在《汉语的词库和词法》一书中提道："虽然有些汉语词汇研究者强调'构词法'与'造词法'的不同，但实际上一些词汇学论著中所提到的构词法与造词法研究却有一个共同的缺陷，那就是都将能产的词法模式与特异性的词汇结构混在一起，这是这些论著中的一个很突出的问题。语言中现有的词在性质上是不同的，其中有些具有清晰的内部结构，蕴含了能产的词法模式，词义具有一定的可预测性；有些词则没有清晰的内部结构，词义具有特异性，不可预测，不是词法模式的产物，但以往的一些'构词法'研究都将它们放在一起描写，造成新词的渠道中有的是能产的，词义与形式之间具有很好的对应性，可在一定程度上类推，而有些渠道则是偶然的，以往的一些'造词法'研究也都将它们放在一起描写，能产与不能产、规则与不规则的差别在词法与词库的区分中是非常重要的，以往的研究对这种差别未加注意，这表明以往的汉语词汇研究不是以词法研究为导向的。由于不注重词法规则的揭示，将具有词汇特异性的成分与具有词法规则的成分放在一起处理，因此以往的词汇研究囿于考察对象表面上的相似性，所做的描写笼统芜杂，不精确且缺乏有效的概括，不具有预测力。"[1]

对典故词语来说，其形成的最大一个特点就是偶然性，而偶然性的原因在于使用主体的主观性。尽管所有词语的形成都带有使用者的主观偶然色彩，但是普通词语的使用环境是日常生活交际，交际功能的便捷和经济性决定了人们不会轻易去改变词语形式，而典故词语则不同，典故词语多出现在诗歌、骈文等书面语色彩浓厚、日常交际功能淡化的环境中，而且使用典故的主体往往求新求异，有些甚至为文本需求而刻意改变词形，这就致使典故词语的形成具有太强的偶然性和主观性。因此，使用单纯的造词法就不能涵盖其复杂的认知心

---

[1] 董秀芳:《汉语的词库与词法》, 北京大学出版社 2004 年, 第 30 页。

理。比如"健讼"：

【健讼】《易·讼》："上刚下险，险而健，讼。"孔颖达 疏："犹人意怀险恶，性又刚健，所以讼也。"后人误将"健讼"连读，用以称好打官司。参阅宋洪迈《容斋四笔·健讼之误》。宋罗烨《醉翁谈录·断人冒称进士》："有一健讼人，每假儒冠，妄生事节，到官虚妄，蒙宰公收罪引试'险而健讼'，其人略不能措词。"清平步青《霞外攟屑·时事·弥勒佛治世》："闻健讼诬控者，其呈词尾辄有'当今弥勒佛持世'云云。"

另有"弱冠""期颐"，形成不仅是偶然，更是偶然的错误，后人的错误连读，使得词义与字面意思难以符合，在词语结构上也无法归类到底何种结构形式。

使用者的主观参与性可以体现在诸多方面。

典源所出典故词语的数量、意义与形式之间的复杂多样的对应关系就很好地体现出不同的主体参与意识的影响。

前文已有详细分类，如：

一源出一形一义词：

这类现象最多，也就是单典源的词。如"束脯"：

【束脯】春秋时晋大夫赵盾猎于首山，见桑荫下有饿人，赐之肉脯，受而弗食。问其故，曰"臣有老母，将以遗之"，赵盾复与之肉脯二束。后翳桑之饿人为晋灵公甲士，灵公将杀赵盾，甲士倒戈，护之逃走。事见《左传·宣公二年》、《吕氏春秋·报更》。后以"束脯"为施恩获报的典实。《淮南子·缪称训》："僖负羁以壶餐表其闾，赵宣孟以束脯免其躯，礼不隆而德有馀。"《后汉书·崔骃传》："原衰见廉于壶飱，宣孟收德于束脯。"

一源出一形多义词：

相对来说，这类较少，主要出现在典故词语形成之后意义演变时。

一源出多形同义词：

这类现象也非常多，这是因为不同的使用者在从典故中提取信息时的侧重和使用环境不同等而出现了一个典故出现了不同形式的典故词语，这些词语意义相同或相近。例如秦将白起自裁的典故形成了"杜邮之赐""杜邮之戮""杜邮亭""杜邮""杜邮剑"五个内涵都是"忠臣被杀"的不同词语形式。这是因为后人在使用这个典故时有不同的信息侧重点，在郦道元的记录中只取"杜邮亭"之名，而在后人诗歌中则取白起被杀戮之事。

【杜邮之戮】【杜邮之赐】《史记·白起王翦列传》载，秦名将白起埋怨秦王不听他的话而遭楚魏联军的攻击，不肯为将，称病不起。秦王免白起为士伍，遣之出咸阳。至杜邮，复使使者赐之剑，使自裁。白起死非其罪，秦人怜之，乡邑皆为设祀。后遂称忠臣无辜被杀为"杜邮之戮"。《后汉书·傅燮传》："若不详察真伪，忠臣将复有杜邮之戮。"

【杜邮亭】古地名。在今陕西省咸阳市东。战国属秦。秦昭王赐白起剑，令其自杀于此。北魏郦道元《水经注·渭水三》："渭水北有杜邮亭，去咸阳十七里，今名孝里亭，中有白起祠。"亦省称"杜邮"。清黄遵宪《赤穗四十七义士歌》："明年赐剑如杜邮，四十七士性命同日休。"参见"杜邮之戮"。

【杜邮剑】秦将白起在杜邮自裁之剑。金《留题长平驿》诗："快心千载杜邮剑，人所诛耶鬼所诛？"参见"杜邮之戮"。

一源出多形异义词：

这类现象也特别多，一个典故出意义相同的不同形式，更多是与不同的使用场合有关，而出意义和形式均不同的词语，则更能体现人们对同一个典故的不同主观取向。如同样是李斯被斩之事，"东门之犬""东门逐兔"表示抽身悔迟，"念黄犬""忆黄犬""悲东门"则表示对大臣被处死的感慨。

【东门黄犬】秦二世二年七月，丞相李斯因遭奸人诬陷，论腰斩咸阳市。临刑谓其中子曰："吾欲与若复牵黄犬俱出 上蔡 东门逐狡兔，岂可得乎！"事见《史记·李斯列传》。后以"东门黄犬"作为官遭祸，抽身悔迟之典。南朝陈徐陵《梁贞阳侯重与王太尉书》："东门黄犬，固以长悲；南阳白衣，何可复得！"明陈汝元《金莲记·廷谳》："做不得醉陶潜 霜篱酒厄，挤则个笑东门黄犬难携。"亦作"东门逐兔"。清钱谦益《次韵何慈公岁暮感事》之二："南海骑麟真漫浪，东门逐兔枉悲酸。"

【忆黄犬】秦丞相李斯受赵高陷害，被腰斩于咸阳，临刑时对儿子说："吾欲与若复牵黄犬俱出上蔡 东门逐狡兔，岂可得乎！"见《史记·李斯列传》。后用为大臣受陷害被处死的典故。唐元稹《酬翰林白学士代书一百韵》："犹胜忆黄犬，幸得早图之。"亦作"悲东门""悲黄犬""念黄犬"。三国魏阮籍《咏怀》之十七："李公悲东门，苏子狭三河。"清顾炎武《淮东》诗："踟蹰念黄犬，太息呼诸子。"清赵翼《青山庄歌》："填尸圈土悲黄犬，回首欢场付爽鸠。"

多源同形一义词：

这类是少数，指的是同一个单义的词语却出自不同的典故，体现了后人在使用典故时形成典故词语的偶然性和主观性。如"饭牛""梦笔""李阳""盗金""焚裘"等。

【盗金】1.《淮南子·氾论训》："齐人有盗金者，当市繁之时至攫而走，勒问其故曰：'而盗金于市中何也？'对曰：'吾不见人，徒见金耳。'"后用为自欺欺人的典实。《晋书·宣帝纪》："锐意盗金，谓市中爲莫覩。"2.《汉书·直不疑传》："爲郎，事文帝。其同舍有告归，误持其同舍郎金去。已而同舍郎觉，亡意不疑，不疑 谢有之，买金偿。后告归者至而归金，亡金郎大慙。"后用为无端见疑的典实。南朝梁江淹《诣建平王上书》："下官闻积毁销金，积谗磨骨，远则直生 取疑于盗金，近则伯鱼被名于不义。"

多源合形一义词：

多源合形的词语在典故词语中并不是主流，但这些词语都是由提取典故不同但意义内涵相近的词语形式合成的，非常鲜明地体现了后人使用典故时的主观参与。例如"铜雀分香""映雪囊萤""弯弓饮羽""箪醪投川""补天浴日"等。

【补天浴日】古代神话传说，女娲炼石补天和羲和浴日甘渊的并称。见《列子·汤问》、《山海经·大荒南经》。后用以比喻力挽世运功勋卓著或挽回危局。《宋史·赵鼎传》："浚有补天浴日之功，陛下有砺山带河之誓，君臣相信，古今无二。"

此外，典故词语的意义变化也是人们主观意识改变的体现。词语的发展演变受客观社会影响，也受主观使用制约。在典故词语中，意义演变不是常态，许多典故词语一旦形成，意义相对稳定，偶有色彩意义发生改变者，体现出了人们使用词语时不同的心境和语境要求。例如"桃李之馈"本义为馈赠礼品，后引申为行贿，完全是由于后人使用时对词语色彩的主观改变。

【桃李之馈】《诗·大雅·抑》："投之以桃，报之以李。"原谓互赠礼品，后引申指送礼，贿赂。晋袁宏《后汉纪·光武帝纪六》："至其后世，不能以德而勤于法，故有吹毛求疵，诋欺无限，桃李之馈，集以成事。于是家无全行，国无廉夫，上下相循，法不能止，而仁义之风替矣。"明归有光《河南策问对二道》："而杜林亦讥后世不能以德而勤于法，吹毛求疵，诋欺无限，桃李之馈，集以成罪。"

三、焦点理论：典故词语的意义提取是认知焦点

在认知语言学中，焦点理论指的是人们在语言交际过程中，往往提取最有

利于信息的焦点，形成最大和最佳关联。焦点就是信息的中心。对典故词语来说，每一个词语的形成，都是从语篇中提取最能展现典故的字或词，组合而成典故词语。尽管这种提取过程是服从于主观意志的领导和文本环境的制约，但是，不能否认，一旦从典故中形成了语义信息组合，这个组合就成了信息焦点。

典故词语的形成，可以说就是焦点信息的提取。提取关键的重要的信息之后，典故词语才能作为一种符号代表其所出典故，才能被后人使用。

从典故中提取代表典故意义的信息时，人们往往截取的是最具有代表性的而非常见状况的信息，因为独特的信息往往可以成为人们关注的焦点。比如"剉荐"这个典故词语的意思是妇女贤明，实际典故中还有"剪发以买菜肴"的部分，但是信息提取时，作者就将焦点放在了割褥草以喂客马这一个事情上面。

【剉荐】南朝宋刘义庆《世说新语·贤媛》载：陶侃家贫，冬日客至，无以招待。侃母湛氏遂切褥草喂客马，剪发出卖以置菜肴。一时传为美谈。后人因以"剉荐"喻妇人贤明。明汪廷讷《狮吼记·叙别》："只是我娘子虽多咏雪之慧，却少剉荐之风。"清张岱《琅嬛文集·课儿读謷》："小人有母，剉荐截髪，无米妇难以作居停。"

在典故词语的形成过程中，最常见的就是一个典故形成不同的典故词语形式，而这些词语形式，都是不同使用主体所认知的焦点。例如"孟光""梁鸿妻""举案齐眉""德曜"都是一个典故中形成的，但焦点完全不同。其实焦点信息的提取，也是典故词语形成过程中主观性的体现。

【梁鸿妻】《后汉书·逸民传·梁鸿》载，鸿字伯鸾，有高节，久不娶，"同县孟氏有女，状肥丑而黑，力举石臼，择对不嫁，至年三十。父母问其故。女曰：'欲得贤如梁伯鸾者。'鸿闻而聘之。"及嫁，始盛装，鸿不答。"乃更爲椎髻，著布衣，操作而前。鸿大喜曰：'此真梁鸿妻也。'"后因以"梁鸿妻"泛指贤妻。清孙枝蔚《送王金铉归里》诗："投分苦不早，贱子分衰老。久滞梁鸿妻，远愧庞公嫂。"参见"梁鸿案"。

四、原型范畴理论：典故词语的意义内涵离不开典故原型

Fiske 和 Taylor(1991) [①] 将社会认知定义为：人们根据环境中的社会信息形成对他人或事物的推论，而在社会认知中范畴化是最重要的认知方式。

范畴化是人在社会实践中通过语言按区别性本质特征对客体进行概括和分类的认知活动。概括出来的类别就是范畴。Cantor 和 Mischel(1977) 指出，人们在范畴化的时候往往以他人或事物与原型的相似性来分类，也就是将被范畴化的物体与该类物体的一个典型或理想的范例相比较，这个范例就是原型成员，这也就是说，原型充当了认知参照点作用。

典故词语的最大特点是有典型性。既不能脱离其所出典故，又能代表一类意义，这就是原型范畴理论的体现。例如"李下正冠""瓜田纳履"与人们的生活密切相关的一些事情，用来代指抽象的道理。

典故词语不同于一般词汇的最大立处就在于每一个典故词语都是有来历有出处的，有据可依，有典可寻，即有典源。

就典源与典故词语的关系来说，体现了范畴化与原型的关系。典故词语就是将典故原型进行了信息提取、语义凝固，使其代表一类语义，从而后人在使用时离开典源无法理解其意义。

比如典故词语中有很多是以地方名充当典故词语形式的情况，如"燕山""巫山""山阳""广寒宫""广州泉""杜邮"等，倘若不知其所出典故，则这些词语都与普通的地名山名无异，就不算典故词语了。如：

【广州泉】泉名。指贪泉。在广州西北二十里石门，今南海县境内。传说饮其水者，则起贪心。宋范仲淹《酬和黄太傅》诗："酌以广州泉，不易伯夷志。"

---

① Fiske，S. & S.Taylor. 1991. Social Cognition (2nd edition)［M］. New York: M c Graw –Hill.

五、概念框架整合理论：典故词语的形成体现了概念框架整合理论

概念框架整合理论指的是人们在交际过程中，不同的心理空间会形成整合，从而顺应语言表达。

从概念框架理论的角度来解析典故词语形成者，已有前贤。崔秀珍（2012）在《典故的认知语用阐释》中探讨了概念整合理论和语言顺应理论对典故常规意义建构、话语空间意义建构方面的认知功能，但是文章并没有将典故词语和典故区分开来，且探讨不够深入。但是作者的研究给我们提供了很好的视角。

就语典和名典而成的典故词语来说，许多词语是直接截取而成的，空间架构的跨度较小，而对事典而成的典故词语来说，从一个篇章话语中提取信息，整合成一个意义空间，就是一种概念的整合。这个整合过程既有偶然性，又有必然性，既有主观随意性，又有强制性。特别是从一些概念意义与字面意义相差很大的典故词语来看，这一点尤为突出。例如"姜被"：

【姜被】《后汉书·姜肱传》："肱与二弟仲海、季江，俱以孝行著闻。其友爱天至，常共卧起。"李贤注引《谢承书》曰："肱性笃孝，事继母恪勤。母既年少，又严厉。肱感《恺风》之孝，兄弟同被而寝，不入房室，以慰母心。"后因以"姜被"指兄弟和兄弟之情。唐杜甫《寄张十二山人》诗："历下辞姜被，关西得孟邻。"唐杜牧《冬至日遇京使发寄舍弟》诗："旅馆夜忧姜被冷，暮江寒觉晏裘轻。"

在我们整理的语料中，有关兄弟之情和孝养父母的典故词语很多，如"常棣""山礜弟""室内江流""寒泉之思""寒林笋出""戏莱衣"等，多是从人物所做相关事情跨越到人们对事情的认知理解，如上文的"姜被"，从字面意义上来看，"姜"为主人公姓氏，"被"为兄弟共盖之被，二者合而成词，体现出了很强的概念整合性质。

六、元语言理论：典故词语是对典故的解读和认知

元语言，是语篇分析和语言教育中常用的术语，作者或说话人介入语篇影响读者的模糊语、连接语及各种评论语篇语言形式等，都可以归入元语言范畴。简单理解，元语言就是语言的解释语言。从这点来看，典故词语是凝固典故的语言形式，又是对相关典故的一种解读，可以被看作是典故的元语言形式。从典故词语被收录到各类辞书中的释义方式来看，离开了典故的出处，典故词语就如无源之水无本之木。

在考证词语的形成理据时，更需要从典故词语对典故的解读出发。许多典故词语靠字面意义的解读往往有理解偏差或错误。比如：

【多歧亡羊】《列子·说符》："杨子之邻人亡羊，既率其党，又请杨子之竖追之。杨子曰：'嘻！亡一羊，何追者之众？'邻人曰：'多歧路。'既反，问：'获羊乎？'曰：'亡之矣。'曰：'奚亡之？'曰：'歧路之中又有歧焉，吾不知所之，所以反也。'……心都子曰：'大道以多歧亡羊，学者以多方丧生。'"后以"多歧亡羊"比喻因情况复杂多变而迷失方向，误入歧途。引申为泛而不专，终无所成。

人们研究元语言，多是从辞书角度进行，从元语言理论角度来思考典故词语与典故之间的关系，可以帮助解释典故形成典故词语的最初形态。

本章小结

本章是从典故词语的形成方式和形成途径等方面来解析典故词语的语篇词汇化过程，拓展了词汇化理论，同时也加入了其他理论角度的探索，是本书的重中之重，也是创新之处。

众前贤在研究词汇化问题时，多是从一个历时的跨度，结合意义和结构进

行纵向的剖析。而本书对典故词语词汇化的研究却委于形式之隅，仿佛和接下来的结构、语义、语用研究相脱节。其实不然，而且，之所以这样安排，全在于典故词语是不同于一般词语的特殊词汇群体。一般的双音词的词汇化进程中形式上的变化很微弱，词汇化的重点在于词性的转化、意义的引申扩大等内在的、不易被人从表层形式所识的深层。而典故词语的形成过程却颠覆了这种主次关系，形式上的变化即词语形式由典源中脱胎形成，是典故词语词汇化的起始也是关键，结构和语义部分则相对来说比较次要，因为人们使用典故词语看重的就是其特殊的来源、特殊的意义。这是将词汇化部分置于形式研究一章的原因之一。

我们研究的结构和语义，针对的是已经形成的典故词语，也就是说已经固化、完成词汇化的典故词语，在已经推出词汇化主题的情况下，能够更好地进行词汇化关照下的结构和语义研究，更易于挖掘典故词语词汇化较之于一般词语词汇化的不同之处。前文说过，文章列出的几条特点是词汇化特点的简单描述，文章接下来的结构、语义、语用研究从广义上来说也是词汇化的特点，因为我们研究的视角是词汇化下的结构、语义和语用。

认知社会语言学是融合了认知语言学、社会语言学和语言学基本理论的一门科学，运用这么前沿的理论来解读我们古老的典故词语，是一种很大胆的突破，也是一种很有价值的探索。笔者精力时间所限，文中对各个理论并没有系统介绍，与典故词语的结合也不够完善，在以后的研究中，本章将是重点，也是最具有挖掘潜力和提升空间的一部分。

第七章　语言保护政策下的典故词语发展趋势及影响因素

这部分是对典故词语未来发展趋势的展望和制约因素分析。词汇是语言的建筑材料，词汇的存在是语言交际的前提，而语言交际的需求则是词汇存在的前提。典故词语这种偏向典雅的语言材料，在人们的日常生活交际中使用得并不频繁，甚至可以说较少使用，那么它们的存在是否会逐渐淡化甚至退出语言系统呢？我们认为，这个问题要辩证地看待。

接下来我们将结合语言保护政策从典故词语自身和语言环境两个大的方面来简单分析一下影响典故词语发展的因素，对典故词语的未来发展趋势做出一些解读和预判。

第一节　"一带一路"建设背景下的语言保护解读

一、"一带一路"建设背景

2013年9月和10月，国家主席习近平出访中亚和东南亚国家期间提出了共建"丝绸之路经济带"和"21世纪海上丝绸之路"的重大倡议。"一带一路"建设需要语言铺路，语言研究要服务于"一带一路"。

2016年5月17日，国家主席习近平在北京主持召开哲学社会科学工作座谈会并发表重要讲话。

习近平主席在会议上强调：观察当代中国哲学社会科学，需要有一个宽广的视角，需要放到世界和我国发展大历史中去看。人类社会每一次重大跃进，人类文明每一次重大发展，都离不开哲学社会科学的知识变革和思想先导。现在，我国哲学社会科学学科体系不断健全，研究队伍不断壮大，研究水平和创新能力不断提高，马克思主义理论研究和建设工程取得丰硕成果。广大哲学社会科学工作者坚持以马克思主义为指导，深入研究和回答我国发展和我们党执政面临的重大理论和实践问题，推出一大批重要学术成果，为坚持和发展中国特色社会主义作出了重大贡献。

解读习主席上述这段话，有如下几点领会：

（1）学术研究，必须以马克思主义先进理论为指导。

（2）学术研究要拓宽视角，要放眼世界、纵贯历史。

（3）学术研究，离不开社会发展需求，离不开国际国内环境。

（4）学术研究，必须服务于社会，服务于人民生活。

习主席的讲话为学术研究开阔了视野，鼓足了干劲，也不禁让人思路大开。结合国家宏观政策来进行具体细微的语言本体研究，实现社会科学研究工作服务社会发展的基本目的，是语言研究者义不容辞的责任和义务。

"一带一路"建设是国家发展战略，是一个宏大的经济愿景，"一带一路"建设的不仅仅是"设施联通""贸易畅通"和"资金融通"，还有"政策沟通"和"民心相通"，以便让"一带一路"沿线的"不同文明互鉴共荣，各国人民相知相交、和平友好"。(国家发展改革委等，2015)[1]

张治国（2016）[2]将"一带一路"建设的内容分为硬件建设和软件建设两部分。人们多重视硬件建设，因为硬件建设看得见摸得着，而对软件建设重视不足，尤其是涉及政治、思想、文化、语言等方面的软件研究跟进不足。作者从语言、语言政策与社会经济活动之间的互动关系角度提出了"一带一路"核心区语言规划。如张教授所言："语言是'一带一路'软件建设的一个切入点和关

---

[1]　国家发展改革委. 标准联通"一带一路"行动计划 (2015—2017) [OL] .http: / /www. Ndrc.gov.cn /gzdt/201510 / t20151022_755473. html (accessed: 10 /10 /2015)，2015.

[2]　张治国:《"一带一路"建设中的语言问题》,《语言文字应用》, 2016 年第 4 期。

键点。"①语言既是文化的一部分，也是文化的传承和传播工具，也是了解和发展人类文化的"钥匙"，没有语言，人类文化将陷入枯竭。"一带一路"建设的顺利实施和民心保障也靠语言相通来实现。

随着"一带一路"建设的开展，汉语的国际推广进程也必将加快并飞速发展，汉语已不是中国国内的汉语，而是全世界华人的共同语。李宇明（2016）提出"大华语"概念，李宇明(2016)在《全球华语大词典》的序言《华人智慧，华人情怀》中，把"大华语"定义为"以普通话/国语为基础的全世界华人的共同语"。将汉语推向世界，将汉语研究和汉语国际教育结合起来，是共识也是形势所需。

汉语经历了几千年的传承和发展，语音、词汇和语法各个系统都经历着民族语言的风雨历程和变化，展望未来，不代表忘记历史，语言中深层积累的文化底蕴和民族意识必须从语言的各个要素中挖掘并展现出来。

单就词汇系统来说，汉语词汇经历了单音词向复音词的发展和转变，也经历了借词（外来词）、方言词、新词的冲击和融合，汉语词汇系统本身就是绵延悠长的一部民族文化发展史。

典故词语，是汉语词汇系统中的一部分，作为传承悠久历史文化的载体，典故词语富含深层历史积淀，语体风格典雅庄重，与现代汉语的交际有一定的隔阂和文化壁垒，作为研究者，不能因其艰深而摒弃，而是应乘着当前一片大好的国内形势，乘着"一带一路"倡议的东风，从语言保护做起，整理和记录，研究并发扬，让华夏文明卷帙浩繁的典故文化流传世界，展现汉语之美，汉民族之智慧。

二、语言保护解读

语言是人类最重要的交际工具和思维工具，不同民族不同地区的人们有不同的语言符号和交流模式。随着世界大同的发展趋势，语言的共通，成为一种

---

① 张治国：《"一带一路"建设中的语言问题》，《语言文字应用》，2016 年第 4 期。

趋势，大国语言和语言大国现象适应了人类社会的发展。同时，一些偏远落后地区或人口数量较少的地区其语言和文化受到国际化的巨大冲击，面临语言的濒危境地。挖掘人类语言的共性，保护人类语言，是全人类义不容辞的责任，也是语言工作者们要思考和研究的重大课题。

20 世纪 80 年代开始，世界范围内的许多关注语言文化的文人志士陆续发起了保护人类语言的一些行动，发出保护人类语言和文化的倡议，做出很多具体的活动和努力，为挽救濒危语言和文化做出了巨大贡献。

就中国来说，2011 年 10 月，中国共产党十七届六中全会通过了《中共中央关于深化文化体制改革 推动社会主义文化大发展大繁荣若干重大问题的决定》。在《决定》中，我国政府根据中国形势发展的需要，提出了"科学保护各民族语言文字"的决策，被学界简称"语言保护"，也是被广大人民群众所接受的"语言保护"这个名称的由来。

"语言保护"工作开展六年以来，着力点主要放在民族语言的挖掘和保护方面，也取得了一系列成就。戴庆厦（2017）在《"科学保护各民族语言文字"的理论与实践——"语言保护"实施后的五年回顾》中指出，语言保护工作是中国民族语文工作的一项新政策和新举措。语言保护工作，是在国际国内形势发生巨大变化的情况下，各国达成的共识和共同推进的一项巨大工程。

随着现代化进程的加快，一些地区的语言和文化面临社会发展带来的巨大冲击，比如某些少数民族地区的语言和文字出现衰退和濒危现象。从 20 世纪 80 年代开始，许多关注语言文化的有识之士，开始发起了语言保护行动，为保护人类的语言和文化做出很多努力。

"一带一路"建设提出之后，国际和国内社会掀起研究热潮，总结来说，主要有以下几个特点：

（1）有关"一带一路"建设的研究蓬勃开展，涉及面广博

"一带一路"建设的核心理念是为促进世界经济发展和世界和平服务，倡议一提出，便得到了国际社会的高度关注。围绕"一带一路"建设，学术界在政治、经济、文化、国际关系、军事等各方面展开了讨论与研究。如黄君宝

（2015）侯昂妤（2015）等。

（2）"一带一路"建设下的语言研究日益引起关注

有两个表现：一是召开相关学术会议，二是出现了一些研究成果。

2015年6月5日，中国语情与社会发展研究中心等机构在广西南宁召开"服务'一带一路'战略的语言资源建设与开发利用学术研讨会"。会议围绕着"一带一路"建设对语言领域的需求、语言服务、语言资源开发利用、相关国家人文交流、语言经济等各方面展开讨论。会议提出：语言服务大有可为，语言能力建设迫在眉睫。

赵世举、黄南津（2016）将此次会议论文辑为《语言服务与"一带一路"》，是研究"一带一路"与语言服务的著作类成果。

习近平主席在哲学社会科学工作座谈会上的讲话中提到，中华优秀传统文化的资源，是中国特色哲学社会科学发展十分宝贵、不可多得的资源。语言资源也是文化资源，语言又可以传承和记载文化。保护语言资源，有利于保护和传承中华文明的几千年历史，有利于以史为鉴促进当前社会更好更快地发展。保护语言资源，不仅保护方言，保护少数民族语言，也保护本民族语言的一些特殊语言现象。本书的研究对象——汉语特色语块，是未受到足够重视、未被编纂集中研究却极具生命力和文化特色的语言精髓。乘着"一带一路"建设的东风，从特色语块入手，结合汉语国际教育、文化传播，将体现人民群众智慧的语言形式整理和保存下来，是一项重要的语言资源保护工程。

本书就是围绕"一带一路"建设下的语言战略需求，从整理汉语典故词语，挖掘典故词语的典源特点、形式、语义、结构、语用和形成等各方面，使典故词语更科学全面地展现于人们面前，保护这种富含民族文化因子的语言现象，也是从分支学科的研究角度探索语言服务于政治经济。

语言保护的目的不是将语言作为化石珍藏起来，而是为了将语言的交际工具和思维工具功能最大化地施展出来，保护一种语言的精髓，传授给更多的语言需求者，让语言更好地服务于社会发展，这才是语言研究和语言保护的最终目的。

第二节　典故词语的发展趋势及影响因素

对于典故词语的存在和发展，主要的影响因素在于典故词语自身的制约。分两种情况：一是典故词语自身的原因。又分两种情况，一些内容比较常见、语体色彩不同越来越通俗化的典故词语如"步伐""别开生面""沧桑""草木皆兵""观光""祸水""破天荒""走马观花""请缨""驾鹤""东床快婿"等词语，会被人们越来越熟知，而一些内容比较脱离现代生活、词语形式又比较生僻的词语不排除逐渐淡出人们视野的可能，比如有关帝王狩猎祭祀的、成仙文化的、隐士文化的词语如"岳守""崀圃""行潦"等，作为历史词语只在一些特殊的出现场合如影视作品中出现。

【崀圃】《楚辞·天问》："昆崀县圃，其居安在？"县圃，也称弦蒲、弦圃或玄圃，在昆仑山之上，传说为神仙所居之地。后以"崀圃"为"昆崀县圃"的省称。元钱惟善《奉和太常博士柳公浦阳十咏·昭灵仙迹》："仙驭时随青鸟去，定陪崀圃宴群真。"

典故词语作为有出处的典雅语言形式，其出现场合也有一定的要求，那么随着客观语言环境的变化，典故词语的发展也有无穷之可能。比如随着"国学热"的发展，越来越多的人去诵读古代诗文经典，那些有深厚典故内涵的词语也会日渐浮出水面，逐渐被人们了解、掌握和使用。比如在中央电视台举办的《中华诗词大会》中，越来越多的诗文诵读被人们重视，而诗词中的一些典故词语也被渐渐挖掘，被人熟知，因为倘若不了解其典故来源，就会影响诗文的解读。例如唐代诗人李商隐就最擅长用典，而他的诗词又被推崇为情诗之首经常被传诵，在"庄周晓梦迷蝴蝶，望帝春心托杜鹃。沧海明月珠有泪，蓝田日暖玉生烟"这句诗中，就暗含了"庄周""望帝""沧海遗珠""蓝田生玉"四个典故。倘若解读不出这些词语的真实含义，就不能正确理解诗人所表达的内涵。

【梦蝶】《庄子·齐物论》:"昔者 庄周 梦爲蝴蝶,栩栩然蝴蝶也;自喻适志与,不知周也;俄然觉,则蘧蘧然周也。"本为寓言,后多用"梦蝶"表示人生原属虚幻的思想。宋苏轼《奉敕祭西太一和韩川韵》之三:"梦蝶犹飞旅枕,粥鱼已响枯桐。"

【望帝】相传战国末年杜宇在蜀称帝,号望帝,为蜀除水患有功,后禅位,退隐西山,蜀人思之;时适二月,子规(杜鹃)啼鸣,以为魂化子规,故名之为杜宇,为望帝。事见晋常璩《华阳国志·蜀志》。

【沧海遗珠】海中珍珠被收采者遗漏。比喻被埋没的人材或为人所忽视的珍品。《新唐书·狄仁杰传》:"举明经,调汴州参军。爲吏诬诉,黜陟,使阎立本召讯,异其才,谢曰:'仲尼 称观过知仁,君可谓沧海遗珠矣。'"

【蓝田生玉】比喻名门出贤子弟。《三国志·吴志·诸葛恪传》"诸葛恪 字元逊,瑾长子也。少知名"裴松之注引晋虞溥《江表传》:"恪少有才名,发藻岐嶷,辩论应机,莫与爲对。权见而奇之,谓瑾曰:'蓝田生玉,真不虚也。'"

在"一带一路"建设的指导下,语言学研究应该立足社会,服务政治经济,从文化角度为社会发展提供和谐良好的思想氛围。表面简单的一个典故词语,可能背后蕴含着深厚的文化底蕴,比如从典故内容来看,有很多典故词语富含积极向上的正能量,如"卧冰求鲤""色养"的孝道典故、"参前倚衡""仲路诺"的忠信典故、"北辰""六尺之讬"的贤能典故、"怀宝迷邦""墙仞"的举贤典故、"必世""盍彻"的仁政典故、"后生可畏""待价而沽"的人才观、"还珠""还鲊遗书"的廉政典故,这些利于社会稳定和谐的典故词语,能够为建设"一带一路"建设,把中国博大精深的文化传播到世界各地,为实现我们伟大的中国梦做出意识形态方面的贡献。

对于典故词语来说,尽管浓厚的书面语特点会制约着其传播,但是借助着中国典故文化的深厚根基和当今国家对传统文化的大力提倡,典故词语一定有更好的发展。

2017 年 1 月 25 日,中共中央办公厅、国务院印发了《关于实施中华优秀传统文化传承发展工程的意见》（以下简称《意见》），《意见》指出：试试中华优秀传统文化传承发展工程，是建设社会主义文化强国的重大战略任务，对于传承中华文脉、全面提高人民群众文化素养、维护国家文化安全、增强国家文化软实力、推进国家治理体系和治理能力现代化，具有重要意义。

《意见》提出文化传承发展工程的总体目标是：到2025年，中华优秀传统文化传承发展体系基本形成，研究阐发、教育普及、保护传承、创新发展、传播交流等方面协同推进并取得重要成果，具有中国特色、中国风格、中国气派的文化产品更加丰富，文化自觉和文化自信显著增强，国家文化软实力的根基更为坚实，中华文化的国际影响力明显提升。

从国家领导人习近平在国内外重大讲话中对典故的使用，到专门的电视节目的普及，比如《中国成语大会》《中国诗词大会》等，典故文化正在逐渐深入到普通民众的文化生活中。

尽管典故词语自身的典雅色彩、厚重内涵等决定了典故词语不会大量进入汉语的口语交际系统，成为人人皆知耳熟能详的基本词汇，典故词语还会存在于接近于古语词的一般词汇系统中。在当今学术界语汇概念不断被提及、语汇学研究范围和对象不断被扩大和认可的环境下，典故词语会越来越引起广大学者的注意和重视。

于国家精神文明建设和文化发展的需求和提倡，良好的发展背景又会让典故词语不断被人们从"故纸堆"里翻出来，丰富汉语词汇系统，成为语言交际中越来越鲜活和"有料"的交际符号。

在《关于实施中华优秀传统文化传承发展工程的意见》支持下，中华医药、中华烹饪、中华武术、中华典籍、中国文物、中国园林、中国节日等中华传统文化代表性项目越来越多地走出去。中华典籍中的典故文化作为中华文化的一部分，也必将传播开来，并且随着其他中国特色项目域外传播，其中蕴含的许多典故文化也必将随之流传，例如"黄鸟""刮骨疗毒""过桥米线""麻婆豆腐"等典故词语都极具文化内涵。

社会的发展离不开文化的支持，有文化积淀的城市和地区可以大力发展文化产业。比如安徽淮南市依托《淮南子》所出成语典故的历史资源，积极申报中国成语典故之城，提升文化自信，建设文化强市[①]；河北邯郸依托丰厚的典故文化历史努力打造"成语典故之乡"，大力发展文化旅游产业，促进可持续发展，其努力和成就已引起国内外广泛关注，得到国内外越来越多的专家学者的认可。[②]

因此，语言保护不仅仅要保护少数民族语言或者方言，对于汉语共同语中的具有浓厚传统文化特色的语言现象也要进行统计整理，挖掘研究，在目前"一带一路"建设的指导下，国家号召人们重读经典、重温国学，保护汉民族文化的精髓，典故词语就是不可被忽视的重要部分。

本章小结

典故文化源远流长，用典自古有之，随之产生的大量典故词语丰富了汉语词汇系统。虽多来自于古代典籍，但是与现代生活并未脱节，许多典故词语内涵丰富，为人们的语言交际起着重要作用。习近平总书记在许多场合就用博大精深的典故来表达为民、勤政、团结协作等重要思想，为典故文化的传承起到了非常好的表率带头作用。

结合当前我国的"一带一路"建设思想，本着传承经典文化，语言互通世界的理念，借着"一带一路"的东风，整理典故词语，弘扬典故文化，同时也是一种语言保护，是对华夏文明的尊重和重视。

---

① 朱庆磊：《申报中国成语典故之城省评估专家组来淮考察 李忠会见省评估专家组》，《淮南日报》，2017 年 11 月 30 日第 001 版。
② 王颖：《邯郸市成语典故文化旅游产业营销策略研究》，河北工程大学硕士学位论文，2017 年。

结语

　　典故词语作为一种颇具特色的词汇群体，其存在丰富了人们的创作和语言生活，但是，语言的存在和发展也要经受时代和历史的考验，有很多典故词语经久不衰成为精华，但也有一些典故词语失去了存在和发展的空间，逐渐被遗忘。这是由典故词语自身的特点决定的，而我们所要做的只有全面地分析和了解这些词语，展现出其悠长绵延的历史风韵，为完善汉语特别是汉语词汇的认识，促进传统文化的研究，提供一些切实的语料和支撑。

　　本书从总体结构上来说，除去第一章的引子引出研究对象、本章的结语总结全文之外，其他部分的顺序是：典源——形式——结构——语义——语用。

　　其中，典源和语用研究属于和典故词语本体密切相关的非本体研究，而形式、结构和语义部分则是典型的本体研究。本体研究是本书的重心。

　　首先从典故词语不同于一般词语而具有的源头——典源出发，揭示了典源和典故词语的宏观和微观关系，描写了典源出典故词语的基本规律和典源文献的情况，为后面的典故词语本体研究打下了基础。然后从词汇化角度来诠释典故词语的形成过程、本体的形式、结构、语义特征，乃至于其发展和使用情况，其中对前人的研究角度和视野有所超越。

　　在了解和掌握了典故词语这一特殊词汇系统的情况之后，接下来我们要谈谈如何正确对待典故词语，如何看待典故词语的未来。

　　典故词语既是汉语词汇系统中不可缺少的一员，同时，又是蕴涵着五彩纷呈的历史文化的载体，从这两个角度来看，典故词语的历史地位丝毫不逊于一般词语。但是也应看到，或许正是因为典故词语同时担当这两种角色，所以，其在语言使用中的职责和地位又不如一般词语重要。很多典故词语已经被人们日新月异的新生活给冷落了，所以人们对这些词语知之者少，用之者更少，如此循环下去，许多词语将成为历史词语。

尽管典故词语的角色和地位有如此微妙的情况，但是我们也要摆正心态，以马克思主义理论和唯物主义辩证法来看待这一事物。

一方面，典故词语自身特点的局限、结构的复杂、语义的不明朗、时代的久远等等，都在一定程度上限制了其发展。比如典故词语由于自身内涵的丰富性，对接受主体的文化程度要求较高，因此典故词语自古至今并没有普遍的广泛的群众基础，而只是被一部分群体所接受和喜爱。"而典故词语虽不能说与不能识文断字的古代劳动大众了无干涉，但却主要地为封建文人、士大夫阶层所熟悉和使用。1949 年以来，文化教育事业有了很大的发展。但时至今日，典故语词的活动空间依然很小，还是局限在较高文化层次的小圈子里。这就使典故语词在特定的意义上有了与普通语词大为不同的个性，有了鲜明的社会区域性和阶层性。"①

即使是对有高深文化水平的人来说，对典故词语的喜好也是各有不同，如鲁迅和毛泽东就非常偏爱典故词语，如鲁迅《坟·我们现在怎样做父亲》："况在将来，迷信破了，便没有哭竹、卧冰。"短短几句，作者就用了两个表示孝敬父母的典故词语"哭竹"和"卧冰"。而老舍、赵树理等语言大师就喜好语言平实易懂，不喜用典。

接受范围有限，人们的认知趋同也有限，所以，导致人们对此的研究也相对薄弱。

但是另一方面，我们也应该看到典故词语所具有的不可比拟的优越性。

典故词语是人民智慧的结晶，是人类语言的宝贵财富。格里木 (J.Grimm, 1784—1863) 说："语言是人类的成就，是自然获得的。语言是我们的历史，我

---

① 袁世全：《关于典故辞典的十大关系》，《安徽广播电视大学学报》，1999 年第 2 期。

们的遗产，它不是别的东西。"① 同时汉语典故词语也是汉族人民的骄傲，是中华精神的一种体现。"民族的语言即民族的精神，民族的精神即民族的语言。"② 所以，对于这类充满神秘色彩、个性十足又数量庞大的词语，我们要有充足的热爱和信心，要正视其不足，也要看到其精彩的一面。

很多学者也对典故词语的优势和发展前景抱有积极乐观的信念，"总而言之，成语和典故对语言发展能起一种调节作用，特别是在文学语言上，它们能增强语言的全民性。我们对于文言文，应该给予新的估价。特别是对于文言文中的富有生动、精练的优点的成语和典故,应该继承下来"③。"从发展的趋势看，典故研究如能引起人们足够重视的话，不久的将来，它必定会成为一门独立的学科。"④

典故词语虽然从总体上来说和人们的文化水平有关系，是一种高雅、精深的词汇，但是也并不是说典故词语就永远只是见于文学作品，和人民的生活格格不入。现实生活中，就经常有典故词语出现，比如在常见的对联中经常使用典故词语，如取自白居易《长恨歌》的人们最喜闻乐见的婚庆对联"在天愿为比翼鸟，在地愿为连理枝"就包含了"比翼鸟"和"连理枝"两个有来历的词语。

【比翼鸟】1.传说中的一种鸟。《尔雅·释地》："南方有比翼鸟焉，不比不飞，其名谓之鹣鹣。"古代常以比喻恩爱夫妻。

【连理枝】1.两树枝条相连。比喻恩爱的夫妇。隋江总《杂曲》之三："合欢锦带鸳鸯鸟，同心绮袖连理枝。"

其他喜庆的祝福语如"秦晋之好""琴瑟和鸣""鸳鸯鸟"等，都是典故词语。而且，典故词语是会变化发展的，现代汉语里也有一些典故词语出现，如

---

① B.兹维金采夫：《普通语言学纲要》（伍铁平等译），商务印书馆，1981年，第24页。
② 洪堡特：《论人类语言结构的差异及其对人类精神发展的影响》（姚小平译），商务印书馆，2004年，第52页。
③ 王力：《汉语史稿》，中华书局，1980年，第583页。
④ 朱学忠：《典故研究之我见》，《淮北煤师院学报》，1999年第3期。

"阿 Q""祥林嫂"等都成了一些有特殊指代含义的典故词语了。

　　总之，典故词语虽然不为多数人所熟知、所常用，但是，如果人们静下来细细琢磨其中的悠长意蕴，思考其绵长的历史脉络，给这一古老而醇香的词语系统以更多的关注，它必将带给人们更多的惊喜。对待典故词语，我们应该本着科学的发展观、正确的研究思路，将这一特殊词汇群体继承和发展下去。如李瑞环先生（1987）在为《古典诗词百科描写辞典》作序时所说的那样："有批判地吸收，有选择地借鉴，在继承中求发展，真正做到博古通今，鉴古知今，古为今用，继往开来。"①

----

　　① 　李瑞环:《古典诗词百科描写辞典·序》，天津社会科学院文学研究所古代室编，百花文艺出版社，1987 年。

参考文献

（均按文中出现顺序排列）

（一）工具书

1. 汉语大词典编辑委员会　汉语大词典编纂处编：《汉语大词典》，汉语大词典出版社，1989 年。

2.《现代汉语词典》商务印书馆，2005 年。

3. 赵应铎主编：《中国典故大辞典》，汉语大辞典出版社，2005 年。

4.《汉语成语大词典》中华书局，2002 年。

5. 温端政等主编：《谚海》，语文出版社，1999 年。

6. 中国民间、北大中文系编：《歇后语大全》，中国民间文艺出版社，1987 年。

7. 汤高才主编：《典故辞典》，甘肃人民出版社，1986 年。

8. 陆尊梧、李志江编著：《历代典故辞典》，作家出版社，1990 年。

9. 陈致主编：《中国古代诗词典故辞典》，北京燕山出版社，1991 年。

（二）著作类

1. 王力：《汉语史稿》，中华书局，1980 年。

2. 邵敬敏：《现代汉语通论》，上海教育出版社，2001 年。

3. 葛本仪：《现代汉语词汇学》，山东人民出版社，2004 年。

4. 符淮青：《现代汉语词汇》，北京大学出版社，1985 年。

5. 罗积勇：《用典研究》，武汉大学出版社，2005 年。

6. 温端政：《汉语语汇学》，商务印书馆，2005 年。

7. 刘勰：《文心雕龙》，中华书局，1986 年。

8. 赵克勤：《古汉语修辞简论》，商务印书馆，1983 年。

9. 曹炜：《现代汉语词汇研究》，北京大学出版社，2004 年。

10. 周荐：《汉语词汇结构论》，上海辞书出版社，2004 年。

11. 冯胜利：《汉语的韵律、词法和句法》，北京大学出版社，1997 年。

12. 杨爱姣：《近代汉语三音词研究》，武汉大学出版社，2005 年。

13. 萨丕尔：《语言论》，陆卓元译，陆志韦校，商务印书馆，1985 年。

14. 董秀芳：《词汇化：汉语双音词的衍生和发展》，四川民族出版社，2002 年。

15. 陈望道：《修辞学发凡》，上海教育出版社，2001 年。

16.Bisang Walter.《Grammaticalization and language contact constructions and positions In Anne Gramat and Paul》.I.Hopper,eds,1998 年。

17. 赵艳芳：《认知语言学概论》，上海外语教育出版社，2001 年。

18. 束定芳：《隐喻学研究》，上海外语教育出版社，2000 年。

19. 孙常叙：《汉语词汇》，吉林人民出版社，1956 年。

20. 冯胜利：《汉语韵律语法研究》，北京大学出版社，2005 年。

21. 冯胜利：《汉语韵律句法学》，上海教育出版社，1992 年。

22. 董秀芳：《汉语的词库与词法》，北京大学出版社，2004 年。

23. 吕叔湘等著，马庆株编，《语法研究入门》商务印书馆，1999 年。

24. 徐通锵：《语言论》，东北师范大学出版社，1997 年。

25. 王希杰：《汉语修辞学》，北京出版社，1983 年。

26. 索绪尔：《普通语言学教程》高名凯译，商务印书馆，1996 年。

27. 乔姆斯基：《句法结构》邢公畹等译，中国社会科学出版社,1979 年。

28. 王力：《中国语法理论》，商务印书馆，1944 年。

29. 刘宓庆：《汉英对比与翻译》，江西教育出版社，1992 年。

30. 郭绍虞：《汉语语法修辞新探》，商务印书馆，1979 年。

31. 黄伯荣、廖序东：《现代汉语》（下册），高等教育出版社，1991 年。

32. 邢福义：《汉语复句研究》，商务印书馆，2001 年。

33. 缪锦安：《汉语的语义结构和补语形式》，上海外语教育出版社，1990 年，第 20 页。

34. 利奇，G.(Leech,Geoffrey)：《语义学》（sematics），巴尔的摩：企鹅图书公司（Baltimore:Penguin Books Inc.）。

35. 曹炜：《现代汉语词义学》，学林出版社，2001 年。

36. 王军：《汉语词义系统研究》，山东人民出版社，2005 年。

37. 吴国华、杨喜昌：《文化语义学》，军事谊文出版社，2000 年。

38. 张联荣：《古汉语词义论》，北京大学出版社，2000 年。

39. 房德里耶斯：《语言》，商务印书馆，1992 年。

40. 唐启运：《成语谚语歇后语典故概论》，广东人民出版社，1981 年。

41.B.[M] 兹维金采夫：《普通语言学纲要》伍铁平等译，商务印书馆，1981 年。

42. 洪堡特：《论人类语言结构的差异及其对人类精神发展的影响》姚小平译，商务印书馆，2004 年。

43. 李瑞环：《古典诗词百科描写辞典·序》，天津社会科学院文学研究所古代室编，百花文艺出版社，1987 年。

44. 石安石：《语义研究》，语文出版社，1994 年。

45. Fiske，S. & S.Taylor. 1991. Social Cognition (2nd edition). New York: M c Graw –Hill.

（三）论文类

有关典故词语研究的文章：

1. 郭蓉：《古代汉语用典理论研究》，河北大学硕士毕业论文，2004 年。

2. 王光汉：《论典故词的词义特征》，《古汉语研究》，1997 年第 4 期。

3. 许心传：《中国典故类别》，《高职论丛》，2006 年第 4 期。

4. 袁世全：《关于典故辞典的十大关系》，《安徽广播电视大学学报》，1999

年第 2 期。

5. 戴长江:《典故与典故语辞的释义》,《淮北煤师学院学报》, 1996 年第 2 期。

6. 管锡华:《论典故词语及其使用特点和释义方法》,《安徽大学学报》, 1995 年第 1 期。

7. 季羡林:《成语和典故》,《知识》, 2000 年第 6 期。

8. 王吉辉:《典故与成语》,《汉语学习》, 1997 年第 2 期。

9. 曹炜:《现代汉语典故词初探》,《广西社会科学》, 2005 年第 1 期。

10. 王光汉:《关于典故溯源的再思考》,《古汉语研究》, 2000 年第 4 期。

11. 张履祥:《典故·典故系列和典故辞典的编纂》,《辞书研究》, 1996 年第 4 期。

12. 潘允中:《成语、典故的形成和发展》,《中山大学学报》, 1980 年第 2 期。

13. 周祖谟:《谈成语》,《语文学习》, 1955 年第 1 期。

14. 武占坤:《有关成语的几个问题》,《河北大学学报》, 1962 年第 2 期。

15. 罗积勇:《典故的典面研究》,《湖北师范学院学报》, 2005 年第 4 期。

16. 朱学忠:《典故研究之我见》,《淮北煤师院学报》, 1999 年第 3 期。

17. 李鑫华:《典故的话语表演内涵叙述推理与修辞想象主题》,《山东外语教学》2001 年第 4 期。

18. 杨玉东、刘彬、朱雪里:《典故的美学诠释》,《焦作工学院学报(社科版)》, 2002 年第 2 期。

19. 郭蓉:《论用典修辞的意义生成及典故义的阐释》,《绥化学院学报》, 2006 年第 2 期。

20. 雷淑娟:《用典的意义文本间的遭遇》,《修辞学习》, 2002 年第 4 期。

21. 王玉鼎:《典故词语与历史文化》,《华夏文化》, 1995 年第 3 期。

22. 张晓宏:《论典故熟语中的民族文化色彩》,《商丘师范学院学报》, 2003 年第 3 期。

23. 戴莉莉:《英汉典故的共性与差异》,《株洲师范高等专科学校学报》,

2003 年第 4 期。

24. 白民军：《典故的隐喻文化透视》，《唐都学刊》，2004 年第 4 期。

25. 唐雪凝、丁建川：《典故词语的文化内涵》，《毕节师范高等专科学校学报》，2005 年第 2 期。

26. 郭善芳：《典故的认知模式》，《贵州大学学报（社科版）》，2005 年第 3 期。

27. 赵建、陈岩：《德汉典故的共性与差异》，《东北农业大学学报（社科版）》，2005 年第 2 期。

28. 刘永良：《〈三国演义〉的典故运用》，《内蒙古民族师院学报（哲社·汉文版）》，2000 年第 1 期。

29. 王复光：《〈红楼梦〉名物典故探微》，《集美大学学报（哲社版）》，2002 年第 2 期。

30. 熊刚：《从辛弃疾词看诗词中典故的应用》，《阿坝师范高等专科学校学报》，2005 年第 1 期。

31. 张浏森、李晓鹏：《〈史记〉用典的文化与艺术价值》，《河南师范大学学报（哲社版）》，2006 年第 4 期。

32. 胡裕红：《〈古书典故辞典〉释文校正二则》，《烟台师范学院学报(哲学社会科学版)》，1997 年第 4 期。

33. 袁世全：《大中型典故辞典的编纂——〈中华典故大辞典〉的理论与实践》，《辞书研究》1998 年第 6 期。

34. 徐之明：《〈唐代诗词语词典故词典〉释义商榷》，《贵州教育学院学报》，2005 年第 1 期。

35. 葛兆光：《论典故——中国古典诗歌中的一种特殊意象的分析》，《文学评论》，1989 年第 5 期。

36. 刘丽平：《李商隐七律用典研究——兼与杜甫七律用典的对比研究》，西南师范大学硕士论文 2003 年。

37. 黄爱华、张恒军：《〈文心雕龙·事类〉的用典探论》，《怀化学院学报》

2006 年第 7 期

38. 吴铁魁:《成语与熟语、与典故的关系》,《九江职业技术学院学报》, 2001 年第 1 期。

39. 杨薇:《论成语与典故的异同》,《语文研究》, 2003 年第 4 期。

40. 李景新、王吉鹏:《典故词对典故因素的摄取——典故词的形成之研究》,《湛江师范学院学报》, 1999 年第 9 期。

41. 王丹:《典故词语的词汇化》, 武汉大学 2004 年硕士毕业论文。

42. 丁建川:《汉语典故词语研究》, 曲阜师范大学 2004 年硕士毕业论文。

43. 王宁:《专科辞书收词范围确立的科学性——评于石、王光汉、徐成志〈常用典故词典〉》载其《训诂学原理》中国国际广播出版社 1996 年。

44. 王光汉:(署名白丁)《关于典故词溯源问题的若干思考》,《辞书研究》 1996 年第 4 期。

45. 冯胜利:《论汉语的自然音步》,《中国语文》, 1998 年第 1 期。

46. 丁金国:《汉语特质说略》,《汉字文化》, 2007 年第 2 期。

47. 程湘清:《先秦双音词研究》, 载《先秦汉语研究》, 山东教育出版社, 1992 年。

48. J.L.Packard《The Morphology of Chinese:A Linguistic and Cognitive Approach.》Cambridge:Cambridge Univcrsitv Press , 2000 年。

49. 严辰松:《运动事件的词汇化模式——英汉比较研究》,《解放军外语学院学报》1998 年第 6 期。

50. 李慧:《现代汉语双音节词组与词共存现象及词组词汇化考察》, 北京语言大学 2005 年硕士毕业论文。

51. 吴晓峰:《修辞现象词汇化: 新词新义产生的重要途径》,《益阳师专学报》, 1998 年第 4 期。

52. 董秀芳:《论句法结构的词汇化》,《语言研究》, 2002 年第 3 期。

53. 赵红梅:《基于新词语语料库进行了修辞词汇化研究》,《伊犁师范学院学报》, 2002 年第 4 期。

54. 钱韵、余戈:《现代汉语四字格成语的词汇化研究》,《语言科学》,2003年第6期。

55. 徐时仪:《词组词汇化与词典释义考探》,《湖州师范学院学报》,2004年第3期。

56. 刘大为:《比喻词汇化的四个阶段》,《福建师范大学学报》,2004年第6期。

57. 王灿龙:《词汇化二例——兼谈词汇化和语法化的关系》,《当代语言学》2005年第3期。

58. 刘晓然:《汉语量词短语的词汇化》,《语言研究》,2006年第3期。

59. 丁金国:《语言问题的理论思索》,《烟台大学学报》,2002年第1期。

59. 郭焰坤:《藏词的产生及其词汇化》,《修辞学习》,2006年第6期。

60. 李如龙:《汉语词汇衍生的方式及其流变》,《河北师范大学学报》,2002年第5期。

61. 郭绍虞:《中国语词的弹性作用》载《照隅室语言文字论集》,上海古籍出版社,1985年。

62. 沈家煊:《认知心理和语法研究》,载《语法研究入门》吕叔湘等著,马庆株编,商务印书馆,1999年,第235页。

63. 谢信一:《汉语中的时间和意象》,叶蜚声译,《国外语言学》,1991年第4期。

64. 蒋绍愚:《"抽象原则"和"临摹原则"在汉语语法史中的体现》,载《汉语词汇语法史论文集》,商务印书馆,2000年。

65. 蒋文钦、陈爱文:《关于并列结构固定词语的内部次序》,《中国语文》,1982年第4期。

66. 苏宝荣:《汉语语素组合关系与辞书释义》,《辞书研究》,1999年第4期。

67. 范晓:《词语组合的选择性》,载《三个平面的语法观》,北京语言文化大学出版社1998年。

68. 葛兆光:《论典故——中国古典诗歌中的一种特殊意象的分析》,《文学评论》,1989年第5期。

69. 季羡林:《成语和典故》,《知识》,2000 年第 6 期。

70. 陈学祖:《典故内涵之重新审视与稼轩词用典之量化分析》,《柳州师专学报》,2000 年第 3 期。

71. 杨玉东、刘彬、朱雪里:《典故的美学阐释》,《焦作工学院学报（社科版）》,2002 年第 2 期。

72. 沈家煊:《实词虚化的机制》,《当代语言学》,1998 年第 3 期。

73. 戴长江、周向华:《典故语辞释义探析》,《辞书研究》,1998 年第 6 期。

74. 王夏:《从典故的选用看李商隐的心理特征》,《郧阳师范高等专科学校学报》,2001 年第 1 期。

75. 唐子恒:《汉语典故词语散论》齐鲁书社,2008 年 12 月。

76. 吴金华:《略说古汉语复音词中的典故词》《语言研究》,2008 年第 1 期。

78. 崔秀珍:《典故的认知语用阐释》《语文建设》,2012 年第 18 期。

有关"一带一路"的相关文献:

1. 习近平:哈萨克斯坦纳扎尔巴耶夫大学重要演讲《弘扬人民友谊 共创美好未来》,2013 年 9 月 7 日。

2. 习近平：印度尼西亚国会重要演讲《携手建设中国—东盟命运共同体》,2013 年 10 月 3 日。

源自中国共产党新闻网

http://cpc.people.com.cn/xuexi/n1/2016/0906/c385474-28694919.html

3. 习近平:《在哲学社会科学工作座谈会上的讲话》,2016 年 5 月 17 日。

源自人民网

http://politics.people.com.cn/n1/2016/0518/c1024-28361421.html。

4.《推动共建丝绸之路经济带和 21 世纪海上丝绸之路的愿景与行动》,国家发改委、外交部、商务部 2015 年 3 月 28 日联合发布。

源自新华网

http://news.xinhuanet.com/gangao/2016-06/08/c_127890670.htm。

5. 赵世举、黄南津:《语言服务与"一带一路"》,社会科学文献出版社 2016 年。

6. 赵世举：《语言与国家》，商务印书馆 2014 年。

7. 彼得·弗兰科潘 著，邵旭东、孙芳译：《丝绸之路》2015 年（THE SILK ROADS），浙江大学出版社，2016 年。

8. 李宇明：《"一带一路"需要语言铺路》，《西安日报》，2015 年 9 月 28 日。

9. 邢欣、李琰、郭安：《"丝绸之路经济带"核心区汉语国际化人才培养探讨》，《国际汉语教学研究》，2016 年第 1 期。

10. 陆俭明：《汉语国际教育与中华文化国际传播》，《同济大学学报》（社会科学版），2015 年第 2 期。

11. 张日培：《服务于"一带一路"的语言规划构想》，《云南师范大学学报》（哲社版），2015 年第 4 期。

12. 赵世举：《"一带一路"建设的语言需求及服务对策》，《云南师范大学学报》（哲社版），2015 年第 4 期。

13. 魏晖：《"一带一路"与语言互通》，《云南师范大学学报》（哲学社会科学版），2015 年第 4 期。

14. 陆俭明：《"一带一路"建设需要语言铺路搭桥》，《文化软实力研究》，2016 年第 2 期。

15. 杨迎华：《"一带一路"建设下的中国语言战略》，《人民论坛》，2016 年第 15 期。

16. 李宇明：《"一带一路"需要语言铺路》，《中国科技术语》，2015 年第 6 期。

17. 张治国：《"一带一路"建设中的语言问题》，《语言文字应用》，2016 年第 4 期。

18. 张宏全：《"一带一路"语境下的宏观语言博弈》，《社会科学家》，2016 年第 4 期。

19. 连谊慧：《"一带一路"语言问题"多人谈"》，《语言战略研究》，2016 年第 2 期。

20. 聂丹：《"一带一路"亟需语言资源的互联互通》，《人民论坛·学术前沿》，2016 年第 22 期。

21. 李艳 高传智:《"一带一路"建设中的语言消费问题及其对策研究》,《语言文字应用》, 2016 年第 3 期。

22. 邢欣 张全生:《"一带一路"倡议下的语言需求与语言服务》,《中国语文》, 2016 年第 6 期。

23. Miller, G, A. 1956 .The magical number seven plus or minus two: some limits on our capacity for processing information》.Psychology Review.

24. Becker, J. 1975 The Phrasal Lexicon.Cambridge Mass:Balt and Newman.

25. Lewis, M. 1993 The Lexical Approach.Hove. England:LTP.

26. Nattinger, J. R. & De Carrico, J. S. 1992   Lexical Phrases and Language Teaching .Oxford: Oxford University Press.

27. Pawley A & Syder F H.1983 Two puzzles for linguistic theory:Native-like selection and native-like fluency. Richards J &Schmidt R(eds.). Language and Communication.London:Longman.

28. Cowie, A. P.1992 Multiword lexical units and communica-tive language teaching . In A rnaud, P. &Bejoint, H. (eds).Vocabulary and Applied Linguistics. London: Macmillan.

29. 王立非、张大凤:《国外二语预制语块习得研究的方法进展与启示》,《外语与外语教学》, 2006 年第 5 期。

30. 周健:《语块在对外汉语教学中的价值与作用》,《暨南学报》(哲学社会科学版), 2007 年第 1 期。

31. 陆俭明:《构式语法理论的价值与局限》,《南京师范大学文学院学报》, 2008 年第 1 期。

32. 钱旭箐:《汉语语块研究初探》,《北京大学学报》(哲学社会科学版), 2008 年第 5 期。

33. 戴曼纯:《语块学习、构式学习与补丁式外语教学》,《外语界》, 2012 年第 1 期。

后记

付梓之前，夜深入梦，出版社杨编辑欣喜告知："此书创典故研究领域之新高！"梦中喜极而泣，梦醒怅然若失。梦中所言，实乃愿景。

书成于博士论文《汉语典故词语研究》。倏忽之间，一纪已过。古有十年磨一剑，不成想，到我这儿，十二年才成一书。

书既成，感喟良多，感激尤夥。

文题缘起博士导师唐子恒教授高屋建瓴之启发指导。自始至终，恩师呕心沥血予以指导，大到宏观结构，小到标点符号。毕业前夕，盲审被抽中，答辩前几小时盲审仍未果。山大答辩小组诸师令写保证书，若盲审未过，则答辩作废。身怀六甲亦不能免于胆战心惊。幸而运佳，答辩之时，收到三A，顺利毕业，如释重负。

尤铭记未忘，2007年，论文写作胶着之时，诸多困惑曾求教于葛本仪先师。彼时恩师远在美国，邮件往来中谆谆教导，悉心指点，迷津得解。而今，先师驾鹤远去已有半载，怀念至深，文一至此，情不能已，泪流满面。先师有知，定当为我欣慰，而我却愧疚汗颜。

……

由文至书，水平所限，精力不及，虽仍浅鄙，但亦曾有鸿鹄之志，半豹九思，力求与时俱进，注以理论。书成之前请恩师唐子恒教授赐一序言，恩师忙碌之余，通读全文，亲自捉笔，不仅对论文总体予以总结和评价，而且对文中不当之字、词、句，乃至标点，细细圈点，恩师对学问之精益求精，对做事之孜孜不怠，令我感佩至极。

师恩浩荡，无以为报。唯有景行行止，勤勉自鞭，不负师职。

再谢诸师，编辑，亲朋，家人，自己，所有遇见之美好。

亓文香

书于烟台大学

2020.5.31